U0369477

Indirect Purchasing Management for All Categories

全品类间接采购管理

宫迅伟 唐振来 罗宏勇 著

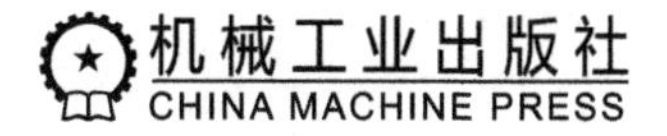

图书在版编目（CIP）数据

全品类间接采购管理 / 宫迅伟等著 . -- 北京：机械工业出版社，2022.6（2024.6 重印）
ISBN 978-7-111-70772-1

I. ①全… II. ①宫… III. ①企业管理 – 采购管理 IV. ① F274

中国版本图书馆 CIP 数据核字（2022）第 081804 号

全品类间接采购管理

出版发行：机械工业出版社（北京市西城区百万庄大街 22 号 邮政编码：100037）
责任编辑：杨振英 责任校对：殷 虹
印 刷：固安县铭成印刷有限公司 版 次：2024 年 6 月第 1 版第 3 次印刷
开 本：170mm×240mm 1/16 印 张：19.5
书 号：ISBN 978-7-111-70772-1 定 价：79.00 元

客服电话：（010）88361066 68326294

| 序　言 |

8P模型构建全景图，挖掘利润蓝海

间接采购关联所有部门、所有人、所有事务，应该得到重视，但并没有得到重视。不重视，就不能有很好的管理，就会产生利润损失，就会影响客户满意度。可以说，间接采购是管理蓝海，是利润金矿。

任何一家公司都会花钱买东西，花钱就是采购。这些东西分成两种，一种变成商品卖给顾客，另外一种自己用，支撑公司的整体运营。卖给顾客的，叫作直接材料，或叫生产材料；留着自己用的，叫作间接材料，或叫非生产材料。间接材料还可以进一步细分品类，比如IT、市场营销、MRO（维护维修运营）等。不同公司的管理模式不同，有些公司把不同品类的采购权分散在不同部门，有些公司则实施集中采购。本书主张，站在公司角度看采购，而不是站在采购部门角度看采购，不管隶属哪里，都是一个公司的采购。本书讲的不是采购部门管理，而是整个公司的采购管理。在实践中，越来越多的公司把采购当作一个专业活儿，开始实施集中采购。

大多数企业都非常重视直接材料采购，因为直接材料采购金额大，约占企业采购总额的80%，并且要变成商品卖给顾客，所以直接材料的质量、成本、交付大家都非常关注，它直接决定企业的生死存亡。专家学者也特别关注直接材料，相关方面的著作颇丰。在笔者所著《供应商全生命周期管理》《全面采购成本控制》《采购全流程风险控制与合规》《全情景采购谈判技巧》[⊖]等SCAN专业采购四大核心能力系列图书中，前两本讲得更多的就是直接材料采购。

而间接材料，相对来说，因为采购金额小——约占企业采购总额的20%，且不直接转化为商品交付到顾客手上，不直接影响商品质量，所以大家对它重视不足。由于不重视，因此这方面的资料非常少，网上很难查阅到，也很少看到专家们在这方面有专门著作。

但事实上，间接材料对一家公司的影响非常大。它品类众多，差异非常大，甚至难以一一列举，存在各种“模糊”定义。大到一栋建筑、一条生产线，小到一台电脑、一支笔。有看得见的，如办公用品，也有看不见的，如计算机软件；有相对容易度量的，如食堂、保安、保洁、物流等服务，也有难以度量但是需要高强度智力输出的，如培训、咨询、广告创意、公关等服务。有硬的货物，也有软的服务。不同的公司、不同的部门有不同的分类、不同的表述、不同的管理。在这家公司叫MRO，在另外一家公司可能叫工业品。同样一个物品，在这个部门叫扳子，在那个部门可能叫扳手；在这家公司集中采购，在另外一家公司可能分散采购。称呼不一样，编号不统一，给公司管理带来困扰，工作效率难以提升。

对于这些间接材料，需求部门在采购申请上常常备注“急急急”，使得采购人没有时间做充分的成本分析、价格比较；使用部门需求模糊，甚至缺少验收标准，致使采购方与供应商常常产生争议。其实，间接材料不仅影响产品质量，比如生产设备和辅助材料，它还影响整个公司的运营效率，比如电脑、厂房、公共设施，甚至还影响公司的品牌推广、品牌形象，比如市场广告创意，也影响员工的满意度，比如保洁、食堂、差旅，管理上可谓痛点多多。

本书特别说明一点，无论什么品类，都需要战略采购，与供应商的长期

⊖ 均已由机械工业出版社出版。

合作都会给企业创造价值。痛点多多、品类各异，采购人日常忙于应对“急急急”，很难实施战略采购。市场上严重缺少专门的论著和可资借鉴的参考资料，提升采购的专业性成为难题。不专业的采购会给公司带来非常多的“疏忽”和“漏洞”，可能是项目进度延迟，也可能是利润损失。

为解决这些问题，笔者通过“宫迅伟采购频道”微信公众号调查了2832个人，又多次开展工作坊，与专家们一起进行头脑风暴、调查研讨，再结合笔者多年讲课和管理咨询经验，最后与专家团队整理形成**“7大品类、8大痛点、56个解决方案”，取名8P（8 pain points）模型**。我们把这些方案整理成本书，填补了同类书出版空白。8P模型是本书的核心和框架，大家可以根据自己感兴趣的品类按图索骥，遇到问题就能迅速找到答案。

在本书中，我们把7大品类都用英文缩写表达，主要是为了表述方便。另外，我们的合作伙伴、客户或供应商中可能有习惯使用术语的外资公司，中国的企业也要走向世界，这样大家交流起来方便些。这些缩写，有些是大家熟知的，有些可能是陌生的，有些是我们反复琢磨为写作本书创造出来的，希望大家理解。

在此非常感谢本书主要执笔人唐振来、罗宏勇，也非常感谢参与讨论的赵平、汪亮，以及参与调研、参与讨论的各位职业经理人、实践者，还要特别感谢为本书提供案例支持的震坤行工业超市和甄云科技两家公司。在本书写作过程中，就如何通过数字化手段解决采购问题，本书作者与震坤行工业超市CEO陈龙、甄云科技产品专家侯波先生做过多次深度沟通，他们给予本书很多输入。特别感谢机械工业出版社张竞余、杨振英两位编辑，他们专业、严谨的作风，使得本书更具权威性、可读性。

本书构建了一幅间接采购管理的全景图，用于帮助企业提升利润和客户满意度。我们相信，本书不仅适合从事采购管理的人员，还适合从事企业管理的其他岗位上的人员，包括总经理、各部门经理，也同样适合咨询师、培训师、大学教师和学生等。

最后，啰唆一句，欢迎读者朋友对本书进行批评指正。说这句话发自肺腑，不是八股，我们深知高手在民间，越研究越感觉管理博大精深，越写作越感觉间接采购领域复杂多变。

邮箱：gongxunwei@cipm-china.com。

本书已被纳入中国机械工程学会培训教材系列！

宫迅伟

中采商学首席专家

上海跨国采购中心首席专家

中国机械工程学会国家级培训基地采购与供应链中心首席专家

中国建筑材料流通协会重大工程委员会副主席、数字化研究室主任

目　录

第二部分 ▸ 间接采购的七大品类管理

01

第一部分

间接采购全景图

任何一家公司都会花钱买东西，花钱就是采购。除了直接采购，就是间接采购。间接采购品类繁多，管理复杂，是管理蓝海、利润金矿。本书构建了一幅间接采购管理的全景图，即“7 大品类、8 大痛点、56 个解决方案”，称作 8P 模型。

第一章

间接采购

企业管理中的薄弱环节

对于间接采购，我们有两点判断：

（1）间接采购降本，可以让公司利润率增加 1 个百分点。

（2）间接采购管理，可以让客户满意度翻倍。

这两点意味着什么？要知道，很多制造企业的利润率也就是 5%，增加 1 个百分点相当于利润增加 20%。更要知道，一家公司能否存活，能否增加销售，关键是客户满意度；一个员工能否快速成长，关键是内部客户满意度，满意度是生命。

我们想，这两点中的任何一点，都值得管理层重视，都值得公司所有人为之努力。

或许你会怀疑这个结论，那么，请阅读本书。我们要通过本书，从头到尾给大家论证，这个结论是怎么得出来的，这个结果怎么才能做到，为什么说间接采购是企业管理中的薄弱环节，为什么说间接采购是企业管理的蓝海、利润的金矿。这本书不仅要告诉大家间接采购是什么，还要讲述为什么做间接采购管理，怎么做。

一、什么是间接采购

要探讨间接采购，首先要搞清楚什么是间接采购、间接采购费用、间接采购物料、间接采购管理。

企业花出去的所有钱，除了人事部门付出的薪酬、财务部门付出的税金和规费，其他大部分是采购支出。对于采购支出，我们可以把它简单分成两种，一种是直接费用，另一种是间接费用。如果从物料角度划分，就分成直接物料和间接物料，其中构成产品组成部分，与产量直接相关的物料，人们把它们叫作直接物料。另一种不构成产品组成部分，不与产品直接相关，这些就叫作间接物料。购买这些物料的支出自然就是间接费用，购买这些物料的行为自然就叫间接采购。

在这些间接采购中，不仅包括间接物料，还包括很多服务，比如咨询服务、差旅服务、人事外包服务等。为了叙述方便，同时也为了理解方便，本书在表述时可能以间接采购代指间接采购行为、间接采购物料、间接采购服务、间接采购费用、间接采购成本等。**除了变成产品的生产材料，其他材料的采购都是间接采购，也有人把间接采购称为非生产采购，甚至笼统称为 MRO 采购、工业品采购。**

此外，还要搞清楚间接采购的分类，没有分类就没有管理。不仅间接采购定义模糊、称呼有别，相比直接物料，间接物料的品类也非常庞杂，涉及面非常广。大到厂房基建、机床设备、配件、维修工具，小到办公用品、劳保用品以及一些不好度量、无形的服务等，都属于间接物料的范畴。因此，可以对间接采购进行简单区分，除了变成产品的生产材料，都是间接物料；在企业生产经营过程中购买与生产没有直接关系的物品、服务，都是间接采购。

综合概括，间接物料就是非直接传递给消费者，为了支持企业正常生产、销售、服务所产生的所有辅助性需求。具体可以分为设施管理、信息技术、物流、维护维修运营、市场营销、机器设备、其他专业服务等七大品类，若再细分，可以分成更多的品类，只其他专业服务就可以分成保洁、保安、差旅、班车、咨询等。

二、为什么说间接采购很重要

随着企业管理的深入化、利润精细化，间接采购管理被越来越多的企业所关注，有些制造型企业开始关注设备维修配件的管控是否合理，有些项目型企业开始关注员工的差旅费用标准化，还有些以市场为导向的企业开始关注营销费用……不同类型的企业，对于间接物料的理解是不一样的，同样一种物料，在A公司是直接物料，而在B公司则可能是间接物料。

如何有效定义间接物料、细分品类，不仅是一个学术问题，还是一个管理问题，在本书中我们把它看成一个管理问题。大家知道，管理是没有标准答案的，不同的公司有不同的管理。而这也恰恰是本书写作的难点，**但这些难点也恰恰体现了本书的价值，我们要把这些间接采购分成不同的品类，形成不同的管理维度、不同的管理颗粒度，让大家能够学习到间接采购管理的一套方法论、一张全景图。**

在写作本书的过程中，我们发现可参考的资料、书籍非常少，这让我们更加感觉到，间接采购不被重视，间接采购有巨大的改善空间。

为什么这方面的资料少见？我们大胆揣测一下，可能有这几个原因：

（1）间接采购费用占比较小，没有得到重视。按照20/80原则，人们都去关注重点，关注费用的大头——直接采购，主要领导甚至都只关注直接采购中的大头——某几种主要物料。间接采购不仅费用少，往往还不直接影响产品质量，所以管理层并没有对它予以关注。

（2）间接采购费用没有集中，没有管理部门。在很多公司，这些间接采购费用由各个部门分别负责，如市场部门负责市场费用，IT部门负责IT

费用，设备部门负责设备费用，行政部门负责后勤费用，人事部门负责培训费用，至于办公用品甚至没有人负责，都是各部门按需购买，这些费用没有集中，没有管理。

（3）间接采购费用名称不一，无法统计汇总。间接采购品类庞杂、名称不一，在不同的公司、在一个公司的不同部门，都没有统一的名称，更没有统一的分类标准，在财务科目上笼统地称为间接采购成本，在预算上笼统地给了一个数字。至于说口罩花了多少钱，扳手花了多少钱，住宾馆花了多少钱，没有人知道。

费用少不被重视，管理散没有集中，品类杂难以表述，花大量时间研究间接采购，显然不是很讨巧，纯属“小众”。但是，间接采购给人带来的困扰非常多，对企业的价值非常大。

三、怎么做才能让间接采购的价值最大化

对于采购人员，其负责间接采购，有时给人的感觉就是没有功劳，也没有苦劳。没有功劳是指间接采购的成本降低不好用指标衡量，价值贡献不好体现；没有苦劳是指由于经常接到“急单”，很难满足使用部门的全部需求，因此遭到的抱怨非常多。对于使用部门，由于采购周期非常长，不能快速满足其需求；由于采购人员不够专业，买来的东西不是很好用。对于公司管理，支出分散在各个部门，不知如何控制成本，不知如何进行管理。

由于标准不一，管理不到位，漏洞、黑洞很多，很多环节不透明，阳光采购在这里并不“阳光”，间接采购成为合规管理的重点。间接采购应该获得重视，但没被重视，所以，间接采购成为管理中的薄弱环节。

宫老师在“MRO及非生产物料采购管理”这门课里，把间接采购概括为“四多四少”，具体如图1-1所示。

图 1-1 间接采购“四多四少”

归纳一下，间接采购不被重视，主要有这几个原因：

（1）没有专门的管理部门。

（2）使用部门对供应商有偏好，难以替换。

（3）不了解降低成本的方法。

在此，想特别说明一下，无论什么品类，都需要战略采购，长期合作的供应商会给企业创造价值。

间接采购涉及公司所有部门、所有业务、所有人员，在管理上，究竟有哪些困难？我们通过“宫迅伟采购频道”微信公众号调查了 2832 个人，总结了 8 个难点，它们是需求管理难、预测计划难、需求描述难、供方评审难、价格对比难、部门协同难、流程控制难、量化管理难。我们通过线上线下研讨会，梳理出 56 个解决方案。这些共同构成了本书，即**间接采购的 7 大品类、8 大痛点、56 个解决方案**。

解决方案可以分成两类：一类是管理优化方案（详见本书第二部分），另一类是数字化解决方案。对这些数字化解决方案，本书专门采集了一些案例（详见本书第四部分）。

为什么别人不做，而我们对此要深入研究，甚至要写一本书？我们来梳理一下，本书开篇的那两点判断是怎么得出来的。

1. 为什么说，间接采购降本可以让公司利润率增加 1 个百分点

著名咨询公司科尔尼的一项调查显示，间接采购占采购总额的 10% ～

15%，间接采购的降本空间为 10% ～ 15%。如果一个公司的销售额是 100 亿元，采购占 50%，那么间接采购降本结果最多就是 100 × 50% × 15% × 15%，即 1.125，也就是利润会增加 1.125 亿元，简单地说就是利润率增加 1 个百分点。

如果我们说间接采购，一把手可能觉得这是“小事”；如果我们说使公司利润率增加 1 个百分点，相信一把手就会感兴趣。因为他知道，经济由高速到高质量发展，市场竞争会更加激烈，利润薄如纸片，如果公司销售额为 100 亿元，错过间接采购降本，就是错过 1 个亿。有人说 1 个亿是个“小目标”，但那毕竟也是目标，何况“1 个亿”对绝大多数人来说是一个“大目标”，一个值得一直追求的目标。

2. 为什么说，间接采购管理可以让客户满意度翻倍

有的间接采购直接影响获客渠道、获客成本和客户体验，比如市场营销类的采购，如果找一个不好的广告商，广告效果就大打折扣；有的间接采购直接影响生产效率、产品质量，比如生产设备、设施及其备件的采购；有的间接采购直接影响员工能力提升，比如咨询、培训、猎头等人力资源类采购，一大堆人聚在一起，找一个低水平的培训师，这是最大的成本浪费，甚至会把路走歪；有的间接采购直接影响员工办事效率和对公司的满意度，比如差旅、食堂、办公软件和办公设备，这些统统会体现在办公效率、办公效果上，直接或间接地影响客户满意度。要知道，客户满意度是由公司端到端流程效率、公司每个员工的工作能力决定的，满意度是生命。

如果我们说提升采购效率，一把手可能会说那都是业务部门的事；如果我们对一把手说，这件事情关系到公司的生死存亡，我们相信一把手一定不会忽视。

间接采购就是这样一件事，它可能使公司利润率提升 1 个百分点，可能关系到公司的生死存亡。不管你承认不承认，它就摆在那里。理解了这两点判断，就理解了间接采购的价值。

四、间接采购人员需要具备什么核心技能

采购是个技术活儿，专业采购人员需要具备四大核心能力，即“SCAN专业采购四大核心能力”。

SCAN是由四个英文词组的首字母组成的：

- supplier management/supply chain management，供应商管理/供应链管理。
- cost analysis，成本分析。
- agreement management，合同管理。
- negotiation skill，谈判技巧。

“四大核心能力”是指要有能力回答四个问题[⊖]：

（1）为什么选择这家供应商？

（2）为什么是这个价格？

（3）如何控制合同风险和保证合规？

（4）如何进行一场双赢的谈判？

这四个问题，采购人天天面对，领导会问，审计会问；问自己，问他人；不断地问，不停地解释。

除了具备四大核心能力，还需要具备六个通用能力：

（1）心理资本，包括具有良好的适应性、韧性、专注度，乐观。

（2）学习能力，包括学习规划、学习心态、学习方法、学习应用等方面。

（3）管理决策，包括理性决策、灵活性、创新性、决策方式等方面。

（4）冲突管理，包括沟通、建设性、合作等方面。

（5）创新能力，包括创新思维、好奇心、创新方式、创新人格等方面。

（6）变革管理，包括变革策略、愿景管理、激励、个性化关怀等方面。

⊖ 宫迅伟．如何专业做采购[M]．北京：机械工业出版社，2015.

这六个能力是结合心理学、管理学等知识，通过一套科学的方法萃取出来，专门针对采购人员的。

中采商学公司据此自主研发了“采购职业经理人综合能力素质测评系统”（简称 TA 测评系统）。该系统基于采购行业背景及大量采购行业数据而建立，其中包含不同层级、不同部门、不同维度的全模型评估。大家可以自己测一测，看看是否具备了专业采购必备的四大核心能力和六个通用能力（见图 1-2）。这套系统可以帮助企业选对人，帮助个人做好职业生涯规划。

图 1-2　采购通用能力评估模型示例

第二章

间接采购

成本管理中的蓝海金矿

间接采购能够使公司利润率提升 1 个百分点，它的前提是要能够使间接采购成本降低 10% ～ 15%。怎么降低，有什么好用的方法论吗？

在“MRO 及非生产物料采购管理”这门课里，宫老师把它分成四步，如图 2-1 所示。

图 2-1　间接采购降本步骤

一、第一步：整理品类数据

很多外资公司在降低成本的时候，都会使用一个工具，叫作支出分析，也就是要分析公司的钱都花到哪里去了，是谁花出去的。具体地说就是，谁购买，从何处购买，多少钱购买，购买多少，如何购买等相关数据或信息。如果没有这些数据，就没有办法有效提升管理效率，降低采购成本。

在很多企业里，这些统计并不清晰。尽管企业内部的财务系统都会设定各种各样的费用科目，并且很多企业在降低成本的过程中，也大多会按照财务系统中的费用科目进行间接费用的削减，但在实际过程中由于品类划分不清晰，名称不一，因此难以把花费统计在某一个具体的品类上，再加上没有统一的管理部门，也就没有办法把费用对应到具体的支出项目上，更无法分到具体的人上。间接物料的管理大多比较粗放，很难做到精细化管理。

如果对企业进行调查，你会发现，详细记录间接成本收支和预算等相关信息的企业，通常都在切实执行间接成本的管理工作，这些企业多数对成本管理有着高度的认识，并充分掌握了有关成本削减的合理设计方案或价格水平。与之相反，有些企业则迫于上级领导降本的要求，以最低金额的成本数据输入财务系统，操作流程草草了事，极易产生疏忽和遗漏等问题，造成企业无法全面有效地进行成本削减。于是这些企业就会存在很多管理漏洞，甚至产生一些黑洞，比如不受预算控制的零星采购、难以审计监督的用户指定。所以要想降低间接采购成本，第一步是对品类进行细分，在细分品类的基础上统计相应品类的费用支出。

这里的关键点是，在定义品类基础上统一间接物料名称，在明确统计口径的基础上整理品类成本数据。比如，这个部门叫扳子，那个部门就不能叫扳手，名称必须统一。

二、第二步：寻找降本空间

前面我们整理了品类数据，接下来我们将寻找该品类的成本降低空间，制定成本削减的策略和方法。

要想寻找成本降低空间，我们首先需要了解所购买的物料或服务的成本驱动因素，也就是说是什么在影响它的成本。找到这个驱动因素，也就全面了解了该成本费用项目的特性。比如，它的成本结构如何，供应商市场的竞争结构如何，是做成本分析还是价格分析，供应市场是什么样的商业模式。

在不同行业间接成本占总成本的比例不尽相同，间接成本的分配方式以及费用构成也存在巨大差异。

在信息通信类企业，间接成本主要是IT基础设施管理等维护费用，这些费用中业务委托费用则占较高的比例。在B2C类型的企业中，为了提高消费者的购买欲望，花费在促销广告上的宣传费用、商品运输上的物流费用占较高比例。在B2B类型的企业中，其客户主要是企业，因此不需要过多的宣传促销等费用，相反，物流费用则占了很大的比例。在服务类的企业中，人工成本是最主要的成本，几乎没有运输费用，取而代之的可能是差旅费用。

掌握这些以后，我们可以构建该品类的成本模型，再根据成本驱动因素策划采购模式，以明确成本降低空间，有的放矢地制定成本削减方法，通过这些手段达成降低成本的目标。

降低成本的具体方法有很多种，很多书中都有论述，构建成本的模型、方法也有很多种。在《全面采购成本控制》这本书中，详细讲述了一个非常简单实用的构建成本模型的方法，叫PPDAR五步法。

本书重点在间接采购管理和优化采购模式上，讲述如何提升间接采购效率和降低间接采购成本。

这里的关键点是理解该品类成本构成，以及供应市场竞争结构、竞争环境。比如，培训、咨询、广告、软件设计等品类的成本，主要是专家的人工费用。采购这些品类时，我们的主张是，不要考虑价格，一定要考虑价值。就像到医院看病，肯定期待找一个主任医师，而不是实习医生。再如支付员工工资，我们的主张是，一定要高工资、高绩效、高回报，降低人工成本不是降低工资，而是提高人效。

三、第三步：选择合作供方

降低成本的方法简单说分两种，一种是需求端，一种是供应端。在需求端，与使用部门共同探讨采购的量、采购的时间，共同研究替代的方法、替代的解决方案，共同比较行业的价格水平，对采购的必要性做一些分析和判断。通过确认采购行为的必要性、分析采购成本的费用效果来修改、优化采购的数量或等级，从而控制间接采购成本。

在供应端，企业通过与供应商谈判，选择一个正确的供应商来达到成本控制目的。在价格谈判前，采购方需要寻找足够的证据证明可以降低供应商的价格，然而由于无法掌握供应商的全部信息，无法推算产品应有的价格水平，采购方有时就很难判断什么才是正确的价格。如果给供应商一个不合理的价格，就会获得不正确的服务。比如，一个产品或一项服务合理的价格是 100 元，如果采购方给供应商的价格是 90 元，供应商就有可能质量变差、交付变差、服务变差，表面看降低了成本，但并没有达成需求部门购买的目的。相比于直接采购，间接采购成本的真实性和合理性更加难以判定。直接采购的物品是有形的实体，它的质量有判断标准，甚至购买的就是一个标准产品，它有行业标准、国家标准，供应商基本上会遵循。但是，间接采购，尤其是间接服务，没有清晰的技术标准、质量标准，价格差异很大，质量差异更大，供应商资质参差不齐。

作为一个专业的采购，在与供应商谈判之前，一定要了解供应市场，了解供应商的成本结构，了解供应商的商业模式，这样才能选出一个正确的供应商，核定一个正确的价格。

当然我们可以通过多家比价的方法，企业在一般情况下都会规定通过多家比较的方法来寻找供应商、选择供应商。但如果你仔细研究就会发现，很多使用部门，甚至采购部门，并不愿意替换现有的供应商，对新供应商的不信任使其为了规避风险而不得已接受较高的价格。形式上完成了上级布置的任务，进行了多家比价，但无法真正比较价格的合理水平，无法获得良好的成本削减效果。

这里的关键点是一定要了解供应商的主要客户群体、过往的市场绩效表现、与采购方公司合作的意愿，谈判法则第 1 条就是知己知彼。比如，你想生产最好的产品，就需要最好的设备；你想达成最好的广告效果，就需要寻找最好的广告公司；要想学习优秀，就需要找最好的老师。

当然这个“好”，准确地说是“适合”，或者称为“正确”。采购人在实践中总结了 5 个“R”，就是正确的时间（right time）、正确的数量（right quantity）、正确的质量（right quality）、正确的价格（right price）、正确的地点（right place），简单称为适时、适量、适质、适价、适地。这个“5R 原则”成为专业采购工作的指南、追求的目标。我们觉得此处的“正确的地点”用“正确的供应商”（right supplier）表达更合适。做采购最怕选错供应商，这里特别强调的就是“正确”。

四、第四步：优化降本方法

招标和谈判是降低成本的两大有效方法。但如果使用不当，这两种方法也无法达到真正降低成本的效果。

采购的目的不是降低成本，是满足使用需要，获得使用价值。如果片面地追求低价，不正确地竞标，就可能达不到购买目的，达不到满足需求的效果。

很多公司没有正确的成本降低方法，只是简单地竞标，由于没有很好的评标标准，往往选择最低价中标，这种方法带来的购买失败案例举不胜举。可怕的是，相对于直接物料，这种失败的影响有时并不容易看见。

比如，招标采购一个低价的设备，运行不稳定，生产的产品质量不达标；采购的外部服务价格很低，但是服务质量不如人意，还浪费了公司的人力物力。

可见正确的成本降低方法多么重要。这些方法需要不断地优化，以便找到最适合本公司、最适合所购买的物料和服务的那种采购模式以及成本控制方式。

本书后文罗列了间接采购降本的十八般武器，供各位读者根据自己的需要选用。按照我们的经验，这些方法不可照搬照抄，一定要根据项目的情况、自己公司的情况，灵活使用或组合使用。

这里的关键点是使用部门的真实需求、真实目的，供应商的专长，以及供应市场的交易模式。

最后，想特别表达的是，为了不让成本削减工作成为一时之举，为了持续地巩固成本削减效果，持续地提升采购效率，需要在企业内部建立能够持续管理成本的机制和组织、成本费用的管理流程，运用成本监控方法，强化成本数据的储备，开展对间接采购相关人员的技能培训。

CPSW 公司利用 MCIP 方法，使间接采购成本降低 15%

CPSW 公司是一家世界 500 强汽车零部件公司，在亚太区有 15 家工厂，其中在中国有 10 家工厂，分布在上海、广州、武汉、长春、重庆等地。在这些工厂中，有些是总部直接投资建立的，有些是并购过来的，有些是与本土企业合资的。这些工厂的采购员直线向工厂的总经理汇报，虚线向中国区采购总监汇报。作为中国区的采购总监，G 先生该如何协同各工厂采购员共同降本呢？

G 先生深知，在总部设立一个采购部门，招聘若干个采购员向自己直接汇报，这种方法效率最高，采购总监的权威性也得到了最大程度的发挥。但是这样做也不可避免地会增加人工成本，增加与各工厂的沟通成本，并且处理不好很容易遭到各工厂抱怨，因为总部的人不在工厂，很难了解到工厂的真实需求，也很难对工厂的需求做出快速反应。如果这样，内部客户满意度一定下降，即使降了成本也不会得到好的结果。

CPSW 管理团队发明了一种跨部门协同降低成本的方法，叫材料成本改善计划（material cost improving projects，MCIP）。这里的关键点是，通过头脑风暴找到合适的降本项目和降本项目负责人。

这种成本降低方法的好处是：

（1）避免采购员单兵作战，而是组建降本团队，集中大家的智慧。

（2）避免年底集中谈判，而是生成成本降低项目，当作项目进行管理。

（3）避免各自为战，各公司之间总结经验、互相学习、取长补短。

通过一段时间的努力，G 先生用这种办法协同各部门、各工厂有效降低了采购成本，由于出色的降本工作，获得了总部全球总裁特别奖。

有一位采购员陆女士，她在一家日资企业里成功使用了 MCIP 这种降本方法，协同各部门降本 15%，很快晋升为采购课长。这种方法锻炼了她超强的沟通能力和调动资源的能力，后来她自主创业，成为一家著名公司的 CEO。

第三章

间接采购管理 8P 模型

间接采购应该得到重视，但并没有得到重视，不但公司管理层不够重视，各部门经理不重视，甚至个别的采购领导者也不那么重视，因为这不是他们的“主要工作”，他们不会花时间在间接采购这个方面，这就造成了间接采购在工作中会遇到很多困难。

通过调查，我们总结出 8 个难点（见图 3-1），即 8 大痛点。我们把间接采购物料或服务归集为 7 大品类，为每个品类的每个痛点都寻找一个解决方案，由此形成 7 大品类、8 大痛点、56 个解决方案，它们构成了一幅间接采购管理全景图，我们把它命名为 8P 模型。8P 模型是本书的精华，期待大家按图索骥，遇到问题就能迅速找到答案。

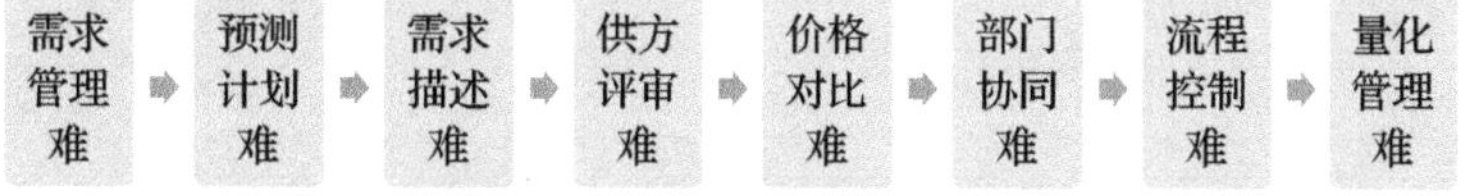

需求管理难 ➡ 预测计划难 ➡ 需求描述难 ➡ 供方评审难 ➡ 价格对比难 ➡ 部门协同难 ➡ 流程控制难 ➡ 量化管理难

图 3-1　8 个难点

比如，需求部门并不清楚“买什么”，因为这个东西它们可能没买过、没见过，它们期待采购部门能给些建议，个别人还会觉得这是采购部门的事情，所以采购需求提得很模糊。可是按照规范的采购流程规定的工作职责，“买什么”需要由需求部门（使用部门）提出，采购才能开启采购流程，这些“模糊”和部门间的“不协同”带来的结果常常是，买到的不是需求部门想要的，或者不是最合适的。这就是需求描述难。

再比如，使用部门提出采购申请时，为了避免冗长的采购流程耽误工作，常在采购申请单上备注“急急急”，期待采购人员能以最快速度满足需求，而采购人员按照合规管理要求，需要货比三家、询价比价、领导审批、签订合同，一套流程下来，使用部门早已不耐烦，抱怨多多。这就是预测计划难。

8个难点形成8个痛点，每个痛点都有解决方案，每个解决方案都有4个字的精准表述，本书按照品类逐一进行解读，具体如表3-1所示。

表3-1 8P模型

痛点	分品类解决方案						
	设施管理（FM）	信息技术（IT）	物流（LOG）	维护维修运营（MRO）	市场营销（MKT）	机器设备（M&E）	其他专业服务（SVS）
1. 需求管理难	早期介入	集中采购	整合外包	需求归一	宣导流程	供应战略	支出分析
2. 预测计划难	投资管理	长期规划	关注客户	借助平台	需求管理	投资计划	滚动预算
3. 需求描述难	借助专家	需求模板	物流规划	品类细分	需求模板	借助供方	选择模式
4. 供方评审难	审核资质	关注售后	审查规模	品类覆盖	行业经验	决策矩阵	客户群体
5. 价格对比难	借助机构	关注配置	报价模板	关注时效	品牌价值	技术方案	价值分析
6. 部门协同难	项目管理	五步协同	全程参与	整合需求	有效沟通	集体决策	统一认知
7. 流程控制难	控制节点	需求确认	途中控制	授权管理	关注目标	标准模块	预算管理
8. 量化管理难	合规管理	安全稳定	准时快柔	线上采购	效果评估	TCO总成本	客户满意

02

第二部分

间接采购的七大品类管理

分类的目的是更好地管理，没有分类就没有管理。分得不清楚，管理就可能不清楚，品类管理是最为重要的一种战略采购方法。间接采购比较复杂，品类差异很大，在本书中，我们将之归纳为 7 大品类，每个品类又挖掘出 8 个痛点。如果为每个痛点挖掘一套系统的解决方案，本书内容会非常冗长，因此，本书只为每个痛点重点讲述一个我们认为最精准的解决方案，实施精准“打击”，而不是提出多个解决方案。实践中，大家可以结合自身情况，综合使用。本部分共包括 56 个解决方案。

第四章

FM

设施管理

一、FM 品类概述

(一) FM 定义及类别

大家可能不熟悉什么是“设施管理”，它的英文是 facility management，简称 FM。其实“设施管理”这一术语可以追溯到 1979 年美国密歇根州的安·阿波设施管理协会的成立，以及 1980 年美国国家设施管理协会的创建，后来国际性专业组织——国际设施管理协会成立。

在实践中，人们比较容易混淆“设备”和“设施”这两个词。“设施”是为开展某项工作或满足某种需要而建立的系统、建筑物或成套设备；“设备”是由多个单元和所需组件、零件连接而成或联合使用，并能够完成某项使用功能的组合体。形象地打个比方，我们家里的房子叫设施，房子里的家具、电器叫设备。在一个工厂里，公共部分如厂房、泵房、变压器等称为公共设施，生产产品的设备称为工厂设备。这两个部分在有的公司由不同部门负责，工厂设备由设备部门或维修部门负责，而公共设施由公共设施部门或行政部门负责。

设施管理不仅成为一个专业，还成为一个行业，真正得到世界范围的认可还是近几年的事。越来越多的企业开始相信，保持管理上的井井有条和高效率的设施管理对其业务的成功是必不可少的。设施管理包括两部分，如图 4-1 所示：一部分是设施运营，它看得见、摸得着，如设施的维修；另一部分是设施服务，它看不见、摸不着，如各种人工服务。

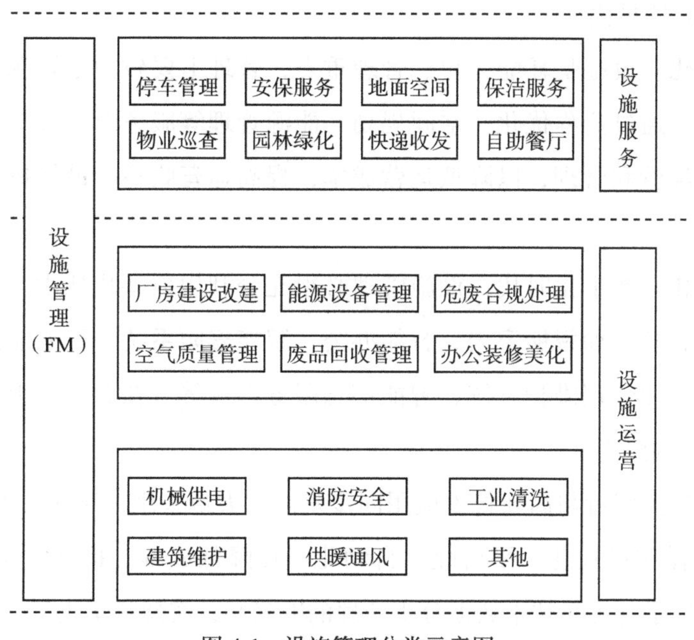

图 4-1　设施管理分类示意图

（二）FM 采购特点

设施管理有什么不一样？作为一个新兴行业，设施管理有其自身的特点，有专家将其总结归纳为“六化”：专业化、精细化、集约化、智能化、信息化、定制化。

专业化。设施管理提供策略性规划、财务与预算管理、不动产管理、空间规划及管理、设施设备的维护和修理、能源管理等多方面内容，需要专业的知识和管理，有大量的专业人才参与。另外，化工、制药、电子技术等不同的行业和领域，对水、电、气、热等基础设施以及公共服务设施的要求不同，所涉及的设施设备也不同，需要实行专业化服务。

精细化。设施通常就是一个系统，管理上必须以业务规范化为基础，以精细化流程控制为手段，运用科学的方法对客户的业务流程进行研究分析，寻找控制重点并进行有效的优化、重组和控制，实现质量、成本、进度、服务总体最优。

集约化。设施是耗能大户、管理重点，管理上要致力于资源、能源的集约利用，通过流程优化、空间规划、能源管理等服务对资源、能源实现集约化的经营和管理，以降低运营成本，提高运营收益，最终提高客户的运营能力。

智能化。数字化时代，设施管理必须充分利用数字化技术，实现智能化服务与管理，如智能家居、智能办公、智能安防系统、智能能源管理系统、智能物业管理维护系统、智能信息服务系统等。在此基础上，实现智能楼宇、智能工厂。

信息化。坚持与高新技术应用同步发展，大量采用信息化技术与手段，实现业务操作可视化、平台化、自动化。在降低成本、提升效率的同时，信息化保证了管理与技术数据分析处理的准确性，实现科学决策。

定制化。每个公司都是不同的，专业的设施管理供应商根据客户的业务流程、工作模式、经营目标，以及存在的问题和需求，为客户量身定制设施管理方案，合理组织空间流程，提高物业价值，最终实现客户的经营目标。

FM 品类采购的基本特征为：

（1）通常不涉及企业战略资产，属于非核心业务。

（2）人工成本是主要的成本驱动因素，属于劳动密集型。

（3）管理降本机会多，服务成本可压缩空间相对较小。

（4）会计科目为费用支出，节省基于历史支出数据。

（5）在供应商选择上，FM 部门话语权较大，通常倾向于使用本地供应商。

（6）很多时候，需要关注政府的相关管理规定。

（三）FM 供应市场分析

设施供应商大的大，小的小，有的与政府密切相关，有的市场充分竞争。如果我们对 FM 行业做供应市场分析，就可以发现：

首先，最具战略性的是设施设备的维护保养品类，比如厂房基建、高压配电房及配电柜、空调暖气等。这部分专业性较强，对企业的正常运营有重要影响，需要供应商的快速响应和高度配合。

其次，是危废管理等品类。废油、废漆、废气等排放涉及环保要求，政府有严格的管控，有些复杂度较高的危化品处理，甚至难以找到更多的供应商，采购议价权也比较薄弱。该品类需要谨慎处理，处理不当容易导致政府监管处罚，影响企业的正常运营。

再次，则是管路及供电设施类。该品类可以引入市场充分竞争，但需要注意的是，一定要选择有资质的大公司，如果操作不当，可能引发停机、停电，对企业业务的影响较大。可以引入机电工程公司做年度维保，以保持业务的稳定性。

最后，相对来说，市场竞争比较充分的是维护保洁类。这个品类技术门槛低，对企业的正常运营影响较小，可以竞争采购。

（四）FM 成本驱动因素

以建筑工程为例，FM 项目成本影响因素有施工组织设计、合同条件、当地物价水平、技术规范等，如图 4-2 所示。其中占比最大的是施工成本，占比约 38%，如图 4-3 所示。而施工成本在核算时，大部分劳工是按工作时间计酬（比如小时、天、工作日等），所以控制好施工工时，把控好施工总进度，可以有效控制此品类的总成本。

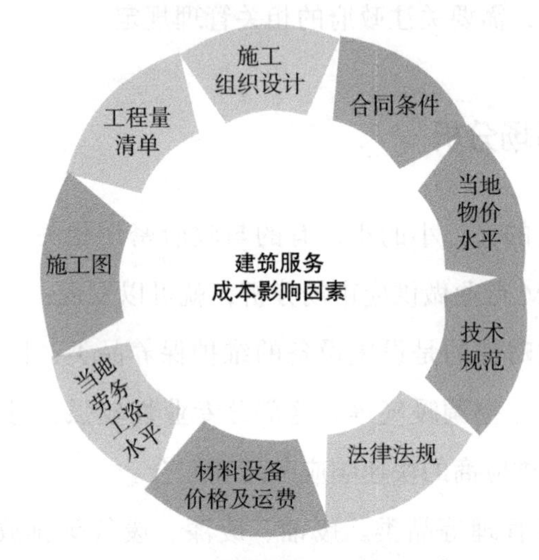

图 4-2 建筑服务成本影响因素

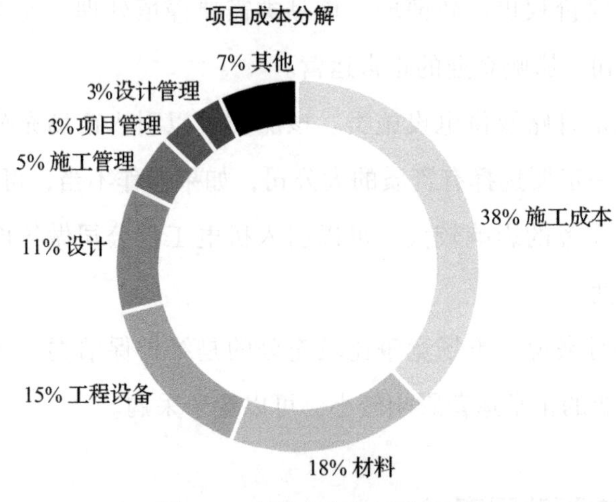

图 4-3 项目成本分解示意图

材料类的成本通常占到 18% ～ 30%（根据行业不一样，略有区别）。因为材料类的市场价格可查，预先商定价格与市场行情指数挂钩，可以有效控制此成本浮动。客户通常只在价格超出约定范围时才会介入，价格可以与指数挂钩（指数化定价）。表 4-1 提供了建筑服务合同定价策略，供采购同行在管理实践中参考。

表 4-1 建筑服务合同定价策略

定价策略	描述	优点
固定价格法	执行固定价格	由供应商承担价格上升的风险
变动价格法	按实际工作量核算价格，单价可与指数挂钩	允许供应商在施工上有更大的灵活性
目标价格法	可以控制项目的总成本	保持对供应商成本计划的监督
成本加成法	买方补偿承包商因成本上升而产生的所有费用	仅为使用过的材料、服务付费

（五）FM 采购流程关键控制点

施工管理采购与传统工厂生产物料采购流程大相径庭，涉及项目管理、环境安全、政府法规等多方面要求，主要关键控制点有：

（1）科学划分相对独立的施工工程段，每个工程段管理清晰，化整为零，逐个击破。

（2）利用监理公司的质量监理权威性加强质量管理。

（3）让专业厂商和专业队伍参与施工。

（4）利用社会资源为工人后勤工作、生活提供保障。

（5）科学合理地安排材料供应，既不影响进度又不占用大额资金。

（6）储备充足的工人资源作为后备力量，可随时调用。

（7）以图、表等书面形式向施工班组进行技术交底，并做详细解释。将设计图、施工方法等内容清楚地传递给施工班组，工序交接以书面形式做交接记录，并对工人进行安全文明施工和工程质量要求岗前培训，严格执行现场巡查制度和现场技术员全过程监控重要工序施工的制度。

（8）建立与质量标准挂钩的奖罚制度，管理人员分段管理。各段施工班组挂牌施工，责任明确区分，奖罚分明，严格执行。

（9）与各专业队伍共建完成工程段保护制度，统一保护标志并全场挂牌。

（六）FM 常见采购策略

1. FM 常用采购策略：招标采购

（1）依法必须进行招标的工程项目，在进行施工招标前应具备以下条件：

① 招标人已经依法成立。

② 初步设计和概算应当履行审批手续的，已经获得批准。

③ 招标范围、招标方式和招标组织形式应当履行核准程序的，已经核准。

④ 相应的资金或资金来源已核实，有招标所需的设计图纸和技术资料。

（2）招标的组织形式有自行招标和委托招标。

- 自行招标：当业主有与工程项目规模及复杂程度相适应的工程技术、工程造价和工程管理人员，具备编写招标文件和评标能力时，可以自行招标。
- 委托招标：如果工程任务量大且复杂，或业主缺乏有经验、有技术的招标技术人员，或时间紧迫等，开发企业可以委托有相关资质的专业机构来组织招标。

（3）招标方式有公开招标、邀请招标。

- 公开招标：招标人以招标公告的方式邀请不特定的法人或者其他组织投标，也称为竞争性招标，即由招标人在报刊、电子网络或其他媒体上刊登招标公告，吸引众多企业单位参加投标竞争，招标人从中择优选择中标单位（招标流程如图 4-4 所示）。

- 邀请招标：招标人以投标邀请的方式邀请特定的法人或其他组织投标，也称为有限竞争招标，即由招标人选择若干供应商或承包商，向其发出投标邀请，由被邀请的供应商、承包商投标竞争，从中选定中标者。

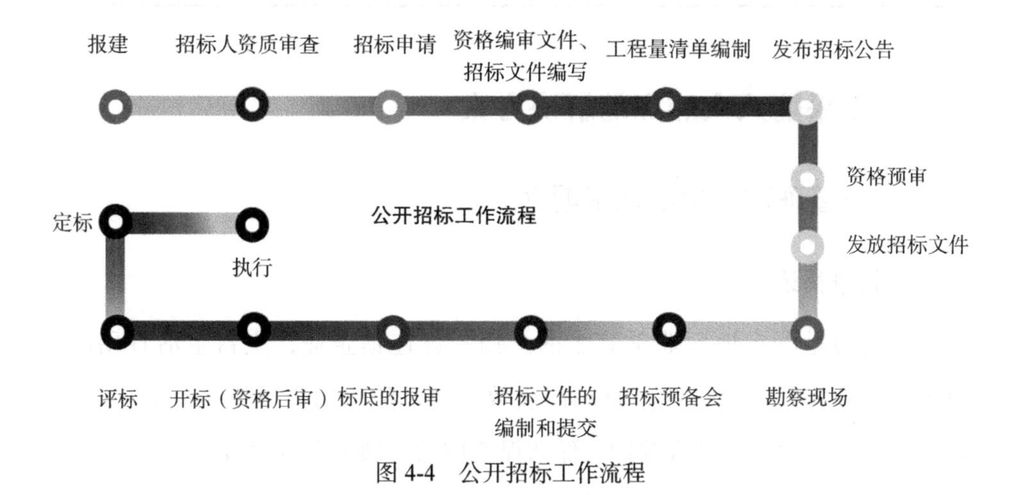

图 4-4　公开招标工作流程

2. **整合设施管理（integrated facility management，IFM）**

随着我国采购模式不断完善，IFM 采购模式开始在大型企业流行并迅速扩展开来，常见于大型商业空间或工业园区；简单理解，就是业主从传统的采购物业服务，扩展到采购以提高员工满意度为结果导向的综合服务，包括基础的设备、安全、安保、清洁，以及其他围绕满意度衍生的所有服务。甲方以整体外包的形式，提出工作说明书（statement of work，SOW）、服务级别协议（service level agreement，SLA，是指提供服务的企业与客户之间就服务的品质、水准、性能等方面所达成的双方共同认可的协议或契约）以及关键绩效指标（key performance indicator，KPI），供应商提供系统解决方案并报价。

如表 4-2 所示，FM 转型为 IFM 成为趋势，转型过程中采购应抓住机会。

表 4-2 IFM 转型的驱动因素

驱动因素	效果
IFM 整合	增加买方的话语权，可实现大幅度降本
盈利压力	更加透明的价格，使供应商将成本压力传递给下游分包商
技术进步	为提升效率，不断提高技术投入
物联网	将物联网用于 FM，实现数字化转型

二、FM 采购八大痛点的解决方案

（一）需求管理难，要重视早期介入

1. 情景描述

A 集团是华东地区非常有名的产销一体连锁企业，主营生活日用品，旗下有生产工厂 5 家、线下直销门店数千家。随着门店以及工厂的快速发展，厂房基础建设、日常维护、保洁保养成为一项繁杂的事务。

小唐在 A 集团负责 FM 相关的采购事务，FM 品类的繁杂他深有体会。这次的厂房、办公室相关标识制作就是一个典型案例。

为了做好目视化管理，工厂及办公区需要挂一些企业文化标语以及 5S 相关的宣传用语。标语本是很小的物件，但因为缺少统一的规划，近两个月陆陆续续收到好几个部门的零散需求，有些部门通过淘宝等平台的搜索提供了一些标语的模板，有些部门则根据自身的需要，定制了一些标语及样式。在做需求规划时，由于采购前期没有介入，高层领导也未给予足够重视，因此到采购询价时，标语样式五花八门。因为种类多，品种杂，供应商的制作意愿并不强烈，供应商选择便比较麻烦。

2. 存在问题

这类项目的单个金额不高，但因为部门多，需求较为分散，采购选择供应商时匆忙，容易导致采购效率低下，采购成本偏高的问题。

往高处讲，这还涉及企业整体的VI设计。VI的全称为visual identity，通常译为视觉识别系统，是指将CIS（corporate identity system，即企业形象识别系统）的非可视内容转化为静态的视觉识别符号。设计到位、实施科学的视觉识别系统，是传播企业经营理念、提高企业知名度、塑造企业形象的快速便利之路径。

VI设计包括基础部分和应用部分两大内容。其中，基础部分包括企业的名称、标志设计、标识、标准字体、标准色、辅助图形、标准印刷字体等；应用部分包括名片风格、标牌旗帜、办公区域标语、公关用品、环境设计、办公服装、专用车辆等。

所以，需求可大可小，高度可高可低，就看企业意识及采购如何把控。

3. 解决方案

在采购中，常使用“采购早期介入”策略（见图4-5）来加快项目推进的速度。采购介入得越早，创造的价值越高。直接采购特别注重与研发部门的配合，间接采购特别注重与需求部门的配合，可以直接实现开发降本，同时规避部门墙现象。

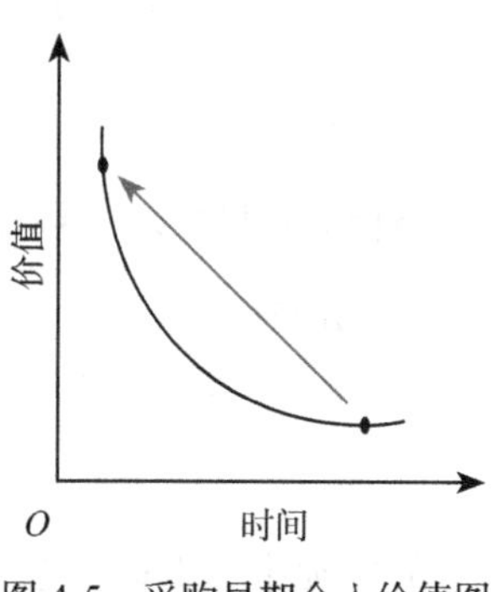

图4-5　采购早期介入价值图

以本案例为例：

在陆续收到好几个部门的零散需求后，小唐意识到其他部门可能也会有类似需求，所以他主动与各需求部门沟通，并且通过邮件知会A集团其他兄弟部门，告知如有相关标语制作需求，请于两周内汇总标语至采购部。

做出提醒，给出流程，明确截止时间。接下来是收集汇总需求数据及要求。

经过两周的采购前期介入，原本可能两三个月后陆陆续续提需求的部门，在两周内将需求统一集中起来，这样也给了采购与供应商谈判的方向和筹码。

汇总出标语数量和格式要求，小唐向上呈报，并与管理部及运营中心沟通，借此机会，采购及时开发有相应 VI 设计、标语制作印刷资质且全面的供应商资源，运用供应商筛选漏斗⊖优选出三家供应商，一次性询价、比价、议价、核价，批量下单，集中交付。

当然，如果公司已经有专门的 VI 管理部门，则让需求部门将要求提至 VI 管理部门，由 VI 管理部门集中审核，统一提交需求至采购即可。

通过采购前期主动介入，汇总需求部门各零散需求，不仅避免了采购重复开发供应商、重复询比议价的过程，提高了需求部门的请购效率，还通过总量实现了降本、增加了对供应商的吸引力，同时实现了公司 VI 风格的统一，因此该项工作得到了高层的一致认可。

宫老师说

通过早期介入，可以使采购由被动变主动，并能创造更多价值。

（二）预测计划难，要关注投资管理

1. 情景描述

新的物流中心从规划到施工、从监理到验收交付都是由小唐主导，每天在处理这些大项目的同时，各种生产线上的需求也在困扰着小唐。

毕竟公司业务蒸蒸日上，新的生产线需要一条接一条地建立、推进。一般来说，这些都由专门的项目经理负责，都在按计划推进。但是，总有一些管理部门到正式进驻时，才提出各种辅助需求。

生产线设备机电安装（HOOK-UP）就是其中的一个典型。

⊖ 可参考《供应商全生命周期管理》第二章的内容。

2. 存在问题

组装线的设备由设备采购部门主导，很多设备从订购到交付往往需要两三个月甚至半年，有些设备的安装需要提前做好地基，打好地坪，有些设备则需要安排外协吊车、叉车装卸，更多的设备需要将水、电、气等管路提前布好。

但是，小唐今年就遇到了很多这样的无计划性需求。

今年1月来了一个单独设备的吊装需求，2月有一条生产线，需要整体布线，接水、电、气，刚刚布置完，4月在同一厂房的另一侧又有一条流水线需要布置，小唐再次邀请同一批供应商进行现场勘查，询比议价。

因为供应商的日常工作也有排程，一遇突发事件往往供应商端也不能完全配合。这样的一些无计划性需求，不仅单批次采购成本高，采购议价被动，而且采购作业效率低下。

3. 解决方案

对此，小唐找做采购的朋友小徐探讨，经过一系列头脑风暴后，小唐罗列了以下几条改进措施：

第一，机电辅助安装部门和设备采购部门一起统计全年的投资计划。毕竟它们的需求是从设备投资计划来的。不关注公司的投资计划，自然对后续的工作没有计划，只能来一个应付一个。

第二，有了计划，就可以提前准备好机电安装的技术规范，不至于临阵乱了手脚。

第三，有了要求，就可以提前准备好合格的供应商池，甚至提前邀请供应商介入，准备初步的方案。

第四，整合各种方案，进行集中竞标。

为了达到好的效果，还需要与公司领导及各部门多多沟通，每个相关的部门都需要关注公司的投资计划并进行相应的管理，采购部门自然也就可以根据采购计划事先准备，从而选择有利的时机进行采购活动。

按以上思路，经过两个月的持续宣传引导及跨部门沟通协调，机电设备安装的无预测、计划难得到有效改善。

宫老师说

投资有风险，执行有计划，管理有制度，采购要谨慎。

（三）需求描述难，要善于借助专家

1. 情景描述

“最近有个大案子，比较头疼。”小唐和做采购的朋友小徐在喝茶时说道。

“有什么样的事情还能难倒你？”小徐调侃道。

“这话说的，间接采购领域这么广，有多少人能够完全懂？每个人都有自己的知识盲区，我也不例外呀。”

“道来听听，看我有没有什么能帮上你的。”

就着碧螺春的茶香，小唐向小徐娓娓道来。

“由于公司经营扩张，原来的仓库需要扩容，刚好有一个自有产品的组装车间因为推进自动化改造，减少了不必要的搬运，腾出了一部分制造车间。公司希望将这部分腾出来的车间改造为仓库，这个项目又落到间接采购部门头上了。”

“这还不简单，遇到问题找厂商啊，把需求和厂商讲，你就负责比价议价。”

“理是这个理，但这项需求不同于我们买一样东西，有明确的品名、规格、型号可以告知供应商，这涉及车间的改造，以及由生产车间升级为仓储车间的消防法规要求，需求描述很难。自己连自己需要什么都讲不清楚，如何让供应商报价呢？”

“好像是这么回事，那怎么办呢？”

“我要知道怎么办，还来和你抱怨？”

2. 存在问题

将制造车间改造升级为仓库，这是设施工程采购里经常遇到的厂房设施维护升级的典型案例。因为涉及厂房基建以及消防法规，A公司的需求部门即使想提具体的需求描述，也会因为涉及专业知识以及合规性而没有能力向采购提供很清楚的需求描述。

没有需求细项，这项需求的采购如何开展呢？

3. 解决方案

回到上面的情景。

小徐想到有位在建筑公司做采购的朋友。建筑公司中这种工程类的需求应该比较多，可能他有解决方案。小徐便打了个电话过去。寒暄之后，他把情况和缘由向他的朋友做了介绍，便直入主题。

“哦，这样啊，好办好办。”小徐的朋友回答。

“好办，你倒是讲讲要怎么办啊？”小徐追问。

“这种工程类的，需要有资质的第三方过来沟通，对你的现场做评估，并根据你的现状，结合你的真实需求，给你列一份项目关键要求及细化需求清单，我们称之为**借助外部专家**。”

“那这个外部专家难不难找啊？”

“隔行如隔山，你不在这个行业里当然难找，我天天在这个行业里混嘛……”

“好了好了，我懂，后面请你吃饭，你先介绍一下。”

原来，在基建行业，有专业的第三方设计规划公司，它们可以根据客户的需求，通过现场沟通勘察，提出符合国家法律法规要求以及可执行的方案，但它们不参与项目的施工。如果需要深度参与，依据对方的资质状况，可以聘请其为监理方。

经过沟通，小徐给小唐介绍了某设计公司的张总，张总本人是国家二级消防师，还是二级建造师。

第二天，小唐带着基建消防的专家张总至A集团的组装制造车间实地查看，并邀请仓库主管、管理部门以及物流运输部门一起到现场，对框架要求做描述，同时经过向上级报备，与张总签订了厂房改造升级项目前期评估需求合同。

一周后，张总提交了完整的项目前期评估报告以及细节的需求描述，细化防火分区隔墙、消防给水系统、烟感喷淋系统、固定消火栓位置、电气配电系统、屋顶防火涂层和泄爆窗、紧急逃生门等，对整个工程用料以及机电品牌都有备注。

根据物料初步评估，项目总金额近500万元，最终确定采用邀请招标的方式进行。张总同步制作了招投标文件，连邀标说明会的工程详细说明资料也做好了，并给了小唐一整套的招投标处理流程。

至此，需求描述难的问题顺利解决。

宫老师说

君子性非异也，善假于物也。一切成功的人士都善于借助外力。

(四)供方评审难，要注重审核资质

1. 情景描述

小唐拿着详细的需求清单，开启了后续采购之路。

因为本项目预估金额大，且涉及公司部分商业信息，A集团决定采用邀请招标的方式进行。邀请招标也称有限竞争招标、选择性招标，是由采购人根据供应商或承包商的资信和业绩，选择一定数目的法人或其他组织（一般不少于 3 家），向其发出投标邀请书，邀请它们参加投标竞争，从中选定中标供应商的一种采购方式。

因为上过宫迅伟老师 SCAN 系列的课程，虽然没有储备供应商资源，小唐对供应商开发倒也不害怕。小唐参考《供应商全生命周期管理》中关于供应商开发评估与选择的知识，特别是供应商寻源路径图（后文有详细阐述），快速收集到了近 20 家供应商资源。

2. 存在问题

供应商的数量是够了，质量如何呢？小唐对比分析了一下，这些供应商中，有些具有机电安装一级资质，有些则有机电安装三级资质，有些具有维保资质；有些是本地企业，服务起来较为方便，后续维护保养响应更及时；有些是大型集团公司，在行业内的大型项目成功案例比较多……可以看出来供应商的水平参差不齐。

邀请哪些供应商参与本项目的投标，又成了小唐面临的新问题。

3. 解决方案

关于邀请招标的供应商选择，《中华人民共和国政府采购法》（简称《政府采购法》）第三十四条有规定，采购人应当从符合相应资格条件的供应商中，通过随机方式选择三家以上的供应商，并向其发出投标邀请书。因此实际操作中，既要防止通过制定歧视性条款进行资格预审和筛查，又要防止鱼目混珠，落实供应商资格条件预审和筛查，确保资格预审和筛查工作公正、公平和公开。

企业自行采购行为虽不受《政府采购法》的限制，但是对于邀请对象的资质，还是需要做一定的预审。

关于工程类供应商，预审要重点关注什么呢？

小唐与专家再次联系，专家给了他一份工程类企业评审时使用的行业资质审查评分表，如表 4-3 所示。

表 4-3 行业资质审查评分表

评分标准				标准分数
企业行业资质审查评分	企业基本情况	企业区域	本地企业（考虑售后，非区域歧视），3 分	3
			外地企业（考虑售后，非区域歧视），2 分	
		企业资质	一级资质，3 分	3
			二级资质，2 分	
		企业服务	维保资质（有，1 分；无，0 分）	1
		企业年限	成立 5 年以上，3 分	3
			成立 1 ～ 5 年，2 分	
	行业资质部分	企业认证情况	ISO 9001“安全生产”认证，2 分	2
			其他认证证书资料，1 分	1
		实绩案例	100 家以上，2 分	2
			20 ～ 100 家，1 分	
			20 家以下，0 分	
		财务审核	注册资本 2000 万元以上，3 分	3
			注册资本 1000 万～ 2000 万元，2 分	
			注册资本 1000 万元以下，1 分	
			上一年度财务报表流动资金 1000 万元以上，3 分	3
			上一年度财务报表流动资金 200 万～ 1000 万元，2 分	
			上一年度财务报表流动资金 200 万元以下，1 分	
			AAA 类信用企业，1 分	1
			其他证书资料，1 分	1
		商务文件制作	制作完整、规范、详细、整齐，2 分	2

注：以上各项参数及分值供参考，各企业引用时，可依实际做调整。

小唐依据此评分表，并结合企业实况对分值做了一些微调后，将收集到的近 20 家企业信息纳入此评分表，做评分排序，最终优选出排名前 10 的供应商作为邀标对象。

邀请了 10 家企业前来，开完项目述标会，10 家企业均接受 A 集团的邀标，并在约定时间内购买了标书，交了投标保证金，因为需求描述得足够清晰，供应商对现场勘察一遍就过。小唐还组织了一次供应商集中答疑会，便于供应商各自进入投标阶段。

宫老师说

没有度量就没有管理，能量化就量化，哪怕是供应商资质。

（五）价格对比难，要学会借助机构

1. 情景描述

A 集团建厂近 20 年，原来的办公室都太旧了，并且随着人员的扩张，原来的场地已不适应现在的需求，需要按照最新的办公室概念进行重建。但是由于场地有限，A 集团也不想在外面租场地，因此需要一批一批地进行重建。

经过规划，管理层决定分三个阶段对所有的办公室进行翻修。因此，小唐找了几家工程类供应商来报价。

2. 存在问题

因为分阶段进行，整个项目需要持续两三年，小唐做完需求描述和供方评审后，陷入了困惑。在与供应商沟通项目预算时，有些供应商预估此工程总价 3000 多万元，有些供应商预估四五千万元，甚至部分供应商报价达到 7000 多万元。小唐不是机电工程专业出身，没有造价师核价经验，而工程类的项目标的金额大，采购风险高，那么如何对工程类的项目报价进行核价，既能保证获取最好的价格，也避免被公司以及相关部门质疑呢？

3. 解决方案

通过向中采商学做微咨询，小唐了解到市场上有些专业机构提供一项叫“第三方核价”的服务。通过熟人引荐，小唐认识了两家第三方造价审核公司，通过与之深入沟通了解，发现建设工程类价格评审门道还挺多。

在决标前，找一家专业的机构做第三方审核很有必要，小唐总结出以下5点原因：

① 可以控制工程预结算的总投资额度。

② 避免工程预算出现清单漏项。

③ 可以为单次项目报价评审、决标制定单价参考标准。

④ 经过第三方核价后，造价审核内部公信力增强。

⑤ 可以强化内外部工作人员行为监管。

经过沟通对接，小唐代表A集团与一家第三方造价审核机构签约，签约后即将此项目落地。经过实地评估，第三方造价审核机构提供了一份非常详尽的项目评估报告，以及工程量清单、工程预算参考额等，同时对小唐通过询价获得的报价做了客观详尽的分析，并在相对合理的报价资料书上做了签字确认。

通过第三方核价的案例实操，小唐还学习到，要评估工程造价，需要以下具体内容：

- 工程的基本情况。
- 对于不同类型工程，列出其所包含的单位工程和单项工程。
- 各项工程的组成机构中的单项工程、单位工程的主要参数。
- 单项工程造价资料和单位工程的预算、结算和决算数据，若出现“三超”现象，则应注明分析原因，供以后参考。
- 主要设备、材料的用量及价格。
- 各单位工程中的主要分项工程量。

宫老师说

借助机构核价，既是监督，又是背书；既能合规，又能提高采购公信力。

（六）部门协同难，要加强项目管理

1. 情景描述

2022年元旦刚过，小唐的好友小徐遇到一个项目管理工作上的困扰，前来咨询小唐，小唐听完之后发现主要是部门之间协同难的问题！于是，小唐给他讲了一个跨部门协同的故事。

原来，小唐在推进“车间改仓库”项目专案时（参考本章“（三）需求描述难，要善于借助专家”），前期也遇到很多阻力。

这是一个投资总额500多万元的项目，自然不是仓库、生产、采购等部门的人能够独立拍板立项的。

项目的需求方是仓库，因为仓储空间不够用，该部门向上汇报后，总经理协调财务、法务、仓库、组配线、总务、采购等部门开沟通协调会，财务调拨资金，组配线腾出空间，法务提供法律咨询及合规审核，全部沟通立项后，由采购执行。

2. 存在问题

“这是一个典型的跨部门协同专案。”小唐娓娓道来。

“项目前期需要有需求沟通，需求沟通的过程中需要仓库主管、组配线主管、总务主管腾出大量时间与第三方公司进行沟通，充分讲解。此部分沟通得越充分、越详细，后期方案就会越完整，在施工过程中扯皮才会减少，所以这是关键性的一步。但前期我在约三方主管时，有时是总务主管没空，有时是组配线主管比较忙，仓库作为需求部门倒是很积极。”

“此项目是以邀请招标方式开展的，招标开标流程如果想要不让兄弟部门质疑，公开透明以及全程参与很重要。评标委员会有哪些部门参与？每个部门的权重是多少？哪些人有打分的权限？既然参与了，哪些地方需要让他们签字共同确认？”

“执行阶段不仅仓库部门全程安排人确认施工进度，还需要有环境安全部门参与施工安全的监督，阶段性货款的支付需要获得财务的支持……”

以上的每一步都需要部门协同、紧密配合，才能衔接完成。

3. 解决方案

“项目专案的部门协同，就需要用到项目管理工具。”小唐向小徐讲解甘特图的运用（详见本书第三部分）。

当然，甘特图只是项目管理的一部分，还需要成立项目领导小组。小唐翻开《全面采购成本控制》与小徐交流起来。

项目领导小组的架构是非常关键的，这决定了谁能调动资源，能调动多大的资源，哪些人能够配合。

经过小唐的沟通，该项目取得了总经理的支持，项目领导小组由总经理亲自挂帅，下面成立项目改造规划组、项目招标核价组、项目施工管理组、项目施工财务组、项目综合运营组等 5 个小组。

项目改造规划组由总经理负责，仓库主管和组配线主管为副组长，组员有采购、总务等部门的人员，仓库的两个班长为现场监督人员，全程负责进度的记录和报告。

项目招标核价组由采购部小唐负责（小唐虽“小”，也是领导），将仓库主管、财务主管、总务主管、法务主管以及总经理均纳入评标小组委员会，由采购员做好资料记录和存档。

项目施工管理组主要由仓库主管负责，现场施工管理涉及环境安全卫生，故将环卫相关负责人以及总务相关人员纳入，确保施工管理的安全和完善。

项目施工财务组自然由财务负责人负责，成员包括法务、采购等部门的人员，主要负责总中标金额的审核确认、付款方式的沟通确定、付款文件的审核，以及付款进度、款项的安排。

项目综合运营组由管理部总务负责，采购、财务为组员，涉及厂房结构变更政府报批，相关施工许可证办理，对外与政府相关部门的沟通协调，整个项目总进度的掌控，备案办理，竣工验收手续办理等。

通过建立完整的项目专案领导小组组织架构，突破了部门协同难的问题，有效控制了项目管理进度，增强了对项目的整体掌控。

宫老师说

项目管理做得好，主要管控两个规定：规定的时间，规定的费用。

（七）流程控制难，要控制项目节点

1. 情景描述

一个 FM 项目的成功实施，除了要跨越需求描述难、供方评审难、部门协同难等，还有流程控制难。

虽然小唐前期考虑得比较充分和完善，但是在正式施工中，还是遇到了很多意外事件。

在组装线与设计仓库的交界处，需要增加一道防火隔离墙，周边的设备就需要提前清空。临近施工发现：设备是清空了，但相应的管路器材并没有同步清理完毕；电气配电系统已经全部接线完毕，但烟感喷淋工程还没有结束，尾部接线衔接不上；屋顶防火涂料施工时涉及高处作业，高处作业涉及八大危险作业，需要先申请作业许可证……

类似以上这些点点滴滴的事情，日积月累，容易对整个流程进度造成影响。

2. 存在问题

引起项目进度变更问题的原因有很多，其中可能性最大的因素包括：

编制的项目进度计划不切实际；人为因素的不利影响；设计变更因素的影响；资金、材料、设备等的影响；不可预见的政治、经济、气候等项目外部环境及因素的影响等。

导致项目进度变化的这些因素，有些是可以通过项目管理过程加以控制的，如执行人的因素，有些是控制不了的，如政治因素。项目进度控制主要是控制这些可以控制的因素，同时力争将其他不利因素适当整理、归类，加以转化或最大限度地规避。

3. **解决方案**

为了更好地控制项目节点，分析确定实际进度与计划进度的偏差，小唐查阅了国内外学者资料，总结了多种项目进度偏差的分析控制方法，常见的如线型图法、甘特图比较法、关键路线比较法、进度曲线比较法、网络计划法、里程碑事件法等。小唐发现，在实际项目实施过程中，使用较多的主要是以下几种。

- **甘特图比较法**：利用编制的计划，形象直观地将其展现在图表中，同时在项目执行过程中收集项目数据，经整理后直接用横道线并列标于原计划的横道线下方，进行直观比较。通常具有数据清洗、直观感受好、利于发现问题本质、比较效果明显的优点。
- **里程碑事件法**：在甘特图或网络图上，以工程日或其他方法表示出或标志出工程中的一些关键事项，这些事项能够明显确认，一般是反映进度计划执行中各个阶段的控制目标，因而必须确保在规定的时间内完成。通过这些关键事项在一定时间内的完成情况可反映施工项目进度计划的进展情况，并由此比较制订出相应的进度计划。
- **关键路线比较法**：根据整个网络中最早和最迟两种开始与完成时间分别绘出相应的关键点并连接成曲线。在项目施工过程中，根据每次检查的各项工作实际完成的任务量，计算出不同时间实际完成任务量的百分数，并在曲线的平面内绘出实际进度曲线，即可进行实际进度与计划进度的比较。

- **进度曲线比较法**：在计划实施前绘制出计划型曲线，在项目进行过程中，将成本实际执行情况与计划型曲线绘制在同一张图中，与计划进度相比较。
- **列表比较法**：在计划执行过程中，通过记录检查正在进行的各项工作的已消耗时间和下一步需要使用的时间，然后列表统计并与计划时间比较求取偏差，并将偏差按照时序列表分析，这种方法也称为偏差列表分析法。

小唐综合运用以上几种方法，制定了进度动态控制流程图，如图 4-6 所示，每天一小盘，每周一复盘，每月一大盘，循环迭代跟进，最终项目顺利施工。

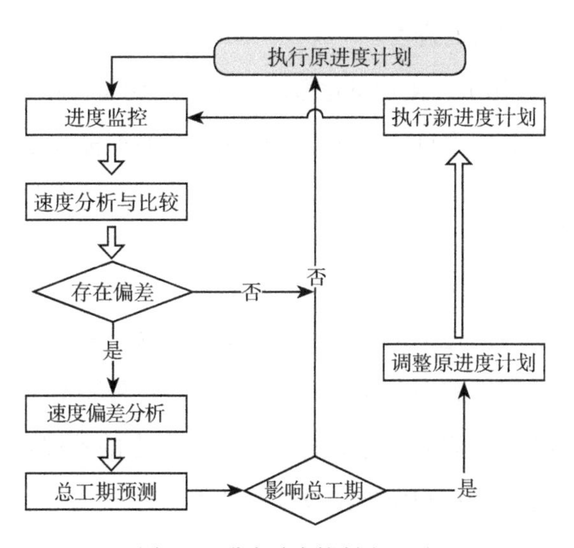

图 4-6　进度动态控制流程图

宫老师说

控制好每个节点，就控制了整个流程。

（八）量化管理难，要做好合规管理

1. 情景描述

通过有效的流程控制，小唐主负责的“车间改仓库”工程终于顺利完工并通过了项目验收。验收结案后，小唐组织部门成员对项目做整体复盘，发现工程项目的量化管理很难，因为事情很琐碎。

2. 存在问题

FM 品类的工程建设因周期长、环节多，一直以来舞弊行为时有发生。工程招投标作为确定工程施工单位的源头环节，尤为重要。需要对工程招投标进行全过程的跟踪审计，确保选取施工单位的程序合法合规。

同时，此部分涉及的国家法规要求多，特别是消防、环保等，稍不小心，前期的努力就会白费，需推翻重来，导致时间和财力、人力的浪费，关键是影响了整个项目的进度。

项目招投标工作中，实行量化管理的主要目的是确保评标的顺利进行。评标过程中应根据具体项目的实际情况选择适当的评标方法。

3. 解决方案

FM 品类量化管理的关键是做好合规管理。

比如在小唐负责的这个工程项目中，招标作为一种专业的采购方式，在企业实际的操作流程中有许多容易出现与法律规定程序不尽一致的地方。在量化管理中，小唐经过盘点总结，将过程中要考虑的关键合规点归纳如下：

（1）邀请招标是否按规定发出投标邀请书。

（2）招标文件是否按规定包括评标标准、签订合同的主要条款、对投标人资格审查的标准等。

（3）招标文件是否按规定避免出现特定的生产供应者，即避免指定型号或厂家的情况。

（4）招标文件的澄清是否按规定在要求提交投标文件截止时间至少 15 日前以书面形式通知所有投标人。

（5）投标文件在截止时间后送达的是否按规定拒收。

（6）开标是否按规定邀请所有投标人参加。

（7）是否按规定组建评标委员会。

（8）评标成员的名单是否按规定在中标结果确定前保密。

（9）评标是否按规定在严格保密的情况下进行。

（10）在确定中标人前，是否按规定避免与投标人就投标报价、投标方案等实质性内容进行谈判。

（11）中标人确定后，是否按规定将中标结果通知所有未中标的投标人。

以上是从邀标到中标，各合规点的提列。同时，在评标细节上，小唐也思考并提列出评标量化管理的基本原则：

首先，在工程评标过程中，不应以最低投标价格作为标准，而应根据工程实际合理确定底价。

其次，不能使用工期不符合要求的投标文件，特别注意工期明显较短的投标，需要详细论证投标文件，以保证施工质量和施工安全。

最后，招标单位应合理界定投标人添加的优惠条款，评价这些条款在评标中所占的比例。

总之，评标过程应遵循公平、公开、公正的原则，并根据招标项目和招标单位的实际情况确定评标标准。

小知识：评标量化管理的评价方法

综合评价法：对投标报价、企业资质、材料量、企业施工质量等影响施工的主要因素进行量化分析，确定不同因素对施工项目的影响程度，对各投标单位的评价进行量化分析，确定各项指标的相对权重。不同的工程项目，指标不同，需要赋予不同的权重，工业水利的重点可能是以工期和施工成本为主要调查因素。水利工程建设的主要目标是保证水利质量和外观清洁。

公式计分法：对投标价格、企业实力、项目经理实力、工程质量、施工组织规划、施工周期、施工经验、商业信誉、附加优惠条件等方面的评标标准进行参数化，并进行公式计算，对总体综合评价。应用公式计分法时，需结合国际工程中常用的评标标准以及中国工程建设的实际，采用得分最高的投标文件。

宫老师说

合规管理的整个过程需要符合可记录、可控制、可视化、可决策原则。

第五章

IT

信息技术

一、IT 品类概述

（一）IT 定义及类别

信息技术的英文为 information technology，简称 IT，是指运用计算机、通信、感测、控制等技术，创作、收集、整理、储存、传递信息数据，并提供相应信息手段、信息技术等服务的产业。最新修订的 GB/T 4754—2017《国民经济行业分类标准》中，“信息传输、软件和信息技术服务业”这一门类可以理解为“信息技术产业”，为方便阅读理解，下文我们均将信息技术简写为 IT。

IT 类采购通常由三部分构成。

1. 硬件

硬件主要有数据存储单元，收集、处理和传输数据的主机，以及网络通信设备等，比如硬盘、笔记本电脑、摄像头、服务器主机等。

2. 软件

以硬件为载体，可用来收集、存储、检索、分析、应用、评估数据的各种软件，比如我们通常所用的 ERP（企业资源计划）、CRM（客户关系管理）、SCM（供应链管理）等企业管理软件，以及 Office、CAD（计算机辅助设计软件）、UG（模具设计软件）等工具设计类软件。

3. 应用服务

购买硬件、软件后如何使用？这里可能会涉及购买相应的培训及增值服务，比如培训如何对数据进行收集、存储、检索、分析、计算、应用，如何利用 ERP、SCM 汇总的数据，如何建立分析模型来进一步提高数据分析的质量，如何辅助决策者做决策等。

“应用服务”类，目前还没有得到足够的重视。在 IT 品类介绍方面，有些资料会将硬件作为一类介绍，将软件和应用服务合并为一类；有些资料会将硬件、软件合二为一，统称为信息的存储数据和传输类；有些将应用服务单独作为信息的应用类介绍。**本书特意将“应用服务”单独列出，意在突出在 IT 管理中，“应用服务”与前两者具有相同的重要维度**，甚至它是回收 IT 投资、统计 IT 效益的最关键一环。只有当信息数据得到有效应用时，IT 的价值才能得到充分的发挥，企业也才真正实现了数字化、信息化的目标。

随着工业 4.0 概念的兴起，以及 5G 技术的发展，数字化转型成为企业发展必答题，使用 IT 工具留存的数据成为重要资产。于是，人们在讨论中，常常纠结“数字化”“信息化”“数智化”的区别，本书将它们一概表述为 IT。

IT 是一种工具，企业需要不断提升运用 IT 的能力，有效服务各个管理环节，提升管理效率，产生新的商业模式和利润增长点，这才是真正核心且最难的地方。比如用分析出来的数据、信息来辅助做销售预测、采购计划、生产计划、物流计划、库存计划，并按照这些计划下达相应的指令，同时，根据实际运行状况，实时做滚动修正。这样一系列的数据统筹、资源配置，使企业在市场竞争中处于更有利的地位，IT这把剑才舞出了它的效果。

这是一个数据丰富的时代，同时也是一个运用匮乏的时代。

（二）IT采购特点

随着IT的快速发展，以及IT产品的摩尔定律，边际成本快速下降，IT产品的价格不断下降，如液晶显示器、内存、电脑芯片等，所以IT采购有一个特性：投资越“晚”，选的产品越成熟，所获得的产品或服务的性价比越高。这里所说的“晚”不是刻意延后，而是强调不要过于赶时髦、追求新，要和企业的实际需要相匹配。

投资时点、选型是IT采购需要特别注意的事项，如果不加以控制，很有可能在供应商推荐下，IT部门过分追求定制化、新版本，从而付出过高的成本。

有些IT供应商出于市场策略的考虑，刻意将一次的研发成果分成两次到三次的更新来拉长产品的投放周期，通过所谓快速的技术革新来吸引消费者、企业对软件、硬件做一些更新，结果导致IT投资总成本不降反增。

所以我们不主张企业快速、盲目地追求对IT设备、软件的更新换代，而是要尊重企业实际发展需求，通过减少浪费性的IT投资，选取相对成熟、标准化的IT产品及服务，从而实现企业的IT采购及使用成本的降低。

（三）IT供应市场分析

如果细分，IT也可以分为很多品类，不同细分品类供应商差异较大，总体来说，IT产业有规模化的特点，因此，总体上IT大型设备、大型软件行业都有一些头部企业，前几名的公司占据较大市场份额。而IT服务类的公司，大部分通过代理商、经销商提供服务。所以，对IT供应市场进行分析，必须考察供应商的规模、代理关系、销售授权等。

我们对IT供应市场的品类、供应商做了部分调查，发现IT行业中同一品类的厂商，其产品互有差别，可能是配置差异，也有的是功用差别，或者是销售条件差别。市场上虽然厂商数目众多，每个厂商都在一定程度上接受市场价格，但每个厂商又都可以对市场施加一定程度的影响，不完全接受市场价格。另外，厂商之间很难通过相互勾结来控制市场。对于消费者，因为各品牌之间的操作平台不一致，不能互相兼容，一旦选择了某一品牌的供应商，后期维护、保养就存在被绑定的风险。

简单说，IT类的供应市场分析结果偏向于垄断竞争型市场。

（四）IT成本驱动因素

IT服务成本构成要素如图5-1所示。根据硬件、软件、应用服务的产品划分思路，IT的成本驱动因素可以从物、人、后期维保三个维度展开分析。

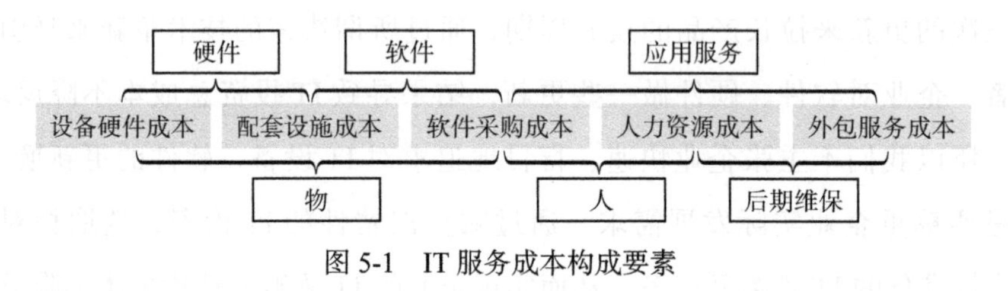

图5-1 IT服务成本构成要素

1. 物

硬件——分析要点：

- 所选硬件品牌、配置是否合理？有哪些相同级别、功能的替代品牌？
- 与市场或过去类似交易相比，价格水平是否合理？

软件——分析要点：

- 所选软件功能、目的是否合理？有哪些功能类似的替代性软件？
- 是一次性买断使用权，还是限定有效期的序列号授权？
- 非标类的软件，是否可以引用一些标准化的模块、组件，以降低供应商的开发费用？

2. 人

人工工时费——分析要点：

- 为实现所需的服务水平，是项目包干制，还是以天计费，按实际发生计？是否明确了固定的工时？为了不产生空闲工时，是否制订了相关计划？
- 核心技术人员是几位？普通用工是几位？不同水平的人工，是否制定了不同的阶梯报价？
- 与市场标准相比，不同水平的人员单价是否合理？

3. 后期维保

后期培训、使用、维护费用——分析要点：

- 从公司组织整体来看，现行维护保养、运行管理的规格是否必需？
- 硬件维护保养的频率、维护保养的细项是否必需？
- 软件更新的附加功能、有偿培训是否必需？

（五）IT 采购流程关键控制点

IT 采购流程中需要重视两个关键控制点。

1. 操作流程的透明性

通常来讲，IT 产品品类多，品项之间的配合复杂，所以 IT 采购的专业性较强。因此，有些公司将其全权交给了企业的系统部门进行管理，相关请购、采购、验收操作的不透明性使得管理者对 IT 的整体成本管控较难。

此外，多数企业在采购 IT 类产品时，并没有要求供应商解释其成本的详细构成，使得 IT 费用不透明。买方在采购 IT 类产品时，需求描述模糊，内容不明确，在与供应商签订合约后，往往会有一些临时增加的服务要求，这也迫使供应商提前预估了一些不确定性因素，提前对价格做了些保留。

这些都影响着采购流程的透明性，进而增加采购成本。

2. 尽可能避免依赖供应商

因为很多 IT 类产品指定品牌，导致企业容易陷入单一供应商的困扰中；如果企业再结合实际需求，要求对系统提供个性化的服务，使得 IT 产品在市场中无法同其他产品做比较，则企业更难判断 IT 成本的合理性。

IT 产品和服务比较复杂，企业如果听之任之，对需求不做整理和管控，则会形成对供应商的依赖，受其摆布，结果就是 IT 成本居高不下。

（六）IT 常见采购策略

如何评判一个 IT 类软件的好坏？是看公司的规模吗？是比较软件的价格吗？是分析软件的功能和便捷性吗？不完全是。采购 IT 类产品，特别是软件类产品，真正要讨论的重点是它是否适合你的团队，是否能为你的公司业绩增长、流程管理、效率提高带来回报。

为此，在采购 IT 类产品时，以下两个策略供参考。

1. 制作 IT 类采购需求模板

IT 采购中需求不明是一个重要问题，很多部门提出的需求只是一个意向，所以需要有一份 IT 采购需求模板，尤其要强化系统集成需求的标准化。此外，云计算等服务也需要明确的标准，同时，引入新技术时，保证和以往建设的旧系统互联互通也是重要的。

2. 对 IT 类采购方式的确定

采购方式决定了后续的采购流程，比如我国在 21 世纪初援建东南亚某国国家银行卡支付系统，此项目是中国银联承担的国家援外项目，中国银联作为我国唯一的银行卡组织，处于我国银行卡产业的核心和枢纽地位，在银行卡支付系统的建设上具有很强的技术实力和丰富的系统建设经验。因此在本项目采购实施模式的选择策略上，采用分包的实施模式，将所有软硬件产品、集成开发等工作分包给不同的专业供应商，运用甘特图科学地对项目进行管理，同时实现了更低的采购价格。

二、IT 采购八大痛点的解决方案

（一）需求管理难，要运用集中采购

1. 情景描述

S 集团是华南地区著名的民营企业，成立于 20 世纪 90 年代，主营小家电，经过 30 多年的发展，从最初的 OEM 代工，到如今有自己的品牌及销售网络的小家电业霸主。其中的辛酸和快乐，只有陪伴它一路走来的人，才能深刻体会。

老王就是这样的一个人，江湖人称“隔壁老王”，是因为他的办公室在创始人李总的隔壁，听说他与李总沾亲带故。在 S 集团成立之初，老王便与李总一起打拼，是李总很多决策的支持者，也是李总最为信任的创始元老之一。也正因为如此，从最初的市场开疆拓土，到工厂生产制造，再到全供应链运营，S 集团的每一步发展，都留下了老王的脚印。

随着企业的发展壮大，各事业部和销售终端越来越多，企业 IT 类需求

也越来越多，整体有三大类：

- 软件类。在创业之初，为了节约成本，公司内的很多软件采用的都是破解版。随着 S 集团的发展壮大，为规避侵权带来的法律风险，在 2010 年前后，操作系统及办公软件陆陆续续替换成了正版。
- 硬件类。为保证公司运营数据的安全、稳定，2015 年前后 S 集团又斥资修建了集团总机房，全年 20 度恒温运营，为各部门及分公司的稳定运营提供有力后台保障。同时，跟随 S 集团 30 年的快速发展，办公室、生产车间、工厂区域同步快速扩张，对应的监控、安防等每年均有不菲的投入！
- IT 服务类。2010 年上 ERP 系统花费 500 万元，年服务费近 50 万元；2015 年上 WMS（仓库管理系统）花费 300 万元，年服务费近 40 万元；2018 年上 OA（办公自动化）系统花费 200 万元，年服务费近 15 万元；2022 年又有 BI（商业智能）、SRM（供应商关系管理）系统需求，预算 500 万元……

随着系统的增加，各项功能的完善，S 集团每年花在 IT 上的维护服务费用也越来越多……

IT 类产品费用的发生，与其他采购物料费用不同。订单量上涨，原材料采购金额跟着上涨；订单量下降，相应的采购费用比例也会下降。但李总发现，不论工厂订单增加还是下降，IT 费用每年都在按一定的比例递增。

IT 需求占比越来越大，企业的各个部门也变得越来越臃肿，各种系统、流程、节点的卡壳，成了企业快速、高效发展的制约，如何顺应新时代的发展，让企业在新一轮数字浪潮中实现迭代和蜕变？

“隔壁老王”再一次被召唤，接管采购部，重点分析和思考 IT 类采购的合理性及降本机会。

2. **存在问题**

老王也是身经百战，在管理制造部时，产品的直接成本被算得死死的，每个小家电的BOM表，他闭着眼睛都能背出来，连成本结构他都能推算得八九不离十。

但是真的接管采购部时，他才发现，采购部面对的是全厂各个部门提的需求，除了上面他比较熟悉的产品成本（我们称之为直接成本），还有很大一部分需要着力加强管控，比如大到厂房修缮、工程施工、IT系统维护，小到办公用品、打印复印、吃喝拉撒……而这部分的需求均没有BOM，S集团将之全部归为间接采购。

IT类采购更是间接采购中摸不着底的一个品类。

既然摸不着底，老王就先一网全兜。

运用间接采购的十八般武器之“支出分析饼图”等工具进行分析后，老王发现，IT类采购成本高与需求管理不善有关，而经过对历史采购数据进行梳理，他发现S集团在需求管理上存在两大问题。

① S集团IT品类较多。

- 硬件类，以摄像头为例，有半圆形摄像头、球形摄像头、广角摄像头、红外摄像头……办公用的电脑，有台式机、笔记本电脑，还有一体机。其中，笔记本电脑，又分联想品牌、戴尔品牌以及苹果品牌，同一个品牌型号还有L13、T20等不同配置系列。
- 软件类，以品类划分，3D设计类的就有Pro/E、3Dmax、UG等软件，图像处理的有Corel PaintShop、PhotoShop等，还有很多每年都需要付一次费的各种厂商定制化软件（如3D打印机驱动软件、光谱分析仪分析软件等）。

② IT需求部门过于分散。

老王通过一网全兜式，对IT历史采购数据进行分析，不仅发现IT品类杂，同功能的品类有重复等问题，同时发现另外一个问题——需求部门多且过于分散。

IT 类采购需求来自现场各个部门，每个部门的文员都有提 IT 需求的权限，各个部门站在部门需求、自己使用方便的立场上，通常对于下面提出的 IT 需求合理性审核并不严谨，甚至很多的 IT 需求就是各个部门经理提出的。

3. 解决方案

老王经过深思熟虑，想到了集中管理这个概念。

① 需求集中管理。

需求部门分散，必然导致部门间各自为政。各个部门 IT 的专业力量参差不齐，导致请购需求的合理性大打折扣。同时，因为信息孤岛的存在，有些需求可能在跨部门中是闲置的，将这部分挖掘出来实现共用。

因此，需要设立专职的 IT 审核部门，对需求部门进行集中管理，将各部门的 IT 资产集中盘点，并建立 IT 类资产清单，由专职的 IT 人员对各部门的需求先做一次预审，不合理或超出使用范围的需求一律驳回或提高审核难度，对其他部门存在的同类需求进行协调沟通，提高 IT 类软件、硬件的稼动率。

但是如果只是为了整合 IT 需求，而新成立一个 IT 审核部门，似乎又有些顾此失彼。老王果然深谙江湖之道，经过一番内部沟通，一顿操作猛如虎，将原来设备科下设的 IT 班剥离出来成立 IT 管理科，其职责由原来的 IT 布线、维修、更换提升为对各个部门的 IT 资产进行管理，原班人马不动，给他们的权限扩大，成长空间也更大，人员的积极性被调动，同时对应的 KPI 考核也增加了。

② 品类集中管理。

品类较多，必然导致单品种的采购较为分散，不同品牌之间存在区别导致供应商比较分散，带来的不仅是采购议价能力的薄弱，同时对供应商的管理难度也增加。将品类进行整合，对此品类集中管理，尽可能减少长尾部分，不仅可以增强采购对供应商的把控力，还可以缩短审批流程，优化成本。

老王经过走访了解，之所以对摄像头的需求五花八门，是因为需求部门之间没有信息互通。需求部门各自为政，依自己的理解，在网络上查找各种功能、品牌的摄像头，备注在请购单中，要求采购按此型号、规格采购。日积月累，系统中的规格变成了今天这种“万花齐开”的局面。

老王对各种摄像头的品牌、功能进行对比分析，并结合现场多数的需求进行考量，最终优选了某国内大品牌，同时对室内和室外用摄像头各定了两款，后续需求部门再有摄像头请购需求，需求部门判断确实有必要，请购时在选定好的两款中挑选即可。

宫老师说

管理好需求，就管理好了采购的一半。

（二）预测计划难，要制定长期规划

1. 情景描述

老王经过半年时间的整顿，将IT需求部门、品类进行集中管理，有效改善了需求管理难的现状。同时，因为集中管理，有些交叉性、重复性的需求得以避免，再加上对品类进行了规范，部分极端边缘型号予以替代，半年下来降本效果显著。

为了对这一成果表示庆祝，老王从降本中申请了小部分奖励经费，宣布本周末采购部聚餐，牛排红酒、海鲜大虾安排起来！好久没有这么开心了，吃到尽兴处，采购部的同人都敞开心扉，与老王天南海北地胡侃，老王见气氛这么好，突然灵光一闪，觉得这是收集他们工作意见、采购困难的最佳机会！

2. 存在问题

老王将吐槽话题打开，大家便七嘴八舌地议论起来，有吐槽采购从业者薪资低的，有吐槽与现场沟通困难的，还有抱怨老王肚里干货太多、嘴上分享太少的……

老王边听边归类思考，其中有一条提到IT采购需求的无计划性，引起了他的兴趣。

通过对问题的深入剖析，老王了解到大致情况是IT管理部门需求的无计划性，而与IT管理部门沟通后又发现，背后的深层原因是工厂各部门需求的无计划性。工厂各部门这个月想到装一个监控，就提一个需求到IT管理部门；下个月发现设计软件到期了，又紧急提需求到IT管理部门；笔记本电脑用着用着速度变慢，又提一个新的笔记本电脑需求；车间无线网关某个角落存在死角，再上一个单到IT管理部门，请求改善……

这样突发性、无计划性的需求，常常干扰采购的正常作业流程，增加采购作业负荷。同时，因为需求的不可预见性，比如上个月刚买了一批监控，这个月又有一批同样的需求，量的累积效应就这样被白白浪费了。

3. 解决方案

对于生产性物料，通常都有业务接单，或者根据往年市场波动分析淡旺季的趋势，进行订单预估，从而提前给到制造、生产、采购，采购根据这些预估订单，可以提前做一些物料的规划及与供应商谈判。

S集团IT类物资刚完成全厂需求的整合，现有IT部门没有以往历史采购数据的沉淀，想通过趋势分析来解决问题显然不现实。

老王在管理部时，曾经负责过厂房建设，那可不可以将厂房建设中的一些工具、方法、思路引用到IT品类管理上来呢？

豪华晚宴早已散场，但是预测计划难这个问题一直萦绕在老王的脑海中，突然一个词从脑海中跳了出来：**长期规划**。

周一刚上班，他便将IT管理科张科长及采购小王约至办公室，针对厂房基建中的长期规划表格及预算收集方式与张科长做了沟通，并以年底为契机，请张科长要求工厂各部门对各自部门内下一年的 IT 需求做预估，同时让采购小王将全厂各部门本年度及上一年度的 IT 费用汇总整理，目的是用于对各部门 IT 需求预算的额度管控。

跨部门沟通，只要方法得当，大方向对公司有益，通常兄弟部门都不好意思拒绝。

张科长按照老王给的长期规划框架模板，对一些项目名称做变更后，以正式邮件的方式通知到各个部门，并规定了预算提交截止时间。

IT 的预算表分为三部分。

- 硬件类：笔记本电脑、服务器、存储设施设备、网关、无线接收终端、摄像头等。
- 软件类：固定的每年需要续年费的、某些市场变化推陈出新的、预计新购市场中一些新开发的软件。
- IT 服务类：ERP 系统维护、非标程式开发、施工布线等。

各单位提交预算后，先经由各单位部门经理、IT 管理科审核，审核通过后，各部门下年的采购需求以本预算表为依据，在预算表内的不需要再重新提需求，采购会在需求日期到达时准确无误地将需求交付到使用部门。

若下一年中有个别零星的 IT 需求，依金额不同，将设置不同的签核级别，并需要对追加产品做特别说明。

依据此备注，各个部门更加细心谨慎地对下一年的 IT 需求做预估（毕竟有遗漏，再追加，特别说明可不是那么好说明的）。

以本规划预算表为依据，采购对下年度 IT 购买物资做汇总，并对品牌进行整理，有计划地对各部门的同类项再次进行整合，从而制定出下年度的 IT 采购策略，为与供应商谈判、签订框架协议做准备。

做长期规划，对 IT 做预算管理，本质上就是在做一份 IT 的需求计划，所以对计划的真实性、合理性管控尤为重要。企业每年设置一次预算提报，然后跟踪预算的实际发生状况，了解哪些预估可能会发生改变，整体预算是否处于正常范围内。

随着IT的不断更新和迭代，越来越多的企业开始实施迁移到云的策略，类似这样的一些重大项目要重点评估项目前期投入的资源、数据的安全性和稳定性，必要情况下，涉及企业核心利益的，则需要单独拎出来作为重点项目推进，而不是单纯地用一份IT预算表笼统通过。

宫老师说

IT投资要做长期规划，要整合采购需求，不仅有利于谈判，而且有利于IT投资回报。

（三）需求描述难，要建立需求模板

1. 情景描述

在采购作业流程中，让很多公司头疼的不是供应商难找、价格难议、交期难谈，而往往是内部的真正需求难获取。

S集团最近就有个项目遇到了这样的问题。

工厂组装线要安装一套监控系统，张科长接到现场需求后，提了一份请购需求到采购——组装线监控系统1套，附件资料中，对安装场地、安装位置、摄像头数量做了描述，关于监控的通路数、摄像头精度、数据存储要求、调阅要求、线路架构等细节均无描述，IT管理部门只扮演了传话筒的角色，球直接抛给了采购，老王又头疼了。

2. 存在问题

原来，虽说S集团有IT管理部门，但主要是对现有资产进行管理，IT管理科张科长也非IT专业出身，当公司需要新建IT项目时，技术薄弱的弊端便显现出来，比如，在提需求时，常描述不清此项目具体要什么样的硬件、搭什么样的架构、软件如何配置等。

此外，IT 管理科担心规格提得详细后，采购按照配置清单作业，如果最终不适配会导致项目失败。这也是 IT 管理科不敢提详细配置的原因之一。

3. 解决方案

那怎么办呢？老王对张科长说，必须**建立需求模板**，请需求部门按模板填写。

需求部门不会填怎么办？供应商是个好老师！有困难找供应商！

老王与张科长沟通后，了解到问题的核心是“张科长本身对监控类的配置等参数不了解，心中没谱”，所以不敢做细节上的确认。

你不懂没关系，找懂的人过来教你！

一周不到的时间，采购约了三家监控类设计、安装、布线的厂商，由老王及张科长带领着去现场查看，确认监控位置，了解监控的精度要求。

在第一家厂商过来查看时，老王问供应商监控类的需求应重点关注哪几个部分，供应商不知道对方是在考察他的能力还是在试探他的专业度，于是将监控类的系统要求，以及其他公司的优秀案例一五一十地做了分享。

在第一家厂商看完后，老王和张科长大概了解了监控系统的总体功能和要求，具体如下。

- 系统安全层面：需要支持灵活多级操作权限、设备控制权限、摄像机图像处理权限、联网调阅权限、异常报警联动等。
- 监控系统管理层面：对重要的系统操作有记录功能，视频丢失自动检测功能，灵活的报警布防撤防功能等。
- 硬件配置层面：360 度可旋转摄像头、红外高清夜景摄像头、数字硬盘匹配、网络带宽计算等。

老王用同样的方法与第二家厂商进行了沟通，在第二家厂商看现场时，老王已经懂得提出系统安全层面的一些要求，张科长也大概清楚哪里需要配 360 度可旋转摄像头，哪里需要红外高清夜景摄像头。

通过与第二家厂商的沟通，大家对于上述三个层面的细节部分又有了深度的认识，比如关于异常报警联动部分，除了声、光、电报警外，还可以实现语音提示报警，支持远程视频直接查看等。同时通过和第二家厂商的沟通，又追加了视频监控的可扩充性这一项。

等到第三家厂商前来查看时，老王和张科长对视频监控的需求已经有了初步的框架，直接与第三家厂商探讨监控系统视频线、控制线、电源线及报警电源信号线走向，以及采用电管电桥架直接进入总监控室等细节问题。

看样结束，老王要求三家厂商各做一份方案说明，并列明物料清单。同时，老王依据前面对监控的框架性了解，并结合其他 IT 类的需求考虑项，制作了一份 IT 类需求模板（见表 5-1），要求张科长根据模板对目前的项目需求做一份说明。

表 5-1 IT 类需求模板

类型	子项	说明
功能类	概述	对应任务概述，包括目标、用户特点、约束等
	规格	对应总的功能、数据模型（用例、领域模型）
	能力要求	采用了传统的 IPO（输入、处理、输出）模式，非较新的用例描述模式
接口类	外部接口	待开发系统与其他系统之间的接口
	内部接口	待开发系统内部不同模块间的接口
数据类	内部数据	系统所关联的数据实体，常用领域模型描述
非功能类	适应性	需要适应的不同的安装环境
	信息安全性	对于可能产生的危险的防范措施与功能
	保密与私密性	数据加密与安全方面的措施与功能
	软件质量因素	详细描述各种质量属性
	设计和实现约束	对选择设计和实现技术的限制条件
	数据	数据处理量、容量方面的需求
	操作	易操作性、容错性方面的需求
	故障处理	硬件故障时的应对措施与功能需求

（续）

类型	子项	说明
运行环境	环境要求	计算机硬件和操作系统方面的需求
	计算机资源需求	硬件规格及内部指标、软件环境、通信环境要求
其他需求	有关人员需求	人员数量、技能、责任期
	有关培训的需求	软件培训相关的需求
	有关后勤的需求	诸如软件维护、运输等方面的需求
	其他需求	以上未罗列的需求
	包装需求	商标标注等方面的需求
补充	算法说明	系统实现时将使用的主要算法
管理	优先次序	通常会直接在每个需求后面说明

张科长全程与老王一起参与了和供应商的对接，对需求部分也有了框架性的概念，此时再要求他填写需求文档模板基本没什么困难。两天时间，他便将清晰的需求描述整理给了老王。

需求描述难被老王以借力打力的方式化解，老王泡了壶碧螺春，看着茶色，想着远方。

宫老师说

需求描述不清怎么办？来一份需求模板。

需求模板不会填怎么办？找供应商，找咨询公司，找专业的第三方。

（四）供方评审难，要重点关注售后

1. 情景描述

随着企业的发展壮大，IT类的设备也越来越多。S集团的服务器就分为HR服务器、财务服务器、OA服务器、文档加密服务器、邮箱服务器等设备，另外还有负载均衡设备、交换机设备、防火墙网络设备、IBM存储设备等，以上设备均已使用三年以上，都过了质保期。为了保证设备稳定、安全、合理、高效地运行，需要购买第三方维保服务。

采购老王再次行动起来，安排采购员小王搜寻合格的第三方维保供应商，但是开发了近一个月都没有进展，发生了什么事情？IT 类的供应商开发评审很难吗？

2. 存在问题

原来，小王以前干过生产型采购，对于供应商的规模、实力、技术能力等，他去供应商现场转几次，大概都能摸到个底。

对于这次 IT 类的维保服务，小王也在网上找了 3 家供应商。他去供应商现场都进行了查看，3 家供应商都是在写字楼里，每家墙上都挂着各类品牌的代理证。现场是一个大平层的办公区，二三十人在各自的办公桌前忙碌着，也不知道他们在忙啥。

原来，生产型供应商的验厂经验在这里全部失效了！

接待小王的这些业务员以及公司的客户经理都将自己公司讲得非常优秀，感觉供应商的水平全凭一张嘴，小王心里没底，所以一直不敢做抉择。

3. 解决方案

显然这类型的供应商大部分我们是无法和原厂直接交易的，它们走的都是代理商及经销商模式。与传统生产型供应商相比，IT 类供应商评审应重点关注些什么呢？

春去秋来，老王的碧螺春也换成了大红袍，面对小王的困惑，他抿了抿红透亮的茶水，从嘴边滑出四个词：**资质收集、历史案例、业界口碑、售后服务**！

然后又补充提醒了一下：**重点关注售后服务能力**！

小王带着这四个词，与 IT 管理部门的张科长再做展开，并经过充分讨论，编制了一份 IT 类供应商评审细项表，表格框架如下。

（1）**供应商资质**：包括供应商成立时间、授权代理品牌类型、行业所获荣誉、相应建设资质等。

（2）历史案例展示：了解供应商本年度、上年度、三年内累计案例数量，与本次招标需求类似的案例数量，与本次招标需求相类似的经典案例介绍，案例的亮点说明等。

（3）业界口碑调查：供应商现有客户走访，现有供应商（非竞争型）电话沟通，网络信息查看，第三方背景调查等。

（4）技术服务及售后能力调查：现有人员数量、人员知识水平结构、相关技术人员所持有的IT相关工程师资质认证证书数量、所代理的产品常备库存量、人员稳定性、售后响应速度等。

经过以上四个维度的整理，并经过现场走访再做了些补充，最终对每项细节做了量化赋值。小王和张科长带着这份评审表，依据每家供应商提交的资料及背景调查情况进行了赋值评分，最终选择了一家供应商对现有IT设备做第三方维保，试着做了半年，整体效果还不错。

这也从侧面证明，以上的IT供应商评审是成功的。

宫老师说

IT采购的关键——定义售后服务能力清单。

（五）价格对比难，要特别关注配置

1. 情景描述

鉴于数据的重要性，S集团自建机房，以保证公司各部门信息交换的及时、准确、安全。同时，S集团直营的线下各省级专卖店也是直接接入总部的中心机房，以方便查看各仓库、专卖店的实时销售、库存情况。此外，为了保护中心服务器的数据安全，通常都会设置好几道防护墙，每道防护墙之间都用交换机做连接。所以，接入口越多，交换机的需求越多。市场上交换机的品牌也算丰富，如华为、华三、锐捷……

对于硬件，品牌之间能够通用，但是因为品牌间的竞争，软件平台则互不兼容。因此，一旦采购了某一个品牌，在下次采购时就必须采购同样的品牌。如果选用两个品牌，互相之间不兼容，两套管理软件都需要付费采购，不仅增加了采购成本，还增加了管理成本，所以用户一般不会轻易更换品牌，而品牌的经销商恰恰抓住了客户的这一个弱点。

2. 存在问题

在资讯类的采购刚刚划归老王管理时，老王对资讯类的采购数据做了整理分析，发现R品牌的交换机年采购额将近400万元，已经排在了IT采购额的前几位，明显比其他品牌的交换机高了一个数量级。

于是，老王请采购员把R品牌的交换机报价翻出来看看，顺便把进行项目比较时其他品牌的交换机报价对比着看了一下。不看不要紧，一看发现了两个重要问题：

① 都是交换机，但是技术参数及配置不一样，自然价格不一样。

② 项目比较的是主机价格，忽视了配置价格。R品牌的主机价格便宜，但可选项配置价格贵。最终购买时却买了不少R品牌的可选项配置。

从表面上看，购买R品牌，价格便宜很多，但由于R品牌可选项配置价格贵，随着采购量上升，同样参数的主机配上可选项配置，最终R品牌并不便宜。

3. 解决方案

既然发现了配置这个问题，那就好办了。

在IT采购中，我们重点关注主机的同时，也需要关注可选项配置。当然，专业的事需要专业的人来做。很多时候，采购并没有能力辨别配置是否合理，参数是否合适。这个时候需要依赖IT工程师，相信他们的专业能力。如果他们也不了解，我们还可以借助专家。

采购能做的是，保证所有的价格比较都是针对同样的配置。比如交换机，如果交换容量都大于25Tbps，那就要重点看一下是否每家都如此。如果一家供应商的报价加了一个电源备份选项，另外一家也要加上。

配置的问题很多地方都有，鉴于IT的标准化和技术性，配置问题更加突出，因此进行价格比较时，一定要关注配置。

宫老师说

进行价格比较时，一定要苹果对苹果，而不是苹果对香蕉。

（六）部门协同难，要实施五步协同

1. 情景描述

S集团在不同的发展时期，购买了不同的管理模块，比如资产管理系统、销售系统、财务系统、客户管理系统等。有些系统间有接口互通，有些则是相互独立的，是根据公司的成长需要，分批次在不同阶段组建的，部分系统当初采购时采用的是最低价中标，因而各系统的供应商不一样。

随着集团的发展壮大，各部门原本使用的一些业务模块需要进行整合，让这些信息孤岛连片，形成强大的协作能力。这次S集团就需要将销售部门的CRM系统、采购的SRM系统、生产制造的MRP系统及公司财务系统全部打通，实现整个业务流的串联。

2. 存在问题

这本是一件好事，但是早期企业规模小时，软件也小，S集团的这四套系统原来分别是由三家供应商中标制作的，随着业务的扩张，每个独立部门的模块功能不断添加，发展到如今各个系统都相互独立，操作界面各有区别。因为每个部门对自己目前使用的系统操作都非常熟悉，各部门都想在这次整合中采用自己部门的供应商，所以此项目在推进时，采购部面临的阻力很大。

需求部门、管理部门、采购部门各自为政，部门墙渐渐越垒越高。

采购老王在推进此项目时进展缓慢。

3. 解决方案

这是非常典型的部门协同难问题。

难协同的原因，表面上看是软件的操作方式、习惯不同，大家互不相让，深层次原因则是销售部门、采购部门、财务部门在日常工作中，有些工作交集部分互不相让，坚持己见（比如销售要指定供应商，采购不同意，要求销售提供特别情况说明；采购遇到紧急情况，需要提前付款或紧急借款，财务不同意，需要采购各种签字背书等）累积了一些部门间的“恩怨”。

老王看得到真因，却一时想不到解决之道！

工作虽烦闷，周末却是天朗云清，怎能浪费这大好时光？

老王约上三两好友，一起徒步至香山，健身的同时顺便散散心！

其中一名好友正是T集团的物流采购经理老唐，因为处在同一个职位上，老王便将这窝心事讲给了老唐。

谁知老唐哈哈大笑，问老王：“部门墙的问题，本质上是什么问题？”

老王说：“部门本是无形的，归根结底还是人的问题。”

“那么如何搞定人，你还不会吗？”老唐提醒道，顺便又补充了一句，“擒贼先擒王。”

老王如醍醐灌顶，赶紧打开手机记事本，借着香山氧饱和度带来的头脑清晰，思路敏捷，迅速规划起破墙方案，并将方案与老唐又进行了交流，做了一些添加和修正。周一老王便回到S集团实施该方案。经过一个月的试运行，部门墙现象改善了很多；两个月之后，三个部门间针对系统的合并已经达成了共识。在系统合并的项目推进阶段，老王继续采用破墙策略，没想到销售还在财务面前赞扬起采购的大局观，财务也积极配合采购推进项目的付款事宜，这是怎么做到的呢？

事后，老王将“香山破墙方案”又做了细节补充，最终汇总整理成**“协同五步法”**。

① 抓住关键人物：找合适机会去财务、销售部经理办公室喝喝茶，聊聊天，先建立起对话，听听他们说些什么，想要什么，他们追求的目标点是什么。

② 建立共同目标：通过多方会谈，对他们的诉求做归纳，求同存异，将他们的共同点提炼出来，作为项目推进的突破口。

③ 快速形成决议：将项目推进分为几个大的框架，每个大框架再拆解为更多小的步骤，每个步骤遇到卡点及时快速安排小型会议，一次只解决一个问题，一次会议控制在 15 分钟，会议确保有结论，并形成会议记录。

④ 闲谈多论人好：有句俗语“静坐常思己过，闲谈莫论人非”，在此我们可以将它反过来引用，在闲谈时多议论别人，只是此处的议论不是讲坏话，而是有事实、讲客观地呈现配合部门的好，即使跨部门的同事心领神会也无妨，从侧面得知自己被表扬，被赞美，谁不开心呢？

⑤ 物质奖励同步：项目的每一个小节点取得微小的进步，同步进行口头或侧面的表扬；每取得一个项目的阶段性进展，则需要进行一次面对面的庆祝，可以采用团建的方式，也可以采用聚餐的方式，甚至再来场这样的香山徒步也无妨。

宫老师说

部门协同的问题，归根结底还是人的问题，

把关键人的思路打通了，部门协同的问题就解决了！

（七）流程控制难，要做好需求确认

1. 情景描述

上周，老王的手下小王吃了个闷亏。

事情是这样的。

仓库部门需要一款进出库用的扫码枪，需求按流程提到 IT 管理部门后，由 IT 管理部门审核确认并提交请购单到采购。采购小王一看需求单上写的是仓库用扫码枪五套，但是没有写规格，想着仓库之前也买过扫码枪，便问 IT 管理科张科长是不是和去年买的规格、型号一样。张科长是记得仓库有这么个需求，但刚好他在忙，没有及时向仓库需求部门再做确认，想着仓库需求如果有变化，肯定会提出来，如果没提，应该是和以前的一样，便回复小王：可能是工位追加，所以追加购买，如果有变化，会及时告诉小王。

小王等了两天，见张科长没有回复，便认为是同去年的规格、型号一致，于是很利索地将请购单转采购单，并通知了供应商。一周后，货交到了仓库。

紧接着仓库便通知张科长，说扫码枪买得不对，去年买的那种是用于扫条形码的，这次采购的五套需要同步兼容二维码的扫描。供应商送来的扫描枪是去年的普通款，不能满足使用要求，需要退换货。

张科长又紧急通知采购小王，说："这五套要求能同步扫描二维码，规格我还没有正式回复你呢，你怎么就直接下单了呢？"

2. 存在问题

从流程上来看，小王在采购前和张科长进行了确认，流程上没有失误。

而张科长事后却说：仓库的选型还没确认，采购怎么就直接买回来了？

这件事情的关键节点就在于，小王在和张科长确认时，张科长刚好在忙，他以自己的主观判断，认为现场需求如果有变化，仓库会主动提出来，如果没有提，则默认为同上一次一样。两人之间也仅是做了这样一场口头对话，小王便将这次对话作为了采购依据。

而事发之后，这样的对话既没录音，也没录像，故而小王吃了哑巴亏。

如何解决呢？未来此类问题如何规避？

3. 解决方案

IT类的采购项目因为产品和技术更新非常迅速，同样的硬件型号，不同的使用场景，可能细节配置都有不同（比如同样型号的电脑，技术部和仓库的显卡、CPU、内存要求会不一样）；同样的软件，各个部门的使用权限也会有区别。

另外，IT类的需求多样性、多变性和不确定性也是IT不同于其他采购类别的一个特点。同时，IT类的需求偏向于知识密集型，管理控制的复杂程度相对更高。

这就需要采购在正式下单前，**对所要购买的硬件、软件、服务，与需求部门再做一次确认**。

这种确认需要是书面的，清晰的，有记录可循的。

本案例中，小王吃亏就在于他与张科长以口头的方式做了确认，却没有让张科长做出在请购单上备注同去年款某某型号的动作，最终哑巴吃黄连。

还好，此项目涉及的金额不大，且合作的供应商是长期配合厂商，扫描枪亦未被损坏，小王经过沟通协调并追加了差价，厂商同意对此五把扫描枪做升级调换。

此次事件告诉我们，IT类的采购流程控制中，需求确认是关键。

有读者可能好奇，如果这样的话，每个请购单都要附一份技术协议或者规格确认书吗？如何做好需求确认呢？

其实，规格需求确认方式、方法有很多种。

- 小的项目：比如上面这种扫码枪、笔记本电脑、摄像头等，因为有品牌标准型号，只需要在请购单上请需求方标注好品牌型号即可。
- 中等的项目：可能会涉及产品的配置，请供应商将对应的配置参数传过来打印，请需求方签字确认，以作认可。
- 大型的 IT 开发类项目：需要正式的技术协议书、项目架构资料、各部门所对应的权限人员和权限级别等，并对方案检讨确认，使用部门经理、IT 管理部门均在最终技术协议书上签字确认方为稳妥。

宫老师说

流程控制说难也难，有时又背锅又憋屈。

流程控制难也不难，坚持不确认不下单。

（八）量化管理难，要确保安全稳定

1. 情景描述

在度过一个愉快的周末之后，周一早上刚到公司，还没有正式上班，IT 管理科的张科长便被技术部经理紧急叫过去，原因是技术部有几台电脑，开机后桌面文件都打不开了。

不仅桌面文件打不开，电脑本地盘中的文件也全部被加密，常识告诉他，肯定是电脑中病毒了。每打开一个文件便跳出一串英文字符，通过对字符的翻译，大致了解到计算机受到了外网攻击，并且中了勒索病毒。投毒者为了逃避金融机构的监管，明确提出需要支付比特币方可对文件进行解锁，否则 48 小时后文件将自动销毁。

张科长迅速切断了这几台电脑的物理连接以及无线网络连接，并对公司的服务器平台采取隔离措施，但发现服务器上有些数据包已经被感染，并且随着上班时间的临近，访问服务器的人数不断增加，病毒将呈扩散式爆发……

2. 存在问题

基于数据保护的需要，每个企业都有自己独立的防火墙，但是再强大的防火墙在一些更高技术的黑客面前，依旧能被找到一些蛛丝马迹的漏洞，特别是像S集团这样的知名品牌更容易被黑客盯上，这是客观上避免不了的问题。

问题是客观存在的，S集团有没有提前对这部分风险进行识别，并制定应对对策呢？

一起看看老王与张科长提前做了什么准备。

3. 解决方案

很多企业在进行数字化转型之后，数据逐渐成为研发的核心资料，数据管理的薄弱会导致不同程度的安全风险，最容易发生的就是笔记本电脑稳定性差，丢失数据，要知道微小的错误都可能导致严重的后果，而这种后果是很多公司无法承受的。在一个IT采购经理眼中，公司IT办公环境的安全性压倒一切。他需要找到经济可靠的产品及服务，提高数据的稳定性和安全性，为企业提供最稳定高效的办公安全保障，不然后续谈什么量化管理也于事无补。

（1）数据的稳定性。数据产品的稳定性（又名可靠性、韧性）是指产品遭遇硬件、软件或操作造成的故障时能确保产品功能连续性并继续维持一定性能的能力。随着业务场景逐渐复杂，数据体量进一步增加，数据产品系统复杂度迅速增长，系统的稳定性面临着更大的考验。

中国信息通信研究院协同多家大数据技术标准推进委员会（CCSA TC601）成员单位提出了以混沌工程为核心理念的稳定性测试标准：通过随机多次注入系统扰动，分析被测产品的功能、性能指标的变化，从而对被测产品的稳定性做出评估，混沌测试流程如图5-2所示。

确定稳态
用产品在正常工作时的可测量的输出来定义基准实验，用来反映系统的稳定状态

扰动注入
注入扰动，假设实验组会继续保持稳定状态，收集输出结果

差异对比
通过基准实验组和扰动注入实验组之间的状态差异来反驳稳定状态的假说

扰动类别
计算：CPU高负载
储存：硬盘填充，内存填充，高读写
网络：抖动，丢包，包损坏
混合类型：以上扰动的随机组合

测试时间
总时间7天，整个测试分为18组，每组耗时1小时

硬件配置（标准规模）
中国信息通信研究院提供硬件：16台服务器（戴尔R730），10台部署被测产品，其余可部署负载客户端

图 5-2 混沌测试流程图

（2）数据的安全性。随着国家互联网信息办公室《数据安全管理办法(征求意见稿)》的发布，做好数据安全防护工作，更好采取有效的措施，对企业提出了更高的要求。明确从业者在提供数据安全管理能力方面，要高度重视和应对数据的收集、存储、传输、处理整个生命周期中每个环节都存在的数据安全风险。

近几年数据安全事件中，企业内部因素造成的数量往往大于企业外部因素，在“人防＋技防”的措施中，“技防”往往是一个固定、可预见、可控制的因素，然而“人防”往往是多变、不可控的主要因素之一。

人防：通过对内部人员的教育、宣传、引导，让员工深入理解数据的重要性，同时需要让员工了解因为职业疏忽或主观意识导致数据丢失、泄露，需要承担相应的处罚以及法律风险。

技防：通过对主机、服务器的接口管控、数据加密，以及通过虚拟隔离及物理隔离，设置不同的防火墙对数据进行有效保护，同时，划定专用UPS及存储分区，对数据定期做有效备份。

企业应提升数据安全管理能力和建立整体的可控、可查、可防御的数据制度安全体系。

本次案例中，正因为张科长借鉴了中国信息通信研究院数据稳定性的测试流程，划定多重隔离分区，并对数据定期做了有效备份，从而整体提

升了企业的数据安全性；在发现勒索病毒后及时将物理隔离断开，有效保护了公司的数据，通过技术手段同步对内网病毒先进行查杀，并快速通过备份资料对损坏文件做了恢复，以最快的速度化解了此次危机，避免了公司数据的重大损失。

小知识

很多人对中国信息通信研究院比较陌生，但新冠肺炎疫情期间，大家对与我们出行相关的“通信大数据”绿色箭头肯定不陌生。这就是由中国信息通信研究院牵头，联合各大电信运营商所提供的一项民生服务。

宫老师说

有备，才能无患！

第六章

LOG

物流

一、LOG 品类概述

(一) LOG 定义及类别

物流，英文名称为 logistics，本书简称 LOG。它是供应链活动的重要组成部分。

按照《中华人民共和国国家标准：物流术语》的定义，物流是指物品从供应地向接收地的实体流动过程。根据实际需要，将运输、储存、装卸、搬运、包装、流通加工、配送、信息处理等基本功能实施有机结合。

第二次世界大战期间，因为对军火运输、补给、快速匹配的需要，美国率先采用了“物流管理”（logistics management）一词，第二次世界大战后，“物流”一词被美国人借用到企业管理中，称为“企业物流”（business logistics）。最初，人们把它称为“后勤”，由保证供应，到快速供应，再到低成本快速供应。

现在人们赋予了物流更多的内涵，物流成为打造供应链竞争优势的武器。

简单地说，物流就是将物品由 A 地运到 B 地，物流费用包括这期间发生的一切费用。物流费用是非常大的一笔开支，近些年中国社会物流总费用占 GDP 的比率接近 15%。在企业内部，由于核算口径、运输方式、管理方式等不同，费用核算差异较大。按照业务的不同，可以将物流分为采购物流、制造物流、销售物流、再生物流等。按照运输方式的不同，可以分为水路运输、铁路运输、航空运输、公路运输、管道运输。

按照承接对象的不同，物流又可分为第一方物流、第二方物流、第三方物流等。第一方物流（the first party logistics，1PL）是指由物资提供者自己向物资需求者送货。第二方物流（the second party logistics，2PL）是指由物资需求者自己解决所需物资的物流问题。第三方物流（the third party logistics，3PL）是指由物资流动的提供方和需求方之外的第三方去完成物流服务的运作方式，由于第三方是专业的机构，凭借强大的物流网络和专业性，解决了第一方和第二方物流方式的成本和效率问题。随着信息化的发展，又出现第四方物流（the forth party logistics，4PL），它是指从事物流服务的企业或组织不需要自己直接具备承担物理移动的能力，而是借助于自己所拥有的信息技术来充分对接物流需求和供给信息，加上对于物流运作的理解所开展的物流服务，它类似于物流代理业务。

随着市场竞争的加剧，相对于节约原材料的“第一利润源泉”和提高劳动生产率的“第二利润源泉”，人们将目光转向建立高效的物流系统，把它称为“第三利润源泉”。人们开始思考如何将物流一体化，以物流系统为核心，将从生产企业经由物流企业、销售企业，直至消费者的供应链进行整合化和系统化，利用物流管理使产品在有效的供应链内迅速移动，使各方参与企业都能获益，使整个社会获得明显的经济效益。现在有人悄悄提出“第五方物流”（the fifth party logistics，5PL）的说法，它是指从事物流业务培训的一方，这种说法虽然没有得到广泛认同，但可见人们对物流的重视，以及当下专业物流人才的匮乏。

按作业流程，物流划分为物体的运输、仓储库存、包装、搬运、流通加工、配送以及相关的物流服务等 7 大环节。

1. 运输

运输是指使用设施和工具，将物品从一个点向另一个点运送的物流活动，如陆运、海运、空运等，此过程中关联的第三方有快递公司、报关行、货代等。

2. 仓储库存

仓储库存场所是物流作业的中转站，占地越大，库存量越大，仓储成本越高。与此相对应的一项管理活动称为库存控制，对库存数量和结构进行控制分类和管理，以便在满足需求的情况下，实现库存成本最小化。

3. 包装

包装是为在流通过程中的产品提供保护并进行美化，以方便储运，促进销售，而按一定技术生产、制造的容器、材料及辅助物等的总称；也指在为了达到上述目的而采用容器、材料和辅助物的过程中，施加一定方法、流程等的操作活动。

4. 搬运

搬运是在同一场所内，以对物品进行水平移动为主的物流作业。搬运是因产品的运输和保管需要而进行的作业。

5. 流通加工

流通加工（distribution processing）是物品在从生产地到使用地的过程中，根据需要进行包装、分割、计量、分拣、刷标志、拴标签、组装等简单作业的总称。

6. 配送

配送是物流的终端环节，是物流的“最后一公里”。很多物流前端高效，但往往在“最后一公里”资源匹配不足，从而影响了客户的最终体验。

7. 物流服务

物流服务是指对于物流有关的计划、预测、动态信息及有关生产、市场、成本等方面的信息进行收集和处理，使物流活动能有效、顺利进行。

具体内容包括以下几个方面：用户服务、需求预测、订单处理、配送、存货控制、运输、仓库管理、工厂和仓库的布局与选址、搬运装卸、采购、包装、情报信息。

综上可见，降低物流费用是一个庞大的工程。

（二）LOG 采购特点

当前 LOG 采购存在“三大特性”：

（1）信息流不对称，显现“五难”。即信息层层转发，难以及时获取；信息是否真实可靠，难以鉴别；信息发生变化，难以及时更新；信息庞杂无序，难以正确选择；佣金层层加收，成本难以承负。

（2）“少量多次”成本难控，体现“三难”。即“量少”，难吸引供应商；“多次”，成本难控；“应急响应”多，回程空载率高，效率难优化。

（3）货损风险常有发生，表现“两难”。即货主常遇行业“黑洞”，理赔结算纠纷难以调节；运输工具安全、政治环境存在不确定性，货品交付延迟，损失评估难。

（三）LOG 供应市场分析

按物的流通区域划分，可分为跨城货运物流和同城配送物流。我们对物流供应市场的品类、供应商做了调查，参考信息如下。

跨城货运物流：中国货运物流行业经过近20年的快速发展，形成了100千克以下大件快递市场、30～500千克的小票零担市场、500千克～3吨的大票零担市场和3吨以上的整车市场，各细分领域均有众多供应商可供选择。

同城配送物流：随着网购及C端的服务需要，在资本的助推下，同城配送物流行业快速洗牌，B2C的头部企业不断攻城略地，由同城配送向即时配送方向进行拓展，以谋求更强的竞争力及更优的客户体验。

物流供应市场均处于充分竞争状态，它们都以同样的方式向市场提供同类的、标准化的产品，产品价格只能随供求关系而定。

所以，物流类的供应市场分析偏向于完全竞争型市场。

总体上，大多数物流企业规模还不够大，管理水平还不够高，竞争不是十分有序，资质和能力参差不齐，选择物流供应商时要注意选择与需求匹配的供应商。

（四）LOG成本驱动因素

物流成本是指产品实物运动过程中，包装、装卸、运输、存储、流通加工、配送、信息管理等各个活动中所产生的人力、财力和物力的总和。

在日本，高层管理者重视物流成本起始于1962年，将物流成本的改善比喻为“降低成本的最后处女地”。1970年，日本早稻田大学的西泽修教授在《流通费》中将物流写作“不为人知的第三利润源泉”。

按物品流通的环节分类，展开分析现代物流的成本，驱动因素有如下几种。

（1）包装成本：包装材料、包装机械、包装技术、包装辅助工具等。

（2）装卸与搬运成本：人工费用、装卸损耗、装卸设备等。

（3）运输成本：人工费用、运输车辆折旧、油费、过路费等。

（4）仓储成本：仓储货架折旧、仓储用地成本等。

（5）流通加工成本：加工材料、加工设备、人工等。

（6）配送成本：分拣费用、配送车辆、配送人工等。

（7）信息管理成本：软件平台建设、平台维护、平台硬件等。

同时，在做物流成本驱动因素分析时，需注意所流通物品的特性。

流通物品价值：物品价值越大，对包装、运输工具、仓储的要求越高，相对成本则越高。

流通物品密度：物品密度越小，所占空间越大，仓储、运输成本越大。

流通物品易损性：物品越易损，则对运输、存放要求越高。

（五）LOG 采购流程关键控制点

LOG 采购流程的关键控制要以不断降低物流成本和提高物流效率为目的，对影响物流成本与效率的各种因素加以管理，及时发现与预设目标之间的差距，并采取一定措施，以尽可能达成预设目标。

物品不同流通阶段的采购作业有不同的关键控制点，具体如下。

（1）物流包装阶段的关键控制点：

- 包装材料在选择、确定前，需进行成本效益分析，判断是否品质过剩。
- 包装样式的设计需进行充分评估，判断能否安全、有效保护好产品。
- 包装的规格、种类是否标准化？
- 包装的作业方式是否可以采用机械化？

（2）物流装卸搬运的关键控制点：

- 如何减少搬运次数，缩短搬运距离，减少搬运损失？
- 是否可以利用重力因素，实现装卸作业的无人化、省力化？

- 装卸流程是否规范，是否可以实现标准化、机械化从而实现规模装卸？

（3）物流运输环节的关键控制点：

- 运输方式的经济性与迅速性、安全性与便利性之间存在相互制约，目前的运输方式是符合产品特性与客户需求的吗？
- 物流运输车辆数量与公司货运量相匹配吗？
- 运输车辆的装载方式、装载空间是否还能优化？

（4）物流仓储环节的关键控制点：

- 仓库布局是否优化，做到适度库存集中？
- 是否采用 ABC 分类法，对库存按重要性、周转率做不同等级的分类管理？

（5）物流流通加工环节的关键控制点：

- 是否选择了适当的加工方法及加工深度？
- 加工的批量、数量与加工能力是否匹配？

（6）物流配送环节的关键控制点：

- 配送线路是否最优？
- 配送的时效是否合理？

（7）物流信息平台采购的关键控制点：

- 现有平台能否满足未来三年企业信息化发展的需要？
- 平台端口的拓展性如何？
- 平台维护、保养成本如何？

实施 LOG 采购流程关键点的控制能够配合企业取得竞争优势，具体体现在：

①通过对关键点的控制，降低物流成本，在收入不变的情况下，可以增加企业利润。

②通过对关键点的控制，提高物流效率，在客户量不变的情况下，可以提高现有客户的满意度。

采购通过对以上关键点的控制与改善，最终提升企业综合竞争力。

（六）LOG 常见采购策略

根据各企业自身业态的不同，有三种 LOG 采购模式供参考。

1. 委托社会销售方企业代理采购物流方式

企业作为用户，在买方市场条件下，利用买方的主导权力，向销售方提出对本企业进行供应服务的要求，作为向销售方进行采购订货的前提条件。实际上，销售方在实现了自己生产和经营的产品销售的同时，也实现了对用户的供应服务，以此占领市场。这种供应服务是销售方企业发展的一个战略手段。

这种方式的主要优点是，企业可以充分利用市场经济造就的买方市场优势，对销售方即物流的执行方进行选择和提出要求，有利于实现企业理想的采购物流设计。

这种方式存在的主要问题是，销售方的物流水平可能有所欠缺，因为销售方毕竟不是专业的物流企业，有时候很难满足企业采购物流高水平、现代化的要求，例如，企业打算建立自己的广域供应链，这就超出了销售方的能力而难以实现。

2. 委托第三方物流企业代理采购物流方式

第三方物流也称为“社会化物流”“契约物流”，是指由供方与需方以外的物流企业提供物流服务的业务模式。市场全球化、企业注重核心竞争力以及信息技术和电子商务的发展，促进了第三方物流产业的快速发展。近些年欧洲应用第三方物流服务的比重约为79%，北美为70%，亚太地区为58%，且其需求仍在逐年增长。

第三方物流服务提供商是一个独立的经济实体，拥有可靠的物流网络和信息系统，对物流运作进行全程管理和控制，具有高效率的物流专业化能力，为外部客户提供仓储管理、运输管理以及增值物流服务，能为客户创造价值，改善运作效率和客户服务，增强客户企业的核心竞争能力。企业选择第三方物流服务提供商，期待成本节省、生产能力改进、运作效率提高以及客户服务改善。在采购第三方物流服务过程中，企业根据规范的采购流程，能够降低外包过程中的交易成本，增强服务采购的规范性和可信度，从而选择合适的第三方物流服务提供商。

第三方物流服务采购流程的五个步骤分别是：界定物流服务需求；制定物流需求建议书；选择第三方物流服务提供商；实施第三方物流服务；管理关系和进行绩效评估。具体操作详见本章“LOG采购八大痛点的解决方案”之“流程控制难，要重视途中控制”。

由第三方去从事企业采购物流的最大好处是，能够承接这一项业务的物流企业，必定是专业物流企业，有高水平、低成本、高服务从事专业物流的条件、组织和传统。不同的专业物流公司，瞄准的物流对象不同，它们有自己特有的形成核心竞争能力的机器装备、设施和人才，这就给企业提供了广泛选择的余地，进行采购物流的优化。

在网络经济时代，很多企业要构筑广域的或者全球的供应链，这就要求物流企业有更强的能力和更高的水平，这是一般生产企业不可能做到的，从这个意义来讲，必须依靠从事物流的第三方来做这一项工作。第三方所从事的采购物流，主要向买方提供服务，同时也向销售方提供服务，在客观上协助销售方扩大市场。

3. 企业自建物流运输团队方式

这种方式下，由企业自己组织所采购物品的物流活动，这在卖方市场的市场环境状况下，是企业经常采用的采购物流方式。

本企业在组织供应的某些种类物品方面，可能有一些如设备、装备、设施和人才方面的优势，这样，由本企业组织自己的采购物流也未尝不可。在新经济时代这种方式也不能完全被否定，关键还在于技术经济效果的综合评价。然而，在网络经济时代，如果不考虑本企业的核心竞争能力，不致力于发展这类竞争能力，而仍然抱着“肥水不流外人田”的旧观念，也不是不可能取得一些眼前利益，但是这必将以损失战略的发展为代价，是不可取的。

二、LOG 采购八大痛点的解决方案

（一）需求管理难，要使用整合外包

1. 情景描述

T 集团是一家知名的化妆品公司，历经数代人的努力，走过了百余年的历史。老赵在 T 集团一直负责物流相关的采购管理工作。

因为 T 集团成立较早，仓库部分老货架使用近十年，底部有部分变形，存在安全隐患，需要更换为载重力更强的牛腿式货架，但需求的储位数一直没有确定；货车年前刚购入 2 辆，年后又需求 3 辆，但车辆型号、货箱款式需求部门迟迟不能确定；为满足一些零担散货的物流需求，引进了第三方货运公司，实际取货中经常一单刚提走，又接到一单新的发货需求，客户还提出要紧急派送……

2. 存在问题

老赵面前有一堆采购需求需要处理，每天都疲于应付，忙得焦头烂额，

如何从根源上做好需求管理，防范一些重复、紧急需求？

又一个夜深人静的夜晚，老赵处理完手头工作，感觉一身清爽，思维流特别顺畅。他将公司物流状况做了一次全盘、基本面的分析，通过分析T集团的物流现状，发现大致存在以下一些问题：

（1）企业物流管理团队庞大。

（2）仓储运输网络同营销网络不相匹配。

（3）已有的物流设施老化，需要更新。

（4）物流供应商众多。

（5）仓储系统比较分散。

（6）物流部门同制造部门、采购部门的职能不够明晰，协调管理成本高、难度大。

其中最突出的就是需求零散，供应商分散。

3. 解决方案

有什么好的解决方案呢？老赵很自然地想到要进行整合。整合的意思是把零散的东西衔接，从而实现系统的资源共享和协同工作，形成有价值、有效率的一个整体。

物流行业的整合包含货量的整合、资源的整合、能力的整合、系统的整合、信息的整合、价值的整合等多个方面，目的是一方面为客户提供更优质的服务、更优化的成本，另一方面让企业的实力进一步提升，能力进一步增强。

物流行业的参与者众多，主体复杂，背景各异，目标和方向也千差万别。但万变不离其宗，要让我们的物流相对于竞争对手有竞争力，需在物流整合上有所突破。

物流整合外包的三个关键方向：垂直供应链整合外包、水平供应链整合外包、物流产品整合外包。各链路的打通有利于物流优化，但商业生态体系中，各企业的独立性、目标不一致性及物流对商流的依附性，使之互相制约。

针对上述情况，老赵邀请第三方物流公司做咨询。对现状做客观调查后，第三方物流公司向T集团管理层提出如下建议：

- 减少现有仓储、运输、配送等物流供应商，整合资源，降低管理成本。
- 改变现有T集团物流配送模式，采取仓库集中管理、统一配送模式，以减少参与运作的因素和环节，降低物流成本，提高物流运作效率，减少货损、货差现象。
- 借用有效的社会资源，与专业第三方物流公司合作整合现有的运作体系和人员，真正实现整体外包。

同时，在对物流运作系统各个环节进行全面考察的基础上，第三方物流公司对T集团的总体物流成本进行深入分析，建立TC（快速分拨中心）物流系统流程图，对整体的物流系统从人员、管理、设施和流程方面进行全面整合，并建议分以下四个阶段实施。

第一阶段：承接T集团核心地区成品物流。

第二阶段：接管全国各地RDC（区域分发中心）。

第三阶段：强化CDC（中央分发中心）的管理。

第四阶段：提升原材料物流管理。

老赵通过两年的物流产品整合外包，硕果累累，双方达成战略合作伙伴关系，T集团LOG采购的改善成果如下。

- 库存大幅度下降，资金周转速度更快，两年降低存货成本25%。
- 通过整合外包，T集团的物流部人员大幅度精简。
- 有更多精力专注于企业运营，加强了对销售和市场的规范管理。
- T集团的市场反应也更加迅速，生产和销售的力量更加集中，市场竞争力加强。

但在推进物流外包的采购时，需要关注：

（1）企业物流的外包由于涉及企业诸多方面的运作模式以及利益的调整和分配，一般很难由中层和基层来推动。物流外包必须由公司高层来推动，并且物流是否外包、外包的进度控制应以提升公司核心竞争力为原则。

（2）匹配的供应商才是最好的。具体来说，双方整体战略匹配，双方资源互补，供应商的运作能力与企业相匹配。在上述基础上对物流供应商进行严格筛选。

（3）明确识别自身的需求。也就是说，什么业务可以作为整体外包的切入点，什么时间可以外包，外包程度如何把握，相关业务如何调整，如何量化服务要求以考核供应商……这都需要严谨细致的准备与策划。

（4）采取分阶段措施规避风险。这包括：①试运作阶段；②分区域外包；③先易后难地进行外包。

（5）采取项目组形式保障项目实施。公司与物流供应商一起组建物流外包项目组：①双方高层；②运作中层；③操作骨干。编制操作指南，明确操作流程和相关人员责任。

（6）建立有效的沟通和协调机制。通过周会、月度会议等通报项目进度，通过阶段会议审查阶段成果，细化和调整下一阶段计划和目标。

物流外包是一个动态、复杂的过程，整个物流外包的过程不仅包括多个阶段，而且在每个阶段中还包括多项管理活动。企业要在分析自身特点的基础上选择适合自己的外包模式。

宫老师说

整合外包用得好，物流管理更轻巧。

（二）预测计划难，要密切关注客户

1. 情景描述

随着T集团产品链的扩张，为了满足越来越复杂的产品运输需求，采购一直配合需求部门，努力将每一单及时、高效、低成本地交付至客户现场。奈何每次高效的背后，不是成本的上升，就是人员的增加，总是因各种杂乱无章的需求，打乱原本排好的发料计划。

2. 存在问题

前天刚排好发料计划，昨天生产计划又变了；昨天重新调整好计划，今天上午又临时通知要追加……每天被各种需求牵着鼻子走，这可不是长久之策！

老赵组织几位采购员，对这一年内的紧急需求做了统计分析，结果数据显示：

- 各线下门店频繁要求工厂做各种紧急调拨。
- 生产部门设备异常，导致生产计划中断，被迫更改发料计划。
- 采购部门配套物料未及时交付，影响生产计划。
- 营业部门接受客户的紧急插单，影响正常生产计划。

3. 解决方案

依据客户需求，下达对应的生产计划，企业依此计划对生产任务做统筹安排。

生产计划的多变性，则会增加内部物流和外部物流的“小批量”“多批次”“应急响应”等异常状况，从而使物流成本难以控制，效率难以优化。

随着制造业向2C端的不断进化，客户的需求也变得越来越复杂，“小批量、多品种”的订单将会成为一种常态，不要幻想将企业做大了，订单就会是大批量的。“小批量、多品种”的同时，还有各种急单、插单、尾单等突发状况。每个工厂的制造现场，都是与各种异常、杂单打交道的战场，在这样的交付战争中，如何应对物流计划的多变性？采购需要进行跨部门沟通，对内部客户进行逆向管理，与计划部门多进行沟通，与生产计划的同人们一起，在不断变化的计划中，找到一个稳定点，建立起确定性。

老赵经过分析，注意到T集团的生产计划是非稳定状态的，如何在非稳定状态下，找到一个稳定点？他召集采购小伙伴，经过一个下午的头脑风暴，确定“物流采购部门需要**密切关注客户**”这一核心，并制定了一项“15字”的沟通方针：**设立月计划、排查周计划、锁定日计划。**

设立月计划：所有的客户订单，在经过评审后，通常会形成内部预估交期，形成“交期分解表”或“生产计划表”，据此形成月计划表。有了月计划表，我们就能提前一个月进行计划排查，发现异常及时拎出，重新安排。

排查周计划：经过对月计划表的及时排查，将一些潜在的、影响进度的项目提前剔除。在月计划表的基础上，每周进行更详细的周计划排程。在周计划排查上，可以设立“欠料跟进表”，对采购来料状况、设备状况、工艺标准、品质检验书等再做事前检查，将有物料短缺、有设备故障等异常现象的再提前剔除。

锁定日计划：对月计划、周计划进行管理，目的就是要提前将异常剔除。计划一定是有变动性的，但在日计划的前两天，一定要将日计划准确排好，并且锁定。确定好明天做什么，做多少，锁定之后就是必须完成的任务。

锁定日计划，不是锁定每一日的计划，而是站在当下，锁定明天、后天的计划，控制好最后两天，尽可能不再有变量产生。

通过“设立月计划、排查周计划、锁定日计划”，密切关注客户的需求，我们就能在不断变化的计划中，找到一个稳定点，并抓住这个稳定点，建立起 LOG 采购的确定性。

宫老师说

关注客户，不仅是外部客户，还包括内部客户。

（三）需求描述难，要做好物流规划

1. 情景描述

市区某门店搞一场促销，因为销售状况较好，需要紧急调一批货。

货的明细给出来了，按立方及重量估算，大约 4.3 吨。老赵于是紧急安排了一辆载重五吨的小货车给送过去，结果货送到半路，司机又拉回来了。

门店那边却还在催问，货怎么还没有到？

2. 存在问题

原来，门店所在的地区对于货车进入有管控，中环以内，非厢式货车不允许进入，即使是厢式货车，也需要控制在载重两吨以内方可进入。

本次货物退回，表象是因为物流采购部门对所在地的政策法规不熟悉，而问题的更深层次原因则是物流部门对需求的特殊要求描述缺失、物流派车选择逻辑及规划的机制缺失。

3. 解决方案

老赵通过对门店所在地政策法规的快速确认，了解到四米三以内的载重两吨的厢式货车可以进入市区并到达门店，老赵快速调集了三辆两吨厢式小货车，将五吨小货车上的货进行了倒腾之后，当天成功交付给门店。

应急处理已经完成，如何避免后续类似的事情再次发生？

经过团队头脑风暴，最终老赵得出结论：需要**提前做好物流规划**。针对该结论，老赵整理了三点：

（1）做物流规划，首先关注对货物运输要求及相关特性的描述。

运的是什么货？运输过程是否涉及特殊车辆？货物的包装需要做什么防护？是否有混装？车厢内是否有装载盲区？

（2）做物流规划，需要关注物流所在地的相关政策及路线的描述。

收发货之间是否跨地区、国家？不同地区、国家对此类货物是否有特殊要求？对线路是否进行了确认？当地政府是否有特殊时段管控？

（3）建立物流规划、派车选择的机制。

物流规划的我方责任人是谁？供应商（客户）的对接人是谁？对我方的规划是否进行了确认并认可？派车选择的机制是否已建立？

宫老师说

物流规划要做细，流程节点要落地。

（四）供方评审难，要重点审查规模

1. 情景描述

又是一个阳光明媚的下午，老赵处理完手头工作，悠闲地泡了杯茶。

头道茶还没有入口，业务经理的电话就进来了。

“老赵，你们的物流供应商 A 平时有些小延迟我们就容忍了，这次闯大祸了哇，原定 6 月 17 日给客户的一万件货，到客户手上都 6 月 19 日了，又发生了延迟。因为晚到错过了最佳销售期，客户现在产生库存积压，要求退货处理，这损失搞大了呀！”

老赵将端到嘴边的茶又放下，急忙去“灭火”了！

2. 存在问题

之前评审通过的三家物流供应商 A、B、C，没有一家是完全让人省心的。

对 A 供应商进行前期审核时，其老板嘴非常溜，该公司还有二次包装的场地及人员，其评审分数也是最高的，结果合作了半年，客户投诉率非常高，原因主要集中在交付不及时，采购被动应付。

B 物流供应商的老板比较踏实，该公司取送件的速度倒是很快，交货及时率也很高，但是遇到一些稍有难度的物流订单（比如需要二次包装），就没办法响应。

C 供应商的交付及时率还可以，也有自己的二次分包场地，配合上还算不错，但三天两头发生丢件事件，经常产生索赔。

3. 解决方案

对 A 供应商的交货延迟进行处罚后，老赵在想，A、B、C 这 3 家供应商各有优缺，如何让它们有危机感？

那就放一条鲶鱼进来吧！

因为前期对物流类供应商没有做系统的供方规模审核，相关资料比较缺失。为了让这次的供应商评估科学、客观、公正，老赵亲自列大纲，提审核要求。吸取了之前的教训，这次供应商评审考虑得更为全面和详细，重点审查**各供应商的经营规模**，细分为如下五点。

（1）供应商的基本情况。

- 供应商的地理位置（距离高速公路出入口、机场、港口的距离，周边交通状况等）。
- 公司人员数量（组织架构、人员结构、司机数量等）。
- 安全管理培训记录（人员培训记录、消防设施维护记录、车辆保养记录等）。
- 公司的平面图（仓库的布局图、地面承重、净高、柱距等）。

（2）仓库管理。

- 仓库自有设备（铲车数量、货架储位数、打包机、升降平台等）。

- 来料货物管理（内部货物摆放原则、分区原则、先进先出执行状况、进库流程、物流线路等）。
- 重新包装能力（包装场地、包装配套设备、标签打印能力、封箱码垛等）。

（3）运营管理能力。

- 取货及时率。
- 到货及时率。
- 货物丢失的处理程序。
- 在途货物追踪。
- 公司管理软件（仓库管理系统，车辆轨迹定位系统等）。

（4）车队情况。

- 自有货车数量、质量（车型、载重、车辆行车记录仪、车辆定位仪等）。
- 车队分布情况（核心城市分布、周边配套分布、合作伙伴的车队分布等）。
- 主要城市间固定货运班车发车时间，发车频率。
- 长途运输车辆的管理。

（5）客户群了解。

- 目前的主要客户群、业务总量、业务饱和度。
- 与客户开展联合降本的实例。
- 客户产品与我方产品的同质化程度。

经过以上五大点的现场考核，并对各供应商的细项再进行细化，最终评选打分后，选出最优供应商进行合作。同时，为了加强对物流供应商的配合度服务水平的长期监控，也为了方便对物流供应商进行月度评审，老赵经过与业务、客户、财务多部门沟通，对以上这些审核内容进行编排，制作了一份“物流供应商评审表”，以方便后期对供应商进行管理。

宫老师说

规模审查要仔细，执行过程才给力。

（五）价格对比难，要制定报价模板

1. 情景描述

经过三轮的供应商审核，老赵终于将物流类的合格供应商名录整理清晰，并制定了一整套供应商审核流程，而因为这一年工作表现突出，能力得到显现，老赵也升为赵经理。

刚好最近有一条新路线，需要物流类供应商报价，各供应商在经过了三轮的审核之后都非常认真和严谨，报价项目都整理得很详细。A 物流公司采用标准车厢公里数乘以单价的方式报价，B 公司采用的是货物重量乘以单价的方式报价，还有一家 C 公司则是与货物的体积挂钩，制作报价。

如何科学、合理地对比这三家供应商的报价？这又让刚升职的赵经理犯难了。

2. 存在问题

所有的比价问题，都是一个基准对比的问题。

找好统一的基准，并且按照这个基准要求供应商报价，就是成功比价的关键。

而在制定、设立报价基准时，报价模板起了至关重要的作用。

3. 解决方案

所有的比价问题，都可以转换为数学计算公式“价 × 量”的问题。只是不同的采购品类对应的单价各不相同，所以采购在询、比、议价时关键是要找准统一的比价基础。比如，在物流的运输比价中，首要确定的比价基准是“公路运输”“水路运输”或是“空运”。

赵经理经过向朋友请教，发现**制定标准询价报价模板是关键**。

以公路运输为例，对于物流运输的报价，比价基准又分为两种模式。

（1）零担模式比价拆分。

零担模式是我们最为熟悉的物流报价模式。比如我们平时收发快递，快递的费用设有起步价，超过起步价之后设有每千克单价，当然有些泡货会再追加体积费用。这类报价模式拆分成比价细分颗粒之后，通常有：每千克单价 × 重量、每立方单价 × 立方数量、每公里单价 × 公里数等。

表 6-1 为以北京为始发地的快递公司价格对比表模板。

表 6-1 快递公司价格对比表模板

始发地	目的地	供应商 1 单价：元 /kg		供应商 2 单价：元 /kg		供应商 3 单价：元 /kg	
		首重	续重	首重	续重	首重	续重
北京市	北京市						
	上海市						
	河北省						
	河南省						
	天津市						
	江西省						

（2）包车模式比价拆分。

包车模式也是物流运输密集型企业比较常用的报价模式。企业与企业间的交互，工厂与门店间的货物配送等频繁、大量的运输作业，采用包车模式相对更经济，费用核算起来也更方便。包车模式拆分成比价细分颗粒之后，通常有：集装箱单价 × 集装箱数量、平板车单价 × 平板车数量、卡车牵引头单价 × 牵引头数量、每公里单价 × 公里数、司机日单价 × 司机数量等。

表 6-2 为某 LOG 采购报价明细模板。

表 6-2 某 LOG 采购报价明细模板

<table>
<tr><td>运输公司</td><td colspan="4"></td><td colspan="2">运输货物</td><td colspan="2"></td></tr>
<tr><td>车辆</td><td colspan="2">单台机器发运价格</td><td colspan="2">单车运输价格</td><td colspan="2">装载基数</td><td colspan="2">回程价格</td></tr>
<tr><td>17.5 米平板载货</td><td colspan="2"></td><td colspan="2"></td><td colspan="2"></td><td colspan="2"></td></tr>
<tr><td>配套整车发运车辆</td><td colspan="2"></td><td colspan="2"></td><td colspan="2"></td><td colspan="2"></td></tr>
<tr><td>价格分解</td><td>油费</td><td>高速费</td><td>保险费</td><td>司机费用</td><td>车辆折旧费</td><td>其他费用</td><td>开票税金</td><td>最终开票价</td></tr>
<tr><td>17.5 米平板</td><td></td><td></td><td></td><td></td><td></td><td></td><td></td><td></td></tr>
<tr><td>配套车辆车型一</td><td></td><td></td><td></td><td></td><td></td><td></td><td></td><td></td></tr>
<tr><td>配套车辆车型二</td><td></td><td></td><td></td><td></td><td></td><td></td><td></td><td></td></tr>
</table>

表 6-3 为物流供应商采购询价模板。

表 6-3 物流供应商采购询价模板

<table>
<tr><td colspan="6">物流询价单</td></tr>
<tr><td>发送人姓名（必填）：</td><td colspan="2"></td><td>询价日期：</td><td colspan="2"></td></tr>
<tr><td>所属部门（必填）：</td><td colspan="2"></td><td>客户名称：</td><td colspan="2"></td></tr>
<tr><td colspan="6">国内运输（回复时间：0.5 ～ 1 个工作日）</td></tr>
<tr><td colspan="6">□公路运输 □内海运输 □国内空运</td></tr>
<tr><td>货物名称（必填）：</td><td></td><td>重量(必填)：</td><td></td><td>体积（必填）：(长宽高)</td><td></td></tr>
<tr><td>货物包装（必填）：</td><td></td><td>是否需要装货：</td><td>□是 □否</td><td>是否卸货定位：</td><td>□是
□否</td></tr>
<tr><td>集装箱箱型（整柜必填）：</td><td colspan="5">□ GP 普通箱；□ HQ 高箱；□ OT 开顶箱；□ FR 框架箱；
□ RF 冷冻箱；□散货；□其他</td></tr>
<tr><td>集装箱尺寸（整柜必填）：</td><td colspan="5">□ 20' □ 40' □其他</td></tr>
<tr><td>提货地：</td><td colspan="2"></td><td>送货地：</td><td colspan="2"></td></tr>
<tr><td>要求说明：</td><td colspan="5"></td></tr>
<tr><td colspan="6">出口运输（回复时间：1 个工作日）</td></tr>
<tr><td>货物名称（必填）：</td><td></td><td>重量(必填)：</td><td></td><td>体积（必填）：(长宽高)</td><td></td></tr>
<tr><td>海关编码（必填）：</td><td></td><td>货物包装(必填)：</td><td></td><td>化工品危险品联合国编号(化工品危险品必填)：</td><td></td></tr>
<tr><td>启运港（必填）：</td><td></td><td colspan="2">目的港 / 国家（必填）：</td><td colspan="2"></td></tr>
<tr><td rowspan="2">运输方式：</td><td>□空运</td><td>□海运拼箱</td><td colspan="3">海运整箱 □ 20' □ 40' □其他</td></tr>
<tr><td colspan="3">□快件 必须填写邮编：</td><td colspan="2">□其他</td></tr>
</table>

（续）

送货方式：	□自送入启运港仓库		□上门提货 提货城市具体地址：		
出口全程国外送货地址（必填）：					
要求说明：					
进口运输（国际段）（回复时间：1～2个工作日）					
货物名称（必填）：		重量（必填）：		体积（必填）：（长宽高）	
海关编码（必填）：			发货人信息（公司名称、地址、联系人、联系方式）：		
启运港/国家（必填）：			目的港（必填）：		
运输方式：	□空运	□海运拼箱	海运整箱 □ 20' □ 40' □其他		
	□快件 必须填写邮编：			□其他	
进口全程国外提货方式：	□自送入启运港仓库		□上门提货 国外提货城市具体地址：		
国内清关后送货地址：					
要求说明：					

宫老师说

模板在手，天下我走。

（六）部门协同难，要邀请全程参与

1. 情景描述

通过一段时间对物流部采购工作的整理，赵经理对很多管理上的缺失做了查漏补缺，也新建了很多关于LOG采购管理的流程和制度。

因为流程、制度的建立，势必会破坏原有相关部门的作业习惯，流程推进的前期，赵经理明显感觉到在有些事情的推进上，跨部门协同配合有些困难。

2. 存在问题

新的流程制度对公司是有利的，通过共同的努力，某种程度上也提高了其他部门提物流需求的效率和准确性，但落地推进时却有些困难，赵经理对此问题进行反思，他觉得可能存在以下四个问题。

（1）没有有效的沟通。

很多时候，我们组织会议，看似在沟通，实则会散人散，沟通效果不佳。

（2）领导能力不行。

是赵经理在事件的推动上领导力不足，还是对方领导理解力差，能力不行？

（3）没有有效的管理机制运行体系。

在新项目、新设备的导入上，总是存在或多或少的管理漏洞，是运行体系不足以支撑还是组织间过于复杂？

（4）没有设立公司的总体目标。

各部门之间都为自己的目标而工作，导致工作之间协调不好，比如仓储部门要求最低的货物存储，而如果低到不能满足生产部门和营销部门的正常运行，就会出现问题。

3. 解决方案

既然问题找到了，那么相信答案总比问题多。经过赵经理与团队成员全力全策的脑力激荡，最终采用“邀请相关方**全程参与**”对策，成功化解了部门协同难这个难题。

（1）建立物流关键岗位定期沟通机制，重要项目邀请关键领导全程参与，通过有效沟通，建立部门互信。

（2）各级管理人员减少主观判断，以事实为中心，减少冤假错工作摩擦，在这里，带头人起到特别重要的引导作用。

（3）核算体系、订单采购等流程明朗，各部门权责明确，部门之间“接口”分明，尽可能避免踢皮球现象。

（4）关键项目，设立公司的大目标，跨部门各方拿出解决问题的态度，彼此提示，互相监督，思考属于自己职责范围内的工作有哪些，如何在现在的基础上进行改善。多做、多思考、多实践，当然，目标完成后，还要多奖励。

宫老师说

参与了就了解了，了解了就理解了，理解了就支持了。

（七）流程控制难，要重视途中控制

1. 情景描述

T 集团因为业务扩展的需要，对部分非热门线路进行了第三方外包，即 TPL 模式。

这日，刚好有批货要从江苏发往广州，昨天已经装载完毕，按时间估算，应该明天中午能到达广州目标客户地点。因为对方等待这批货用于促销，所以容不得半点闪失。

货已发出，赵经理为确保货物明天能准时交付，打电话问供应商车现在到哪儿了，结果怎么问都没问到车辆的路线及实际位置状态，供应商只是一直说："赵经理，你不用操心，我们保证交货。"

真能放心吗？

2. 存在问题

在车辆行驶的过程中，询问不到车辆的路线及实际位置状态，有两种可能：

（1）第三方物流公司缺少对车辆的实时监控（这种情况现在一般很少，专业的第三方物流公司大部分可以对车辆实时路线轨迹进行查询及监控）。

（2）运输过程中出现了某种故障，为了不让客户知晓，所以不方便透露，并且正在想办法竭力弥补这样的过失。

3. 解决方案

事情的表象是没有实时监控数据，使物流、信息流断层。深层次原因则是在实施第三方物流采购时，流程步骤的细节不够完善，缺少**事中控制**

及监督，更多的时候还是要“途中控制”，比如采购方想了解车离目的地还有多远，是否存在超载等。

为了更有效地进行事中控制，我们要做好以下 5 个方面。

（1）界定物流服务需求。

明确采购服务的范围和要求是第三方物流服务采购成功运作的前提条件。服务需求的界定主要包括以下四个方面的内容：

- 职能描述界定。对需要采购的服务职能进行界定，如运输、仓储或增值服务等。
- 活动描述界定。明确第三方物流服务供应流程，即怎样提供服务。
- 服务水平界定。确定物流服务水平，如交付的一致性、订货提前期、货损货差等。
- 能力界定。依据企业物流需求确定第三方物流服务提供商的服务能力，即第三方物流企业是否具备提供运输、仓储以及增值服务等满足企业物流需求的能力。

通过对服务需求的界定，企业在选择第三方物流服务提供商时才更具有针对性。由于物流服务涉及公司的采购、生产、营销等众多部门，在职能上存在交叉，因此在界定需求时，需要公司各相关部门共同参与，在企业高层领导的支持下，组成由各部门成员参加的采购决策团队。

（2）制定物流需求建议书。

企业提出采购第三方物流服务要达到的目标，如绩效目标、成本目标等。根据目标，设立选择第三方物流服务提供商的标准，包括价格、响应时间、运作管理结构、高层管理的有效性、质量保护体系、信息技术系统、财务稳定性、对不可预见环境的反应等。通过制定标准，从而确立适合企业的第三方物流服务提供商的范围，一般可设置为 Top10，即适合企业的前 10 家服务提供商，也可根据实际情况增加或减少可供选择的提供商数目。

根据界定的服务需求、设立的目标和选择标准，制定物流需求建议书（request for proposal，RFP）。该建议书是详细描述企业物流服务需求，并将需求传达给服务提供商征询解决方案的文档，最终它将成为物流服务合同的一部分，可以方便每个提供商完整地了解采购方的需求。物流需求建议书一般包括企业的基本介绍，如组织结构、顾客信息传递需求、项目描述、产品流程、交易信息以及电脑系统信息等；也包括企业对物流服务需求的建议要求，如仓库位置、运输路线、运输规模等。

（3）选择合适的服务提供商。

调查研究适合企业的前10家服务提供商，了解提供商的专长和特性。通过公开招标及交互选择进一步筛选提供商，缩小目标至2～3家，企业将物流需求建议书递交给这些提供商，并要求各提供商提交物流解决方案；在比较各物流解决方案的基础上，选择最合适的第三方物流服务提供商。

第三方物流服务对于采购方和提供方来说均有相当程度的经营风险，为了保护各自的利益，减少风险，双方必须认真协商合作过程中的权利和义务，详细描述服务的项目、服务水平、报酬、组织及过程，例如绩效目标、奖惩机制以及风险分摊方式等，议定出对双方均有利的服务合同。

（4）合同执行和控制。

在服务实施过程中，企业应和提供商联合监督核查合同的执行，提供商也应及时反馈服务实施过程中出现的问题。如果因一些未预期因素的影响而需修订原合同条款，例如修订仓库布设、改变交付日期等，双方仍应充分沟通，协作解决问题，排除不利因素，否则在采购方看来无所谓的改变，可能会给提供方带来很大的损失；同样，提供方要求改变也会使采购方面临很大的困难。执行中的沟通可以成为连接采购企业与服务提供商的纽带，扩大双方的接触面，推进双方合作。

（5）关系管理和绩效评估。

企业应用第三方物流服务，减轻了企业物流工作的负荷，但企业仍需谨慎监控提供商的工作，以确保及时发现和解决问题，并建立信息沟通机制，共享信息，保证服务的稳定性，提高服务的可靠性和服务质量，降低运作成本，使物流的流程持续改进，双方关系得以强化。在关系管理中，建立团队式联合任务小组是有效的管理方法。在企业与提供商之间经常进行有关成本、作业计划、质量控制信息的交流与沟通，双方的有关人员共同商讨解决供应过程中遇到的各种问题，建立良好的合作气氛，增加系统柔性和增强应变能力，维护和改善双方合作关系。

企业应设定绩效评估系统来评估第三方物流服务提供商的绩效。绩效评估系统一般由两部分组成：定性评估和定量评估。定性评估主要包括服务的可靠性、及时性、便利性、订货间隔期、柔性、财务稳定性等；定量评估主要包括服务的价格、响应时间等。企业制定程序化、标准化和规范化的提供商评价标准，对提供商进行多层次、多渠道和全方位的绩效评估，为提供商绩效评价和激励的实现提供依据。通过评估，如果第三方物流服务提供商不仅很好地满足了企业的需求，不断改进了服务质量和运作效率，而且与企业实现了密切的合作，并成为企业经营中不可分割的组成部分，则企业可考虑与之建立长期的合作伙伴关系。否则，在合同期满经过沟通后可以考虑是否更换合作伙伴的问题。

本案例中，虽然结果如供应商所述，第二天货准时交付至广州客户手中，但过程中的风险不可控让赵经理依旧心有余悸。依以上五个步骤，在第一步“界定物流服务需求”中又增加了“实时路线可视化服务”要求，并在第四步“合同执行和控制”中，将此项严格落地并实施监督，最终实现了后续物流运输流程的可视化，使运输风险可控。

宫老师说

我们不仅要关注什么时候到，更要关注到哪儿了；不仅要关注目标，还要关注过程。

（八）量化管理难，要追求准时快柔

1. 情景描述

辛辛苦苦又一年！

年底了，赵经理考虑对物流类采购及供应商做一次年终评价，对采购的价格、仓库周转率进行分析，对供应商的交货及时率、客户投诉次数等进行数理统计，却发现无从下手。

物流类的采购该如何体现绩效呢？

2. 存在问题

物流类的采购量化管理难，主要体现在以下三个方面。

- 基础数据的收集难：由于部分企业对物流作业流程、车辆管理系统没有进行数字化升级，很多数据还停留在纸质文件上，故在交货及时率、货物破损率等基础数据的收集上存在缺失，以致量化管理时无数据可用。
- 评分维度的偏向性：各供应商存在个体差异，有些供应商硬件一般但服务能力强，有些供应商准时率、货损率非常优秀，但遇到事情时变通性比较差。评分时如何平衡各项的权重系数就比较重要。
- 只评价不奖罚：因为物流类的供应商偏重资产型，在行业内整体利润比较薄，属于充分竞争，很多时候一涉及条款处罚，供应商就撂摊子，导致绩效管理上有评价不处罚，从而使评价失去了原有的意义。

3. 解决方案

量化管理强调的是对过程的监控，通过对行动过程中各项指标的观察与评估，保证战略目标的实现。它不是基于目标的管理（management-by-objective，MBO），而是基于事实的管理（management-by-fact，MBF）。因此量化管理的出现，使得企业战略不再是企业决策层少数几个人的任务，而是成为从 CEO 到每一位员工所有人的事。

对物流类采购的量化管理考核，可总结为“**准时快柔**”，细分为以下 6 点。

（1）物流成本率。

物流成本率 = 年物流成本总额 / 年销售额

物流部门独立成为利润中心之后，物流成本考核更为直接地与产品事业部或销售部门挂钩，考核产品事业部或销售部门所发生的物流成本，公司物流绩效的最直接的衡量指标便是物流成本率。

这里的物流成本是指完成特定物流活动所发生的真实成本。在企业统计的物流成本是运输成本和配送中心的运营成本，由于没有标准的统计和成本划分，很多隐性的物流成本被划入生产成本和销售成本。科学的物流成本应该以物流活动为基础，所有与完成物流功能有关的成本都应该包括在以物流活动为基础的成本分类中。

（2）库存周转率。

库存周转率 = 年销售量 / 平均库存水平

库存周转率数值越高则反映产品销售情况越好，库存占压资金越少。以食品企业为例，根据调查得到某国内食品企业 2020 年的销量数据和库存数据，经分析得出该企业的库存周转率在 50 左右，说明其有较高的周转水平。在未来的组织中，库存周转率主要考核的对象应该是产品事业部。平均库存通常是指各个财务周期期末各个仓库的库存的平均值。

（3）无误交货率。

无误交货率 = 当月准确按照顾客订单发货次数 / 当月内发货总次数

在实际操作中，我们应该保证能够正确地按照顾客的订单来交货。在调研中我们了解到顾客最关心的也是这一点，所以没有按照顾客的订单发货给企业的服务形象造成的损害是最大的。因此在发货前必须根据顾客的订单反复审核所发货物是否符合顾客的要求。从这个角度上说，企业在配送中心设立订单管理员这个职位非常有必要，有专人从源头来跟踪和保证订单的传输和准确、降低订单的出错概率，将极大地提高公司的服务水平。

（4）交货及时率。

交货及时率 = 当月汽车准时送达车数 / 当月汽车送货车数

很多产品目前的交货时间可以达到短途次日交货。解决方案是通过设立区域配送中心针对重点城市和地区的有能力接整车的一级批发商和二级批发商进行直运，在大区内其他省份设立二次分拨中心来支持县、乡、镇地区开展的深度分销策略，进行更小批量的配送。

（5）货物破损率。

货物破损率 = 当月破损商品价值 / 当月发送商品总价值

这个指标用来衡量在向顾客配送过程中货物的破损率，一般最高限额是 5%，破损情况很多是在货物的装卸过程中发生的。在出货高峰期，由于没有足够的装卸力量而导致发货速度慢和较高的破损率，建议的解决方式是在销售旺季的出货高峰期，配送中心租用叉车来降低破损率、提高装卸速度。

（6）投诉次数。

承运商帮助企业将货物送达给顾客，所以承运商在和顾客进行货物交接的过程中代表着企业的服务形象，在这一过程中提供尽可能多的服务将提高顾客对企业的忠诚度，但配送中心反映顾客投诉最多的还是承运商在和顾客交接的过程中没有服务到位。针对顾客的投诉我们的建议是，企业应该细化和承运商的服务协议，在协议中明确提出帮助卸货、到货前通知顾客、代收退货等基本服务以及今后可能存在的代收货款。

表 6-4 为物流采购量化管理考核表。

宫老师说

追求准时快柔，量化管理永不止步。

表 6-4　物流采购量化管理考核表

物流采购量化管理考核表									
部门：物流部		职务：部门经理		姓名：		满分：100		考核月份：　月	
指标类别	目标任务	关键指标	完成期限	评估标准	评估来源	所占权重	自评	上级评定	完成情况及加减分原因
经济指标（15%）	实现月度配送目标	当月配送计划完成率 100%	盘点时间	计划完成率每下降 1%，扣 0.5 分	财务部	5%			
	运费控制目标	物流吨均运费（含厂车）	当月考核	高于标准费率（每吨平均运费），每高出 1%，扣 0.5 分，反之奖励 0.5 分，总奖励分不超过 1 分	副总办	10%			
管理指标（65%）	配送及时率	客户零投诉	月度考核	投诉一次扣 2 分	副总办	10%			
	承运商维护	1. 约见承运商 2 次 2. 走访优质物流公司 5 家	月度考核	1. 低于 2 次，每少 1 次扣 2 分 2. 低于 5 家，每少 1 家扣 1 分	副总办	10%			
	运营管理	1. 费用核对及时、准确 2. 厂车事故率为零	月度考核	1. 延迟 2 天以上，每多 1 天扣 1 分，核对错误每次扣 2 分，重大错误扣 5 分 2. 事故发生 1 次扣 5 分	财务部	10%			
	仓库管理	1. 每月盘点 1 次，账物相符 95% 以上，有盘点报告 2. 及时清理退货及更换包装，无投诉 3. 没有放错库位现象 4. 安全检查有记录，发现问题及时整改	月度 / 年终考核	1. 盘点延迟 1 日扣 1 分，未盘点扣 2 分，无盘点报告扣 1 分，账物相符低于 95%，每低 1% 扣 1 分 2. 投诉 1 次扣 0.5 分 3. 无差错，发现 1 起扣 2 分 4. 月度安全检查少 1 次扣 2 分	副总办、财务部	10%			
	报表报送	1. 报表准确率 100% 2. 各种费用单据按规定时间及时上交	月度考核	1. 报表准确率每下降 1% 扣 1 分 2. 延迟 1 天扣 1 分	副总办、综合管理部	5%			

（续）

指标类别	目标任务	关键指标	完成期限	评估标准	评估来源	所占权重	自评	上级评定	完成情况及加减分原因
管理指标（65%）	团队建设	1. 5 日上交部门计划、工作总结 2. 操作技能、岗位培训年度完成 13 小时	月度考核	1. 未上交工作计划、总结扣 5 分；延误上交每天扣 1 分 2. 每月培训低于 1 小时扣 2 分；无培训扣 5 分	副总办	10%			
	部门员工绩效管理	严格按照岗位工作标准组织员工考核	当月考核	1. 未对照岗位工作标准考核扣 1 分 / 项 2. 投诉 1 人扣 1 分	综合管理部	10%			
指令性指标（10%）	公司委派的其他工作事务	委派工作完成率 100%	当月考核	每少 1%，扣 1 分	综合管理部	5%			
	副总临时性安排的任务	任务完成率 100%	当月考核	每少 1%，扣 1 分	副总办	5%			
计划性指标（10%）	回单闭环	当月收回上月回单 80%	次月考核	收回率每下降 5%，扣 0.5 分；反之加 0.5 分	物控部	5%			
	《物流运输服务合同》签订、续签	1. 当月完成 8 家重点承运商的签订、续签 2. 今后新合作承运商必须签署标准合同	当月考核	1. 签订、续签每少一份扣 1 分 2. 新承运商无合同，运作一次扣 5 分	副总办	5%			
合计						100%			
考核说明		考核总得分 = 20% × KPI 考核自评分 + 80% × KPI 考核上级评分				最终得分			
考核表格确认		直接上级签字				员工签字			

第七章

MRO

维护维修运营

一、MRO 品类概述

（一）MRO 定义及类别

MRO 为 maintenance，repair & operation 的简称，具体指维护、维修和运营设备相关的物料和服务。MRO 支出通常位于间接采购支出的前 3 名。MRO 优化后会给企业带来巨大的商业利益，如果管理不善，则会给生产连续性带来风险，并消耗大量的运营资本。

MRO 模式源自欧美，20 世纪 90 年代末传入中国。中国的 MRO 采购发展非常迅速，日益得到企业的重视。美国有一项对 MRO 采购的调查报告显示，MRO 采购占企业间接采购成本的比率平均为 26%，最高达 63%。

在使用过程中，大家常常对 MRO 品类有不同的理解。有的企业叫工业品，有的企业把直接材料之外的都叫作 MRO，有的企业只把为生产服务的叫作MRO，不包括办公用品。本书中，MRO包括办公用品。

表7-1给出了一般的MRO采购的定义及分类方式。

表7-1　MRO采购的定义及分类方式

<table>
<tr><th>范围</th><th>定义</th><th>分类</th><th>举例</th></tr>
<tr><td rowspan="4">维护（保养）</td><td rowspan="4">定时维护设备或设施</td><td>机械类</td><td>轴承、联轴器、机械传动及维护、气动元器件、液压元器件、液压工具</td></tr>
<tr><td>电气、自控类</td><td>低压电器、电气设备、电缆、电线、灯具、光源、照明设备、声光信号装置、动力源、电源</td></tr>
<tr><td>耗材</td><td>各类润滑油脂、皮带、切削液</td></tr>
<tr><td>其他</td><td>非标备件</td></tr>
<tr><td rowspan="4">维修</td><td rowspan="4">紧急维修设备或设施</td><td>工具类</td><td>各类手动工具、电动工具、气动工具、电子工具、焊接工具、管道工具、起重测量工具</td></tr>
<tr><td>辅助用品</td><td>工业胶带，安防、消防、防暴器材</td></tr>
<tr><td>仪器仪表</td><td>电气测量、分析仪器、实验仪器、其他仪器</td></tr>
<tr><td>耗材</td><td>砂纸、铜皮</td></tr>
<tr><td rowspan="5">运营</td><td rowspan="5">维持企业日常工作的物料</td><td>仓储物流</td><td>搬运设备、起重设备、货架、周转箱小推车、包装设施和材料</td></tr>
<tr><td>工作场所控制</td><td>静电控制、环境监测及清洁、无尘室用品、化学品泄漏控制</td></tr>
<tr><td>劳动防护用品</td><td>员工安全防护、应急救援设备、PPE、安全锁具、安全标识、道路交通相关用品</td></tr>
<tr><td>办公用品</td><td>文件柜、文件夹、纸墨、打印设备</td></tr>
<tr><td>其他</td><td>环保设施</td></tr>
</table>

（二）MRO采购特点

MRO采购的特点及挑战如表7-2所示，采购专业人员在MRO备件方面面临的最大问题是所涉及的产品种类繁多，时常出现独特的不可预测的需求。即使是相对较小的生产设备也可能在某个阶段需要轴承备件、动力传动部件、气动和液压元件、化学品和润滑剂、紧固件等，需要过滤、加热、通风等。

表 7-2 MRO 采购的特点及挑战

需求特点	供应商	采购管理
1. 一次性采购多 2. 定制产品多 3. 紧急需求多 4. 品类杂而多 5. 合规性要求高 6. 及时响应要求高 7. 对生产影响大，可直接造成停线	1. 经销商、代理商多 2. 供应商规模小 3. 单一采购金额低 4. 能力强的综合性供应商少 5. 供应商成本结构不清晰	1. 采购不专业，使用部门常主导 2. 采购透明度低，容易滋生腐败 3. 管理层不重视，采购缺少话语权 4. 需求较为分散，缺少协同和经验分享 5. MRO 的量化管理不充分

然而，MRO 清单并没有就此结束。工业用品、电气产品、过程控制和仪表、管道、阀门和配件、卫生和安全用品、泵、电机和移动设备备件在某些阶段也可能需要。大型制造设施拥有数千个并不少见、独特的库存单位（SKU），其中许多是复杂的，只用于特定的工厂设备。

MRO 的采购可能会因用户偏好而变得更加复杂——无论是零部件还是品牌——这往往是来自不同工程师的情感依恋。

MRO 的支出通常分布在多个站点的许多产品类别上，这不可避免地导致库存的重复，从而导致营运资本被不必要地绑在维修备件上。

MRO 采购也经常陷入“以防万一”的心态中，备件被保持不必要的数量，以避免在断线的情况下等待的风险。同时，全面缺乏流程控制可能会导致那些最终不对现金流控制负责的人“特立独行”的支出。

对于许多公司来说，SKU 的数量之多是需要解决的问题，它们有大量的供应商，其中一些供应商可能提供相同的产品。MRO 管理流程，包括采购、订购和库存管理，通常是分散的，这意味着采购实践和流程在不同地点之间可能有很大的差异。在这些情况下，零件编号级别信息通常不一致或不完整，而零件编号通常没有通用的格式，相同的项目以许多不同的方式在相同的甚至不同的系统中识别。事实上，跨工厂的有效数据管理是一个主要挑战。最后，MRO 采购历史上涉及大量的“现货购买”，计划外购买库存中没有设置的项目。

MRO 是采购中最麻烦的一个品类，其特点是小而杂，急而繁，无论投入多少人力，都不太容易看到大的产出，这主要体现在以下方面。

第一，紧急采购任务太多，缺乏计划性。使用部门在做计划时往往不考虑采购的时间，导致采购申请单都很紧急。一旦没有及时把物资采购到位或者买到假货，采购部门极易被使用部门投诉，出力不讨好。

第二，品类太多，采购价格不透明，采购不容易管控。从抹布到设备耗材，从备件到化学药剂，从劳保用品到五金工具，有相当一部分是一次性采购，不具有重复性。所以采购人员每天都在未知的领域里遨游，很难成为专家。

第三，在需求规格上，内部客户经常描述不清楚。很多时候，采购都需要二次确认。而且由于规格不清楚，最后的验收就缺乏标准，只能靠人为判定，因此经常会在结果上出现争议和扯皮的现象。

第四，使用部门存在主观偏好。很多时候使用部门与供应商沟通后，向采购指定品牌、指定代理商，但是出了问题都让采购背锅。

第五，采购很难取得业绩。因为每批采购的量都很小，分到每个细分品类的采购金额更少，采购缺少谈判的筹码。

第六，采购投入产出比低。工作多，需要的人员多，但是对采购的能力提升不大，因此采购的离职率相对也比较高。

第七，供应商素质参差不齐。

鉴于以上种种问题，要想将 MRO 采购管理到位，采购部门需要花费大量的时间和精力，但是又难取得亮眼的业绩。

市场研究普遍认为，中国工业企业的 MRO 采购需求约占企业产值的 4% ～ 7%，随着中国工业生产总值增速稳定，其存量市场巨大。

中国与美国、日本等成熟 MRO 市场相比，核心特点是分散繁杂，采购涉及的链条长且效率低下，以及下游工厂的信息化程度低。我国 MRO 工业品流通环节繁多，主要是从生产厂商、产地批发商、销地批发商、零售店到中小企业，一般产品要经过至少四五层交易。

未来5年中国经济虽面临下行压力，但GDP仍将保持平稳增长，PMI（采购经理指数）整体变化不大，因此市场需求整体较为稳定，MRO行业的前景还是不错的，MRO工业品B2B采购金额将持续增长。MRO工业品电商平台采购，将成为未来企业采购的趋势。MRO工业品电商的采购模式将MRO产品进行整合，使选品更方便，质量可控，产品价格具备整体优势，大大降低了采购的成本，提升了采购效率。

（三）MRO供应市场分析

1. 供应市场概述

这个行业的特点是通过代理和经销商销售，企业规模小，有些是夫妻老婆店，非常分散，质量参差不齐，价格差异较大。近几年出现了一些企业，用数字化手段解决行业痛点，代表性的企业有京东、阿里巴巴、震坤行工业超市、固买供应链、米思米、西域供应链、鑫方盛、史泰博等。某些企业发展速度非常快，比如投资人比较看好的震坤行工业超市。有些大型国有企业建立了自己的电商平台，通过电商大幅降低了企业运营成本。

2. 供应市场分析

MRO的供应市场可以从供应商类型和采购模式进行分析，表7-3阐述了MRO行业供应商类型分析，表7-4给出了MRO采购过程中可采取的几种模式。

表7-3 MRO行业供应商类型分析

制造商	经销商/代理商	电商平台
如机床设备、电器、动力轴承、电缆电线、电子电气元器件等的品牌标准件及非标的定制产品	专注于某一品类或者多个产品的代理分销，比如劳保用品、电动工具等，基本上都是标准产品	有些是大型央企、国有企业自建电商平台，有些使用第三方平台，如国内的京东、震坤行工业超市等

表 7-4 MRO 采购的几种模式

制造商采购	分销商采购	平台采购
· 从制造商处直接购买，无中间供应商 · 与每个制造商单独交易、签订合同 / 订单 · 合作对象主要是针对特定产品的制造商和 / 或特定品类的 OEM	· 特定品类的分销商提供对应的产品或服务 · 一个分销商只提供指定品类的产品或服务 · 与专门品类的分销商谈判产品成本和可能的替代产品等问题	· 通过集中采购，实现降低成本 · 通过网络配送，实现快速响应 · 通过整体外包，降低管理成本

（四）MRO 成本驱动因素

1. MRO 成本驱动因素是什么

谈到成本驱动因素，大家往往会从材料费、制造费用、管理费用等角度去考虑，确实这些是成本的基本组成部分。但 MRO 采购中影响采购价格的更重要的因素却不是这些基本要素，需求的紧急程度、标准化程度、质量要求、数量等对采购成本的影响程度显然更关键。

（1）需求的紧急程度。

用紧急和重要两个维度可以把 MRO 的采购需求分为：紧急重要、紧急不重要、重要不紧急、不重要不紧急。对于因设备设施损坏产生的维修类 MRO 需求，采购首先要保证采购到维修用配件，可能不计成本，以便尽快恢复生产。停产损失远大于配件本身的成本，往往配件越重要成本越高。

（2）需求的标准化程度。

标准化是控制采购成本的重要策略，MRO 采购体现得更明显。MRO 品类越标准化，越容易购买、集中数量、减少备用库存，越接近物料采购的成本管理。反之，非标、定制、指定的 MRO 需求，购买难、数量小、品种多，需多备库存，采购成本远大于配件本身合理成本。

（3）需求的质量要求。

配件、物料一般都是质量越高，价格越高，MRO 也不例外。质量直接驱动 MRO 的采购价格，但实际的成本则需要综合考虑。TCO（总拥有成本）在 MRO 成本管理中同样适用。例如，汽车保养润滑油基本是质量越好，价格越高，但也可能使用周期更长。

（4）需求的数量。

MRO 往往很难有像生产物料采购那样的批量，因此数量对成本的影响非常大。采购实践中，应尽可能集中数量，增加谈判砝码，降低成本。不管是需求标准化、集中采购，还是联合采购，都是通过数量的增加来挖掘降本机会。

（5）其他驱动因素。

MRO 具有复杂性，不同的行业、不同的企业也有其他一些成本驱动因素需关注。例如，批量小、复杂度高的，专门设置采购人员去采买，人力费用可能会大于 MRO 物料本身的价值。如果采购人员不专业或是 MRO 物料本身市场不透明，也容易导致成本虚高。

2. 通过支出分析寻找 MRO 成本驱动因素，挖掘降本机会

基于上面阐述的 MRO 成本驱动因素，实践中需精准找到关键因素，有的放矢合理控制。MRO 的复杂性不言而喻，怎么才能找到这些驱动因素，抓住关键点呢？我们可以通过对 MRO 的支出进行分析，厘清过去花费，预估未来支出，挖掘成本节省机会。支出分析的结果可以用于预算制定、降本计划、合规性审查、供应商关系管理等。

（1）厘清过去花费。

- 数据提取：从 ERP 或其他采购系统中提取 MRO 的采购数据。
- 数据整理：对 MRO 数据进行整理，剔除不合适的或重复数据。
- 数据分类：基于 MRO 类别分别按照供应商、部门进行数据分类。
- 访谈澄清：根据分类数据向业务发生部门进行澄清，确保数据与实际业务相符。

（2）预估未来支出。

根据企业发展规划，制定预算：考虑未来实际业务开展，结合过往数据，预估未来支出。

（3）挖掘成本节省机会。

- 整合支出数据，了解支出状况。
- 各细分品类支出：保养类、维修类、运营类及更细分类支出。
- 各供应商支出：数量、历史采购额。
- 各使用部门支出：业务实际发生状况和支出符合性。

（4）建立成本改善基准。

基于成本驱动因素，分析问题点，寻找改善前后差异点。

（5）整体成本数据。

- 有效控制紧急采购。
- MRO 品类标准化，减少品类数量。
- 运用 TCO 评估质量的适合性。
- 寻找集中联合等提升采购数量的降本机会。
- 进行外包或第三方采购的可行性分析。

（五）MRO 采购流程关键控制点

MRO 的复杂性造就了其采购的困难程度，越是难度高的采购越需要明确的采购流程。采购人要像爱护自己的眼睛一样爱护采购流程。

从前面的 MRO 采购的特点中我们也体会到了采购人在 MRO 采购中的痛点，采购流程的每个环节都很重要，但是大家关键要控制好需求管理。

1. 控制需求产生

MRO 品类繁多，维修类的配件要作为重中之重。如果能控制维修量、控制设备故障就好了，因此作为采购要关注设备管理，通过维修保养降低故障率就很关键。一辆汽车定期保养，平时故障率自然较低，设备同样如此。通过 TPM 设备管理，将可能的维修配件采购变成保养配件采购，采购难度、成本就会得到很好的控制。

运营类 MRO，往往随个人喜好，会产生各式各样的需求，因此标准化就非常重要，同时也要将非标、定制配件需求尽可能转化为标准化需求。

2. 做好需求识别与描述

MRO 需求描述不准确，就会在采购过程中造成相关部门的扯皮，其实扯皮也要扯同样“一张皮”，这“一张皮”就要通过准确的需求描述呈现出来。需求描述力求表达准确，保证需求方、采购人、供应商、验收人等理解一致。例如，采购打印机，就要明确品牌、采购数量、规格型号，甚至用途、使用寿命等，总之越详细越明确。

3. 相关方需求

MRO 采购过程中涉及的相关方很多，包括申请人、使用人、采购人、验收人、保管人、供应商等，大家的需求往往不一致，管理好大家的需求同样很重要。

申请人：希望越简单越好，走个流程而已，不太考虑申请的准确性、描述的精准性。

使用人：需求个性化，用得方便，简单明了，少出问题。

采购人：作为统筹人，满足各方要求。

验收人：按照标准验收，合格就通过。

保管人：维修、维护、保养尽可能简单，少找麻烦。

供应商：多赚钱，少找麻烦。

平衡好相关方的需求，需要采购具有超强的统筹协调能力，哪一方不满意都需要采购去解决。

总之，做好 MRO 需求管理，MRO 采购就管好了一半。其他的流程节点不是不重要，只是需求明确了，各环节按流程处理就相对容易了。图 7-1 给出了 MRO 采购流程的关键控制节点。

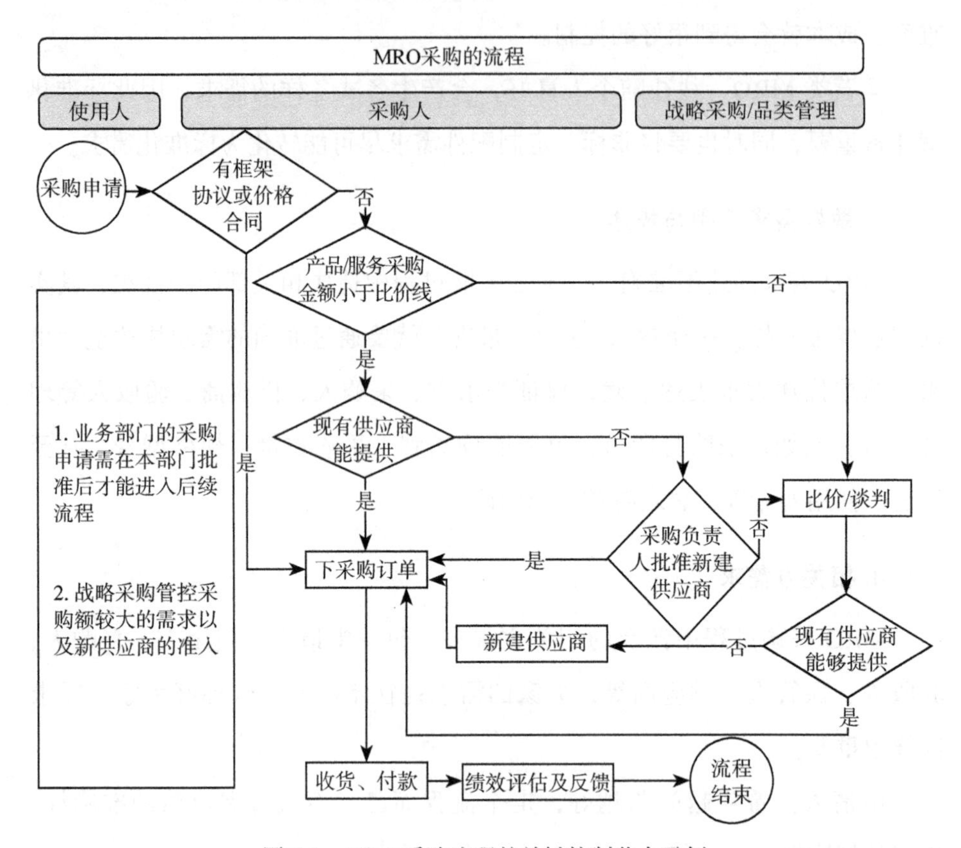

图 7-1 MRO 采购流程的关键控制节点示例

（六）MRO 常见采购策略

MRO 物料通常是一些低值易耗的商品，其种类繁杂而且采购量不定，因此在采购和库存管理上与 BOM 物料也有着较大的差异。在采购 MRO 物料和管理供应商的过程中，通过制造商采购的人员可以通过把握 4 个要素去争取更好的价格和服务。

1. 抓取年度总数量

数量就是力量，这是谈判课程中基本的原理。买方的采购批量是买方在谈判中的最大优势，具体如何合理运用这个优势，取决于不同的采购战略。对于BOM物料，特别是对大型OEM/ODM厂商来说，其采购批量上的优势是相当明显的。为了维持价格的竞争性，同时也为了分散风险，BOM物料常常要维持两到三个供应商。

至于MRO物料的采购，却出现了相反的情况。MRO物料通常都是低值物品而且品种繁多，单项商品的采购规模并不一定很大。如果仍然采取分散采购，则是自己削弱自己的优势。这种情况下可以将同类商品，甚至不同类的商品进行合并采购，从而提升谈判的优势。

试想，如果某个厂商有近千项年采购量在几千元左右的商品，单独采购各项产品将没有一项可获得采购优势，而且因为要与数百个不同的供应商交易，厂商的采购成本也是相当高昂的。但是如果这千项物品集中从一两个供应商那里采购，该厂商就是年采购额数百万元的大客户，没有一个供应商会忽视该客户的存在。

2. 开发综合性供应商

如果我们要合并采购项目，MRO供应商不一定是物料的制造厂商，也不一定是庞大的机构，有时一个具有综合能力的中小型公司可能更能满足买方的需要。

对单一物料的制造商而言，单一客户的采购量未必很大。虽然它们具有成本优势，但其提供给买方的未必就是最好的价格，并且它们很少单独为某一客户储备大量的库存。而大机构由于本身制度，也不会为每个客户储备库存，并且交货的速度往往更慢。

相比之下，通过服务灵活的综合性供应商进行采购时，买方庞大的采购批量往往能够获得特别的折扣，它们可以要求供应商储备一定的库存，从而将自己的库存削减到最小。当买方出于转产或产量波动等原因而取消某些物料的采购订单时（这点对 OEM 来说是非常常见的），因为大部分库存放在供应商那里，这部分损失买方可以和供应商一起分担，而且供应商还可以通过自己的销售渠道把这些多余的库存销售给其他客户。在供应商库存管理的支持下，柔性生产和 JIT 生产在物料供应上也就有了保障。

不仅如此，供应商通过增加库存和提供额外服务等手段，也可以与大客户结成相当紧密的伙伴关系。供应商通过大批量的商品进出，实现薄利多销的目的；而当客户有其他的需求时，它们也往往会成为首选供应商。这实际上是一个双赢的局面。

3. 尽可能本地化采购

运输的时间和成本在 MRO 物料采购中的影响不可低估。物料的交货期中大约有四分之一的时间被用在了运输上。由于 MRO 物料大部分是低价值产品，长途运输无疑将增加采购的成本，有时甚至可能超过物料本身的价值。

实际上很多厂商都注意到了这一点。例如，某品牌手机厂在建设北京经济技术开发区的星网工业园工程中，也邀请了北京某科技有限公司。该手机厂的主板、电池、机壳等主要物料供应商也在开发区建了厂。在整个星网工业园中，手机厂的物料可以做到随用随取，基本实现了零库存。

珠三角地区也已形成一个比较完整的产业链，良好的交通网络使产品一天之内就可以送达，这也是电子厂商喜欢将生产基地建在那里的原因。以上例子应用到 MRO 物料的采购上也是一样的。

4. 数字化赋能

数字化的应用无疑可以提高企业使用各种资源的效率。对 MRO 物料的采购管理来说，数字化采购管理系统的应用可以提高运作的速度，减少出错率，增强计划的准确性，从而降低采购成本。

但必须注意，数字化并不是万灵药。对于BOM产品和其他与产量关系较密切的产品来说，应用数字化采购系统确实可以提高效率，但对于其他杂项商品，如果不加区分地以数字化强行套用，可能会适得其反。

MRO采购的管理实践中，采购通常对采购品类进行划分，总结各类别的特点，制定适合的采购策略。

（1）如表7-5所示，将MRO品类分为非标品、标准品、长尾产品，采购金额占比分别为51%、39%、10%。仅供采购同行参考。

表7-5　MRO的品类规划方法

MRO品类	采购金额所占百分比	技术难度	特点
非标品	51%	高	非标定制件项目采购时，常出现专业要求高、数量和金额大的非标定制需求，项目采购均为计划性采购，例如定制刀具、专用设备备件、产线改造等
标准品	39%	一般	标准品多为代理商销售，有品牌商指定的专业渠道供货，比较容易按计划采购，如油品、仪器仪表、电动工具、劳保安防等
长尾产品	10%	不确定	种类繁杂，采购量小，多从中小贸易商处采购，可计划性差，个性需求多，杂项产品多，品质参差不齐，现在的趋势是从电商平台采购

（2）表7-6则把MRO采购分为标准件、定制件、专用备件，并且总结了相关备件的特点，供大家制定采购策略时参考。为了将MRO采购准确地分成上述三个类别，采购团队需要进行跨部门的沟通，与本地采购人员、设备维修人员、生产部门员工，甚至供应商等一起评估，以确保绝大部分的采购项目能够分配到相应的类别中，从而制定出合适的品类战略。

表7-6　MRO的品类规划方法

标准件	定制件	专用备件
标准件的供应市场多为充分竞争的市场，供应商是经销商、代理商或电商平台，只有较少的部分从制造商处直接购买，例如工业气体等	此类产品服务既可以从品牌制造商处采购，也可以从本地制造商处采购，多为直接采购，极少数通过中间商，例如设备改造、生产治具等	由于知识产权保护，通常只能从设备原厂商处购买，并且常常有备案机制，采购比价降本较为困难

（3）图 7-2 则给出了 MRO 采购的二维四分法，用更换频率和生产影响将 MRO 采购四分，确定供应商管理库存、现场适量库存、按需采购、按计划采购四项基本策略。

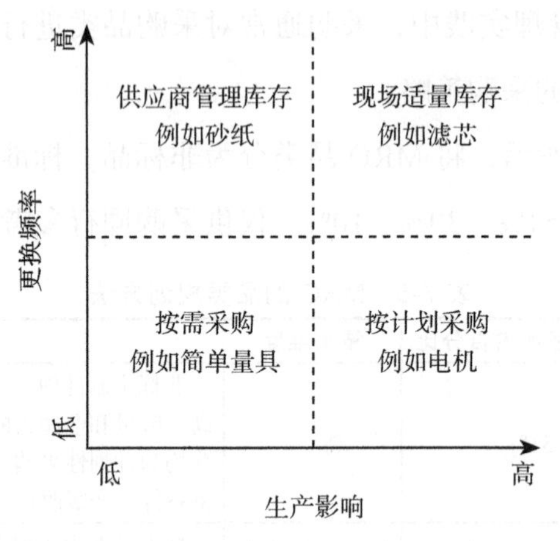

图 7-2 MRO 备件的采购策略举例

（4）如表 7-7 所示，使用 ABC 分类法，运用 20/80 原则，将 MRO 采购分为 A、B、C 三大类，并制定相应的采购策略。

表 7-7 MRO 采购分类方法

备件类型	定义	库存策略
A 类	采购金额高，种类少，金额约占总品类的 70% ～ 80%	1. 库存可控制为 1 件或者无库存，由供应商管理库存 2. 根据功能重要性、响应时间、生命周期、成本等要素评估是否为关键备件，如为关键备件，则备库存
B 类	采购金额中等，种类数量中等	根据所需服务级别，确定安全库存
C 类	采购金额低，种类多，品类约占总品类的 70% ～ 80%	根据历史数据和生产计划来确定安全库存

（5）下面提供了一些常用的 MRO 采购策略，采购同行可以结合自己企业的特点在管理实践中灵活运用。

- 对于指定的要求，要调查有哪些品牌是可以满足的，如果可以互换则需考虑总持有成本的诸多因素，例如购入成本、使用成本、维修成本等。

- 一旦某一备件用于某一特定要求，确保同一型号用于所有工厂。
- 整合组织内同一产品使用的不同型号，降低复杂度。
- 可以从供应商的建议开始看哪些型号可以替换。
- 组织需要有使用替代产品的流程或政策。
- 与常用和战略供应商签订框架协议。

二、MRO 采购八大痛点的解决方案

（一）需求管理难，要做好需求归一

1. 情景描述

在中国经济最活跃的省——广东，有一家 F 公司，是 3C 行业的标杆企业，年纳税额数亿元，多次创新被评优，其年度研发投入在广东省亦名列前茅。新品迭代的同时，各种设备亦在同步迭代，随着设备、工艺的增加和升级，公司 MRO 品类的复杂度也越来越高。

老盖便是 F 公司 MRO 品类的采购负责人。

2. 存在问题

刚加入 F 公司时，老盖便发现公司备品备件的管理混乱，每个部门都有提需求的权限。因为部门之间的信息不互通，就出现了“一品多名”的现象。比如，有一款“绿能工业防护除油剂”，A 部门提需求时写“机台除油剂”，B 部门写“5S 清洁剂”，C 部门则写为“工业去污剂”。提需求的人不专业，需求管理混乱，采购端也不清楚哪些部门还有库存。这就出现了采购上周刚买了一批，A 部门还没有用完，这周又按照 B 部门的请购需求再次购买的现象，不仅增加了公司的库存，在极端情况下甚至还会出现 A 部门用的时候找不着，紧急购买，B 部门买回来又很久用不上的情况，导致库存很高。

3. 解决方案

老盖也在采购行业深耕多年，一眼便看出了问题的症结所在，要解决这个问题，既简单也复杂。

简单是在于只要将需求端口集中，授权一个职能部门对口采购即可——我们称之为**需求归一**，然后通过这个部门建立料号管理。

复杂则在于，这不仅涉及公司的组织架构变动，还牵涉到众多原需求单位的作业习惯，甚至还牵涉到某些单位的利益链，推动起来会有部门墙存在，有内部力量的干扰。

老盖虽称为老盖，但他的组织协调能力绝对不是盖的。

首先，老盖对近两年的采购数据做了清洗，对类似“绿能工业防护除油剂”这样的问题需求项目进行统计，对重复需求项库存及采购金额数据进行呈现，让老板看到问题所在并意识到问题的严重性，让上层产生改革此问题的决心，此为**向上取得支持**。

有了上层的决心，接下来老盖再做**横向跨部门沟通**。

借用A部门再次提出“绿能工业防护除油剂”需求这样的机会，老盖对厂区内现有“绿能工业防护除油剂”的数量做了盘点。盘点发现，B部门的李经理那边有库存近100瓶，并且确定李经理那边近两个月不会用到。然后，他找到A部门的王经理，告知他在厂区内就有现货，如果紧急需要，10分钟内即可使用上。而对于B部门的李经理那边，则因为帮他消耗了库存，缓解了账务上的压力，李经理同样给予支持。

借此机会，老盖向他俩同时解释了出现这些问题的原因，阐述了这些问题的弊端，并且顺势传达了上层要改善此问题的决心。借助一个点，老盖迅速取得了各兄弟部门经理的支持。

最后就是要**确定一个归口部门**。

通常公司里都有仓库管理部门，有些公司仓库收到货后直接发往现场，而有些公司则设有消耗品仓、备品备件仓、化学品仓等细分专用仓库。

老盖通过与仓库的部门经理沟通了解到，设备的备品备件因为品类杂，很难备库存，所以便没有做库存管理。久而久之，需求部门在备品备件仓库领不到所需物料，就各自管理各自需求。

通过阐明事实、讲清前后缘由，仓库部门经理认为这是一件比较有意义的事情，进而同意并支持老盖提出的将需求窗口归一到备品备件仓的建议。

取得了各兄弟部门的支持，并且找好了需求归一的窗口，老盖顺势**成立了一个项目组，开了一个项目启动会**，用了不到一个月的时间，将公司的 MRO 需求，集中至仓库备品备件仓。

因为需求归一，设备备品备件仓就像公司内部的备品备件小卖部一样，厂内各部门统一到小卖部签字领货。如果遇到库存不足，小卖部统一提需求单到采购，不仅解决了前期的需求管理难问题，还顺势将重复需求、需求描述不统一等问题一并解决。这不仅减少了公司的重复采购，避免了库存成本的浪费，还提升了系统账务的准确性。

宫老师说

需求管理难，MRO 的需求管理尤其难，如何推动整合，需求归一很关键。

（二）预测计划难，要善于借助平台

1. 情景描述

年底了，老盖汇总本年度采购数据，希望能够对明年的 MRO 采购提前做些计划预测，却发现 MRO 的 SKU 品类已达到数万种，并且还有递增的趋势。公司为了规范各需求单位 MRO 需求，提前做计划储备，曾尝试自建内部采购商城，但因为内部商城品类少，公司内部使用频率并不高。

老盖也试图引导各需求单位在采购商城领用产品，但使用单位也有它的苦衷。上次生产部王经理就拿着一只电磁阀对老盖讲："类似这样的气动元件，现场设备上有几十种，我们的采购商城只备了 4V210 这种最常用的型号，其他的气动电磁阀型号都没有，设备有故障了总不能改气路改机台设计吧。"

2. 存在问题

王经理讲的也是事实，毕竟是内部企业商城，提前找到设备所有的备品品牌型号资源，并加入内部企业商城显然不现实。所以，F 公司针对非商城内的商品也开放了零购类采购端口，但随着品类的增多，零购的供应商数量也越来越多，需求预测也变得越来越难，商城外的供应商交易频率明显比较低，所以零购供应商的配合度也比较低。

这个难题要怎么破解呢？

3. 解决方案

相信"需求计划不确定，预测计划难"这样的现象不仅存在于老盖所在的这一家公司。

大一点的公司会有企业内部的采购商城，将常用的备品备件提前预测之后备有少部分的库存，更多的企业还是通过附近的贸易商解决类似的困扰。MRO 品类非常广，供应市场复杂程度高，这就导致采购端的供应商数量非常多，单个供应商的交易额却又非常低。从供应商端来讲，因为采购品类杂，单月金额小，老盖并非其优质重要客户；从采购端来讲，因为单批次数量少，金额低，采购的谈判筹码有限。

为此老盖一直在寻找全品类型的 MRO 供应商，他通过网络搜寻上海、深圳、广州的各种展会，出入各种采购交流学习活动，对比了很多个采购平台，最终，供应商 Z 引起了老盖的注意。

据了解，供应商 Z 在 MRO 领域深耕近 20 年，目前是一家平台型的供应商，横跨气动、液压、传动、电器、工具、劳保、清洁、办公用品、化学试剂、自动化配件、仪器仪表、动力工具等，产品品类有上百万种之多。

供应商 Z 在品类上初步符合了老盖的要求。

随后，Z 公司和老盖又进行了多轮的接触，从普通供应商开始合作。在确认 Z 公司的配合度及品类覆盖广度后，老盖邀请对方前来参观备品备件仓库，向其讲解 F 公司目前的采购作业流程，经过与 IT 部门深度对接，最终将 Z 公司的产品数据库直接与 F 公司的企业内部商城无缝对接。试运行半年后，零购类供应商呈直线下降趋势。

老盖通过借助外部采购平台，不仅使公司的安全库存全部由平台供应商来承担，还降低了公司的仓储成本。更重要的是，公司不再需要预测生产部门的领用计划，进行 MRO 类的备料，这不仅解决了预测计划难，还顺势解决了 MRO 长尾供应商的管理问题。

宫老师说

平台化采购，是 MRO 发展的必然趋势。

（三）需求描述难，要进行品类细分

1. 情景描述

老盖成功导入外部平台后，SKU 的品类覆盖度明显更为广泛，使用部门的满意度有了极大提升，奈何 F 公司工厂的设备机台种类实在太多，MRO 电商平台也终有自己的盲区。

今天下午，又一台关键设备控制程序出现故障，致使设备异常停机。

设备部门排查了好久，判断是电控箱内的一款功率放大器电子元件损坏，需要紧急购买这款功率放大器。

2. 存在问题

故障点是找到了，但是因为设备购买时间较早，是建厂时首批购入的，距今已经使用了15年，这15年间电子元器件升级换代，这款功率放大器已经停产。

使用部门提请购需求时，只是简单写一句“功率放大器更换”，但要换哪个品牌的功率放大器，从多少功率放大到多少功率，新产品的对应型号规格是什么，这些具体的描述信息均没有。问需求部门，需求部门说，因为年代久远，故障配件上面的品牌、规格等信息均已经无法查看。

3. 解决方案

只知道要购买的物品名称叫功率放大器，就好比老板说“去买辆汽车”，如何下手？是买奔驰还是买奇瑞？买高配全时四驱的还是买电动省油环保的？排量需要多大？空间需要几座……完全两眼一抹黑，这样的需求描述无异于让采购大海捞针。

采购怎么办呢？

通过快速调取资源，不停地给使用部门做选择题；通过不断缩小范围，最终确定需求部门要的是哪根针！我们将其称为**品类细分**。

要做品类细分，就要先找到会品类细分的人。此人可能是内部工程技术人员，也可能是外部供应商。

本案例中，因为产品使用的特殊性，内部工程人员首先运用“3现”原则（现场、现人、现物），快速查看此功率放大器上面的一些参数信息，如果上面有相关字符，快速拍照，并通过联络设备原厂商，尽可能收集获取此功率放大器的备件货源。

可是很不巧，此设备原厂在日本，经过两三轮的跨洋沟通，设备厂家那边确定没有备品备件，但此功率放大器的原品牌、规格、型号找到了。

通过一些平台资源，老盖快速找到了此品牌的中国区网站，并想方设法联络上了品牌方的工程师，他们对此品类有着专业的认知——接下来就是让需求部门做选择题了。

工程师与需求部门远程电话对接，首先确认使用设备的名称，然后工程师询问功率放大的区间范围，继续确认工作环境、工作节奏、配件接线端口、设备电流电压……各项参数一顿选择猛如虎，需求描述变清晰。

配件品牌商快速匹配了可替代原旧型号的新款功率放大器，现场确认之后，采购快速走完核价流程，穷尽一切办法，将配件调拨至生产现场，当天内使故障设备恢复了生产。

不同的使用场景，有不同的需求参数，通过不断累积，久而久之，我们可以建立内部的品类细分模型，以便于在没有找到相应工程师前，可以内部进行需求描述的确认。

宫老师说

三招模糊变清晰：品类管理 + 采购标准 + 线下澄清。

（四）供方评审难，要考虑品类覆盖

1. 情景描述

PPE（个人防护用品）因为使用频率高，采购数量大，采购金额相对可观，一直是 MRO 采购中的一个重要品类，对 F 公司来说也不例外。

其中有一款线纱手套，每个月采购量达到数 10 万付，更是被各路“神仙”所惦记着。

上个月，有位自称下岗职工再就业的小张，前来找老盖的领导，上来就是一番讲述。大致情况是小张下岗后就业不成，便自行创业，开了一家手套加工厂，希望在达到 F 公司手套品质要求的基础上，能有一些合作机会。

因为创业初始，企业规模小，管理成本低，从单价上来看，该加工厂的确有一定的竞争力，且手套这种消耗品技术含量也不高，于是领导就安排老盖对此供应商做个评估。

2. 存在问题

老盖接到指令后，前往供应商处进行实地考察。

如前期所讲，小张原本在一家手套厂做生产车间主管，因为单位的效益不好，去年倒闭了。但小张在这家公司工作了5年，最熟练的谋生技能就是生产线纱手套。原企业倒闭后，他曾尝试重新找工作，却因行业不熟悉而被拒绝，和老婆一沟通，索性一咬牙，将原工厂的生产设备给买了下来，便开干了。

了解手套生产工艺的朋友都很清楚，线纱手套的生产流程相对比较简单。随着设备技术的升级，线纱手套生产设备已经实现了全自动无人化生产，小张只要买好线纱纺线原料，调试好手套编织机，机台就可以吧嗒吧嗒地编织起手套来。所以，在百十多平方米的厂房车间内，老盖能看到的只是3台手套编织机，另有一堆原料和库存。

供应商规模小，是夫妻老婆店，没有标准，不好评审，怎么办？

3. 解决方案

类似小张这样的MRO类供应商，市面上有很多，特别是一些五金劳保贸易行。

在市场经济浪潮中，存在即有其合理性，任何一家企业都是由小到大发展而来的。单纯从价格上来对比，小张有一定的竞争优势，并且因为规模小，在一些紧急突发性需求处理中，交付响应及时度高。在F公司发展的初期，很多这种类型的供应商与F公司同成长、共发展。

不同时期的企业，需要匹配不同的市场战略及供应链战略，供应商评审时，亦要考虑合规性以及**供应商的品类宽度（即品类覆盖程度）**。

此时的F公司在3C行业中已经略有品牌影响力，需要重视企业社会责任以及员工劳动保护，在PPE的供应商选择上，需通过相关国家标准及来源合规，重视产品质量控制的稳定性以及检测报告的齐全性。

小张的加工厂还处于初级发展阶段，为了应对市场竞争，虽然做了第三方的产品性能检测并出具了报告，但报告仅限于所提交的样品。在现场审核中，老盖并未看到小张关于线纱进料检验的相关检测报告，并且加工厂生产过程中无人值守，每批次手套生产完后才会有人对手套的针线密度、跳帧节点做目测检查，出货检验报告也有部分缺失。老盖最终判断，小张的产品质量控制流程还不完善。

同时，小张的加工厂目前只有几款手套正常生产，而F公司仅PPE防护用品就有几十个SKU，如果仅为几个SKU就要开发一家供应商，那么整个品类的供应商管理复杂度就增加了，所以小张的品类宽度还不够。

基于F公司目前的发展阶段，小张想进入F公司的供应商体系还需要继续努力完善自身。

但为了支持小张企业的发展，老盖也介绍了与其企业发展阶段相匹配的几家民企采购经理人给小张。同时将小张引荐给Z平台，通过平台对小张系统性的供应商辅导，有望加入Z公司的供应商库中，匹配更多小微企业的发展。

宫老师说

品类覆盖度越广，越方便整合需求，降本空间越大，供应商管理难度越低。

（五）价格对比难，要重点关注时效

1. 情景描述

在MRO领域里，还有一个细分品类是工装夹具类。

工装夹具是设备、工艺上的辅助用具，通常由机加工件、气动液压、电控传动等机构组成，在精益生产以及自动化设备上使用较为频繁。

今天，制造部老张又提了一副装配治具的需求。老盖了解到，这是用于一款产品上面的插销导入，目的是减少人工打插销的错误率，提升装配效率。

按流程，老盖安排了三家工装夹具类的供应商前来。对需求进行充分了解后，三家供应商回去设计方案，并提供报价。

2. 存在问题

三天后，三家供应商都提交了各自的报价及设计方案。

供应商A报价5万元，供应商B报价4.3万元，供应商C报价3.5万元。

生产性物料可以对报价成本进行分解，对所购买的产品进行料、工、费分析，这种工装夹具类如何做价格对比呢？

3. 解决方案

长期稳定性物料，适合用料工费模型进行成本分析。

临时非标类需求，更多通过品质、时效做最终分析。

本案例中的工装夹具类需求，属于典型的临时非标类需求，在选择供应商做价格对比分析时，不能用传统的成本分解来分析，更多需要关注供应商前期配合度、工装夹具的结构设计、机构配件质量、交付及时性等。

回到此案例。

老盖对三家供应商的方案做展开分析，发现供应商C从成本上看价格最优，从机构节拍动作上看，约10秒可以完成一个节拍循环，使用的配件较为经济，大部分为本地小众品牌，设备制作周期约一个月，质保期为一年。

供应商B的价格适中，夹具的结构设计和供应商C的比较接近，动作同样需要10秒一个节拍循环，采用的主要电器配件为我国台湾产，硬件配置相对供应商C有些提高，制作周期同样为一个月，质保期为一年。

供应商A的价格最高，但是从夹具的设计上来看，采用的是模块化设计，部分组件采用的是日本知名气动成套商生产的，整套动作循环5～6秒一个节拍。因为是模块化制作，很多部件是市场上可购买的标准品，所以制作周期相对较短，只要半个月，质保期同样是一年。

经过对三家供应商夹具方案的展开分析，老盖发现供应商A虽然价格高了约20%，但是它的产能却比供应商B和供应商C提升了一倍，关键是交期还快，提前15天交货所产生的价值足以收回此治具的成本。此轮价格对比，最终老盖选择了供应商A。

宫老师说

天下武功，唯快不破；用成本换时间，用时间换价值。

（六）部门协同难，要沟通整合需求

1. 情景描述

F公司有十来家工厂。每家工厂都有EMC测试，使用的供应商大概有十来家。每年EMC测试的需求非常多，毕竟现在市场蓬勃发展，新产品开发不断。

2. 存在问题

F公司一年花在这上面的费用大概有数千万元。因为每家工厂独立核算，缺少内部沟通、跨部门协同，导致每家工厂都倾向于选择自己周边的测试类供应商，但是采购额分到每家供应商就很少了。

因此，各供应商对公司的需求不是很重视。在需要紧急测试的时候，各供应商都不会将此类需求放在重要的位置上。这样导致的问题是，工厂急得要死，找采购投诉供应商去加急，可采购对供应商根本没有什么影响力。

对于采购来讲，最好的状态就是集中所有的需求，让一家供应商来提供所有的测试服务，这样才能对供应商产生最大的影响力，自然也能够获得最好的价格和服务。只是，通常不同的客户可能会指定不同的实验室来做EMC测试，加上服务要求的及时性和本地快速响应，完全整合需求让一家供应商来测试也不是很现实。

老盖已经被这个问题困扰很久了。

3. 解决方案

老盖这个问题始终没有得到解决，然后他就被临时换到其他的岗位去了。

公司安排了新来的小汪负责这类物料的采购。小汪的采购经验非常丰富，做过很多的品类。没过多久，他就开始做自己负责物料的支出分析，很快发现了这个问题。

经过和领导沟通之后，他就开始了自己的工作。

首先，他找出排在前三的需求部门，掌握它们的采购额、常用的供应商等信息。

然后，他联系所有工厂，和领导们沟通，逐一成立 EMC 测试中国技术中心，重点完成下列工作：

- 互相分享经验，统一认识。
- 进行价格对标。
- 统一进行供应商的审核评估。
- 对客户认可或者指定的实验室进行全面了解。
- 一起制定谈判策略。

通过大家的努力，最后选定了三家供应商，百分之百地覆盖工厂所有的需求，并且实现了 15% 的成本节约。工厂领导非常满意。

为了保持这个结果，技术中心会定期召开沟通会议，看看执行的效果、存在的问题，同时找到解决方案。

宫老师说

整合需求，就是沟通沟通再沟通，沟通才能协同，用态度沟通，用方法沟通，用工具沟通。

（七）流程控制难，要巧用授权管理

1. 情景描述

仓库正在用6吨柴油叉车搬运一卷不锈钢料，突然，尾部冒了一阵黑烟，车辆熄火了。

司机王师傅从叉车上跳了下来，检查了发动机，查看了错误代码，摆动两下接线插头，确认因某根线路故障无法启动后，直接掏出手机，拨通了叉车维修商A李老板的电话：

“喂，李老板，我们叉车又熄火啦，我看了一下，好像是连接线的问题，你现在有没有时间？”

“王师傅，我准备一下，半小时就能到。”

“好，你准备一下材料，我让采购马上通知你。”

“好的，感谢王师傅。”

“都这么熟了，客气啥！”

“老规矩，我懂的。”

接着司机又打通老盖下面的采购员小张的电话。

“喂，小张，仓库叉车正在搬运钢料，突然发生故障了，钢料还在叉车上呢，前方生产等着使用，需要紧急安排供应商过来维修，你看怎么处理？”

“好的，我马上通知两家叉车维修的厂商过来检查。”

小张通知了叉车维修商A、叉车原厂品牌商B两家，请其前来检查故障原因。

半小时后，王师傅又打电话给小张。

“小张，你效率真高！你通知的供应商A李老板过来检查后，查到是控制器和线路板故障，刚好他的维修包里带着备用的板子，现在已经修好了。费用部分你们自己谈，我就不参与了。”

“这么快？另外一家供应商B有没有过来？”

“没有看到。”

小张再打电话给原厂商B，原厂商B说他们还没出发，现在正在另一个客户的现场，估计还要两小时才能到。因为问题已经解决，小张便通知B不用过来了。

第二天，供应商A将报价单发给小张，因为叉车已经修复，在运行使用，采购的议价能力非常薄弱，捏捏鼻子就把报价单送签了。

2. 存在问题

供应商A是一家小门面店，主要做一些手拉叉车的买卖。因为F公司历史遗留的管理问题（原叉车维修是总务在负责），在某次机缘巧合下，供应商A做成了F公司的叉车维修生意。后来，F公司各部门的叉车维修转由间接采购部门统一管理，但因为单批次金额小，发生情况紧急，年度总采购额低等，并没有引起老盖的重视。

但是在管理叉车维修的这半年，他发现每个月总有那么几次紧急维修发生，且大部分时候都是供应商A维修速度最快，而每次费用总是大几千不等，一个月下来也有好几万元，半年的维修费都可以购买一台新叉车了。

他就找小张了解从现场报修到完成维修的详细情况。

听完后，他总觉得哪个流程环节好像有点问题。比如，供应商A维修更换的配件是不是必须要更换的项目？所采用的配件是否原厂配件？报价是否合理？为什么急单一发生，供应商A总能第一个到现场？是不是冥冥中和现场有什么关联？

但老盖又没有证据。

3. 解决方案

思前想后，他觉得是采购流程控制上出现了问题。

他让小张将品牌原厂商B约过来聊一聊。

原厂商B过来了。经过简单沟通，原厂商B对老盖说，我们公司因为是官方维修服务商，每日比较忙，主要是在各种客户那里做叉车的循环保养点检。但是如果F公司和我们签订年度保养协议，我们就会安排专属维修服务人员，这样响应速度会快一些。

随着沟通的深入，老盖发现原厂针对他们自己品牌的叉车，有一项年度整包服务。服务流程为先对叉车做全面检查，根据叉车的现况，确定年度总包费用，在1.5万～2万元/台。一个周期年度内，叉车出现任何故障，包人工、包配件，4小时内响应，年度周期内不再收取任何费用。

2万元一台？现在一个月的维修费都赶上3台叉车一年的整包费用了。听到此方案，老盖突然眼前一亮，顺势将自己公司的叉车数量拉出来，和原厂商B做集中谈判，最终争取到了驻厂专属维修员（一个维修员负责F公司周边10分钟车程内的一个片区）。

在与原厂商B签订完年度总包合同后，老盖顺势将叉车的维修流程做了修订：每年年初，采购部着手对公司的30台叉车维修做年度招标，当年度中标企业负责F公司一整年的叉车维修。在合同期间内，任何一个部门的叉车有故障均可直接联络原厂商B的驻厂维修员，现场的每个司机都可以正大光明地打电话给原厂商B，且响应时效以分钟计。

因为与原厂商B签的是年度整包合同，所以他们对叉车的使用状况、性能比F公司的使用者还了解，定期前来对叉车做检查，将一些小故障小问题消灭在萌芽状态。并且因为使用了原厂配件，叉车的使用寿命也更长。遇到一些不良使用习惯，对方还会对F公司的叉车维修人员做集中培训和宣传引导。只有这样，原厂商B才能控制好叉车维修的总成本，在帮客户创造效益的同时，收益也最大化。

最终，通过优化维修流程，以及对现场和供应商充分授权，不仅提高了叉车的维修效率，降低了年度叉车维修成本，还简化了采购流程。更关键的是避免了使用劣质品牌配件导致叉车使用寿命下降，对整体固定资产的使用养护有了较好的提升。

宫老师说

流程要清晰，但不要死板。

采购要专业，可巧用授权。

（八）量化管理难，要习惯线上采购

1. 情景描述

又到岁末。

在期待年终奖的同时，有一道坎必须先跨过去——年终总结报告。

老盖之前负责过直接采购，每个月QCDS（品质、成本、交期、服务）的数据都非常完整和充分。年底将每月的数据进行汇总，再结合当年度的一些改善事项和明年的计划目标，一份漂亮完美的年终总结报告就完成了。

然而，做了一年的间接采购，老盖发现需求非常零散，无降本的抓手；需求经常突发，交货期急急急；大部分是直接入库使用，没有品质检验记录；供应商的服务就更谈不上了，大家忙活了一年，年底了都不知道有啥成绩。

2. 存在问题

间接采购之所以量化管理难，通常是因为基础数据的缺失。

MRO因为品类多，企业内又没有对各个品类做细分分析（因为耗时耗力），通常能看到的就是一堆采购需求和一个采购总额。以设备维修来讲，今年的维修总额比去年高，是因为采购这边没有管理好导致维修成本上升吗？好像也不是，有可能是因为设备年代久了，某些重要的配件更换，导致了维修成本的上升。设备的维修总额比去年低，也不能说明是采购管理有方，也有可能是现场维保做得好，使整体故障率下降，导致维修发生率比去年低。

所以，如何对 MRO 类采购做量化管理，考验着每一位 MRO 管理者的智慧。

3. 解决方案

现在大多数企业都有 ERP 系统，直接采购在系统内有完整的过程资料，间接采购如没有进入 ERP 系统管理，则首要任务是先将间接采购纳入系统流程管控。有了系统流程管控，则保留了每个节点的过程数据，就如同厨师做一桌菜有了原材料一样。当然，只有原材料还不行，还要对数据做分类清洗，尤其要懂得对数据做汇总分析。

通过对数据分类清洗和汇总分析，你会发现，间接采购的点点滴滴也有很多闪光点。

以宏观层面举例，今年的总采购额是多少？对应的每个细分品类采购额是多少？细分品类中哪些是降本的项目？采购的新品种类有多少？配合现场处理的紧急需求有多少？

以微观层面举例，某个瓶颈机台故障停机，急需重要配件，采购通过非常规渠道快速购回，使机台比原定停机时间提前了三天恢复，挽回的这三天产能则是间接采购的绩效。

要实现以上这些数据的快速汇总，平时细心积累是一种方法，如果能借助于某些线上平台，则能够事半功倍。

图 7-3 是从某 MRO 线上平台抓取的后台采购数据分析图。

看，是不是既清晰，又快速。

年底时老板要 MRO 量化管理的数据，间接采购的成绩一目了然。

宫老师说

一切业务数据化，一切数据业务化。

产品名称	规格型号	本月采购数量（个）	上月采购数量（个）	环比	本月采购金额（万元）	上月采购金额（万元）	环比
产品 1	规格 1	24	26	−7.69%	240.00	320.00	−25.00%
产品 2	规格 2	30	36	−16.67%	300.00	370.00	−18.92%
产品 3	规格 3	25	28	−10.71%	260.00	300.00	−13.33%
产品 4	规格 4	32	30	6.67%	340.00	370.00	−8.11%
产品 5	规格 5	45	40	12.50%	470.00	420.00	11.90%
合计		156	160	−2.50%	1 610.00	1 780.00	−9.55%

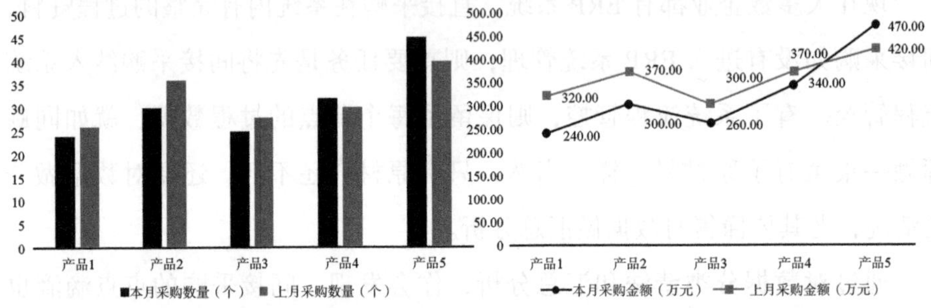

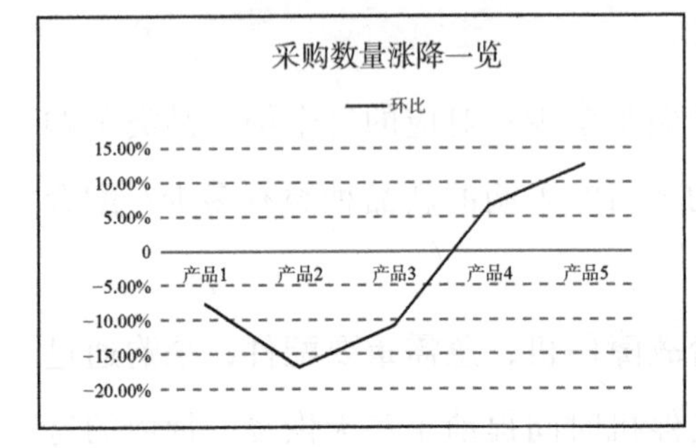

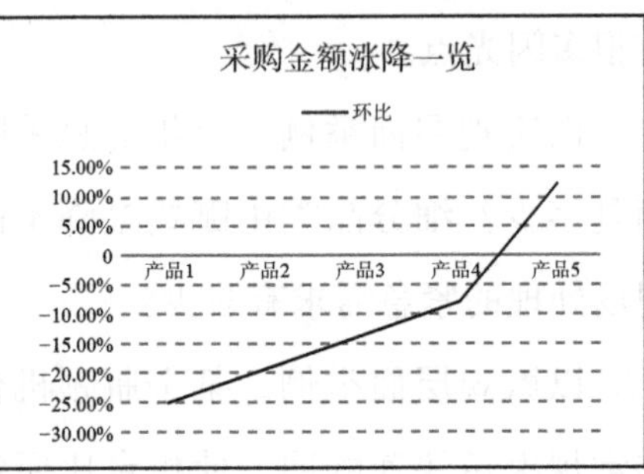

图 7-3 采购数据分析

第八章

MKT
市场营销

一、MKT 品类概述

（一）MKT 定义及类别

本书中我们将 MKT 作为市场营销 marketing 的简称，按照美国市场营销协会（American Marketing Association，AMA）下的定义，市场营销是在创造、沟通、传播和交换产品中，为顾客、客户、合作伙伴以及整个社会带来价值的一系列活动、过程和体系。该定义于 2013 年 7 月通过美国市场营销协会董事会一致审核。

也有很多人喜欢营销大师菲利普·科特勒下的定义，他强调了营销的价值导向。他说，市场营销是个人和集体通过创造产品和价值，并同别人自由交换产品和价值，来获得其所需所欲之物的一种管理过程。

当然，也有很多人不明白营销与销售的区别，或者不去区别。简单地说，营销就是让客户主动找你，销售就是你主动找客户。如果往深一步，营销是挖掘客户需求、创造客户需求，销售是销售现有产品。实际工作中，这两项工作缺一不可，前后呼应。

市场营销的最终目标是满足需求和欲望，市场营销的第一目的是创造顾客，获取和维持顾客。一句话，市场营销是创造和满足顾客的一个过程，甚至可以说是一种艺术。

市场营销的手段多样，除了传统的广告，近年还涌现出很多新媒体，如抖音、小红书、快手等，营销方式从线下走到了线上，开展全网营销。

在这样的过程中，所产生的顾问咨询、产品设计、市场调查、品牌宣传、广告印刷、终端搭建……各种涉及费用支出的需求管控、采购策略、供应商管理、风险管控等，即为本章 MKT 采购所讨论的重点。

MKT 采购分为以下两种。

软性营销类采购：以设计方案、市场调查、顾问咨询等非物质成果为合同主体的采购交易，对应的供应商通常为创意设计公司、数据分析公司、咨询公司等。

硬性营销类采购：以活动策划落地、广告印刷、品牌代言、广告制作投放等有形成果为合同主体的采购交易，对应的供应商通常为文化传媒公司、广告印刷公司、广告代理公司等。

会展业作为市场营销的一种重要形式，发展得越来越专业，已经形成了一个专门的产业，拥有专门的词汇——MICE，即 meetings（会议）、incentives（奖励旅游）、conferencing/conventions（大型企业会议）、exhibitions/exposition（活动展览）和 event（节事活动）的首字母大写，通常面向外部客户而展开。

（二）MKT 采购特点

市场营销在很多公司内部的定位、名称不一样，外资企业通常称为品牌推广部，内资企业称之为市场部，也有的称之为营销部。有的将市场营销作为一个独立部门，有的与销售部门合在一起。营销工作的基本内容有产品策划、市场调查、软文创作、营销活动组织、广告投放等，而其中又以广告设计、投放为费用支出大头，所以，把控好广告类的费用支出及客户转化率，MKT 采购管理就成功了一半。

MKT 采购的特性有以下几点。

1. 投资回报的及时性

大部分的市场营销类活动的效果会直接反映在对销量的拉动上，部分出于品牌宣传，亦可通过第三方公司勾勒出消费者对品牌的认知度、忠诚度等画像。

2. 媒介渠道的垄断性

知名媒介、高流量的 KOL（关键意见领袖），因为资源的稀缺性，在某一段时间区域内，可能存在垄断性。

3. 成本的不透明性

市场营销类的采购项目成本分析很难，创意如何估价，设计思路如何量化，媒介平台的投放成本如何分析，这些都不具备透明性。

4. 采购作业的时效性

有些广告是针对季节或者特定的某个节日、活动投放的，因此采购活动具有时效性。

（三）MKT 供应市场分析

市场营销供应商很多，如果我们对市场营销类供应市场的品类、供应商做调查，大体可以这样判断：设计公司处于垄断竞争，媒介资源处于寡头垄断的市场供应趋势。设计公司的水平主要取决于人，媒介资源很多通过“代理”销售。电视、电台、报纸、杂志等传统媒体正逐步被网络新媒体取代。想弄明白它的趋势，你只需关注人们的眼球朝向哪里，时间花在哪里。我们的眼睛看到的、耳朵听到的就是媒体，它们的背后是广告商。

我们在选择营销类供应商时，一定要搞清楚，它是制作商，还是播出的媒体，或者只是一个“二传手”广告代理商，这里情况比较复杂。

以程序化广告投放为例，图 8-1 所示为中国程序化广告技术生态图。

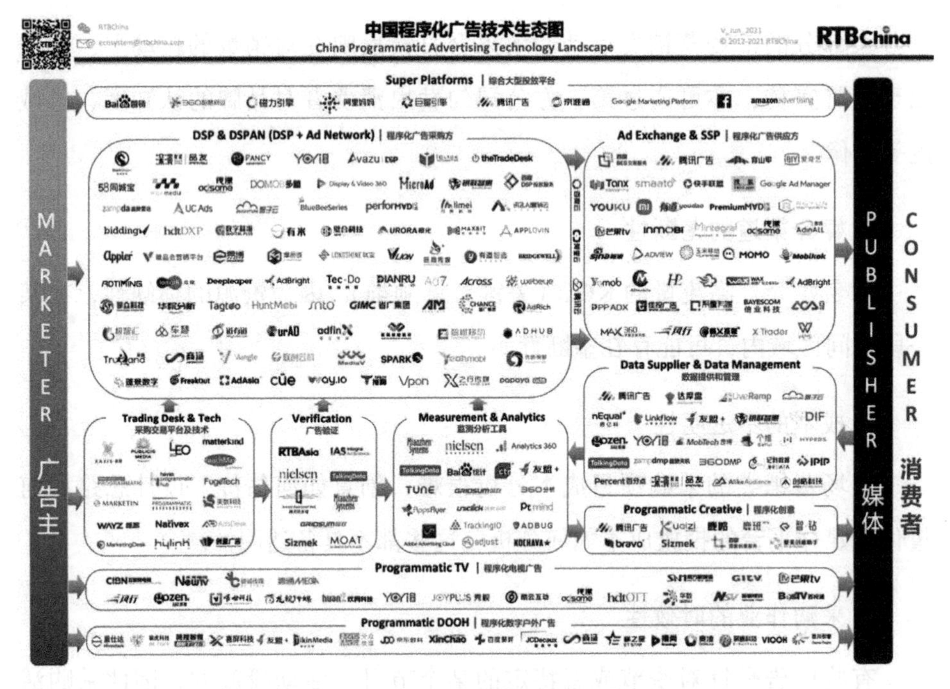

图 8-1 中国程序化广告技术生态图

资料来源：RTBChina。

广告主可以通过五种路径选择不同的广告投放策略，广告服务商的选择亦有多种渠道，比如客户经过比较，最终选择通过广告采购交易平台（Trading Desk，TD）投放广告。

TD 也可以理解为需求方平台（DSP），需求方可以在 TD 上统一管理多个广告媒介平台的投放，包括在平台上分配投放预算、制定投放策略、查看投放效果、整理投放数据等。

TD的基础是与多个DSP通过API（应用程序接口）对接，可以分为代理商交易桌面、独立交易桌面和品牌广告主内部交易桌面。

DSP是demand-side platform的简称，在互联网广告产业中，DSP是一个系统，也是一种在线广告平台。DSP系统允许广告主通过一个后台管理多个不同数字广告和数据交换的账户。利用DSP系统，广告主可以在一个广告交易平台（Ad Exchange）对多个在线广告进行实时竞价（real-time bidding，RTB），提高广告管理定价的效率。

DSP广告可以根据目标受众数据分析进行理性定价，提高广告的精确度；在用户优化的基础上使用DSP设置如CPC（每点击成本）或CPM（每千次成本）等这些关键性能指标，从而达到理性定价的目标。

随着流程向后期推进，进入实质性的广告展示阶段，各大门户网站黄金位置以及媒体黄金时间段成了稀缺资源，是众多广告服务商需要争夺的目标，谁占据着黄金位置、黄金时段的媒体资源，谁就掌握着客户的话语权。

（四）MKT成本驱动因素

MKT采购成本主要分为两大部分：设计成本和实施成本。

设计成本包括前期的市场调查、方案策划、文案制作、代理人选择等。

实施成本包括代理人签约、视频拍摄、活动路演、会展实施、广告投放等。

以电商平台为例，其市场营销活动中的广告投放实施分为三大类，其成本构成如下。

1. 展示类

展示类就是我们通常点开浏览器所看到的一些页面广告，这种广告的投放通常后台都有明确的价格，按照价格等级，选定相应投放的时间、投放的位置等。这类营销的成本构成为前期的广告方案策划、图片、视频制作（设计成本）及后期投放展位购买、广告投放（实施成本）。

2. 效果类

效果类按照效果付费，展示不需要付费，展示之后，如果有点击或者注册，那么点击一次或注册一次即收取相应费用，比如淘宝直通车、百度竞价排名等。这类营销的成本构成为前期的广告方案策划、图片、视频制作（设计成本）及后期投放展位确认、效果付费（实施成本）。

3. 活动类

在某些营销活动的关键节点，活动主办方会推出一些优惠促销包，比如黄金会员包 30 万元、钻石会员包 100 万元、顶级至尊包 200 万元，这种活动包类似全方位立体投放，既有按效果付费，也有展示广告位。这类营销的成本构成为前期的广告方案策划、图片、视频制作（设计成本）及后期投放展位确认、整体付费（实施成本）。

可以看到，视频制作又是其中的一项关键成本。视频不只可以用在广告投放上，我们在一些活动开始前，也会播放一些开幕视频，或者企业宣传片，抑或是一些微电影。这样的创意视频，普通的报价几万元，好一点的十几万元，再高端一些的甚至几十万元，上百万元的也有。作为采购，从哪些方面来做报价分析呢？主要从以下两个方面进行分析。

第一个是从时间来分析，时间又分为两种。

一种是看微电影的时长为多少秒，一秒中有多少帧画面，以帧数及秒数作为计价的依据；另外一种是看微电影的制作时间，这里体现的是拍摄人员的创作工时，和设计类的设计工时一个概念。这两种计价方式各有利弊，现在常规用的都是帧数及秒数。比如，我们要求开场视频控制在三分钟以内，一个这样的视频大约需要花费五万元。活动期间可能会插播一个颁奖视频，这个视频可能只需要 3 ～ 5 秒钟，就是做一个特效，那这类视频可能做起来也比较简单，费用只需要一两千元。

第二个是从创意、特效分析，看创意和效果。

比如公司要开年度经销商大会，需要制作一个宣传视频，这个视频可能会涉及公司的战略方向、今年的新产品特点、公司业务布局等。MKT 供应商要了解这个视频是用来干什么的，视频的片头、片中、片尾每一个部分需要体现哪些创意。特别提醒的是，公司在采购时需要了解一下，此供应商提供的是从创意到拍摄、到剪辑、到后期的渲染制作，还是只负责创意，后期拍摄、剪辑等又外包给了第三方。

比如视频的片头、片尾各加一个特效，中间需要加三个特效，一共有五个特效，每一个特效大概是 3 秒钟，那么就是 15 秒的特效。对于每一秒特效，供应商的报价是多少？这 15 秒特效都是由对方来提供素材，还是我们提供素材？如果他们只进行编辑，编辑的那部分内容共多长时间？由我们提供素材的话价格相对优惠一些，整个由供应商制作的话当然是比较贵的。

除了技术，视频还要有创意，比如片头出现什么，视频要讲述一个什么故事，是通过文字表达还是肢体语言表达。这些创意思路，我们称为脚本，那一份脚本的设计费用是多少？

这样下来，整个视频的成本为：

脚本费用 + 特效费用 + 视频素材编辑时间费用 + 人工服务费 + 税金

小知识

如何快速了解你所在行业的广告投放方式？比如，在电商行业投放广告的话，可以直接添加你所在行业的淘宝、京东客服小二。小二是公开服务的，如果经常联络，关系好一些，小二还可能分享更多的投放技巧。站内的投放主要以效果为主，效果投放占费用支出的70%以上，品牌宣传投放费用占比通常低于30%，如何将钱都花在刀刃上？只有不断地与平台方沟通、尝试，对投放规则、技巧完全熟悉之后，多点开花，才能游刃有余，收放自如。

（五）MKT采购流程关键控制点

从大方向上看，MKT采购流程需关注以下4项关键控制点。

（1）采购提前介入，对方案及预算提前进行管控。

（2）对活动方案、广告内容进行合规性审查。

（3）合同中有形、无形部分的交付方式、时间等约定要细化。

（4）合同执行过程中与物料清单进行核对。

同时，因为MKT采购细分种类多，又各有侧重点，我们分别以媒介购买及直播类营销举例。

1. 媒介购买执行关键控制点：三位一体

媒介购买是一种比较特殊、专业性比较强的采购。我们管理着很多供应商，也管理着很多品类，要跟内部客户（市场部、品牌部等）进行非常紧密的互动沟通，特别是需要互相理解。理解不仅仅是指对于需求的理解，还需要对于外界市场有共同的理解。

那么，如何保证投放效果呢？开展媒介购买时需考虑三位一体——品牌规划、媒介计划、媒介投放。

注意，媒介购买与媒介计划这两者不是互相独立的，媒介计划公司要和媒介投放公司以及品牌规划（战略策划）公司紧密结合，紧密互动，才能够达到公司整体的战略目标。

2. 直播类流程关键控制点：主播带货能力及坑位费

微播易 2020 直播电商行业研究报告展示了直播带货流程（见图 8-2），采购同行在直播类采购中可参考确认关键控制点。

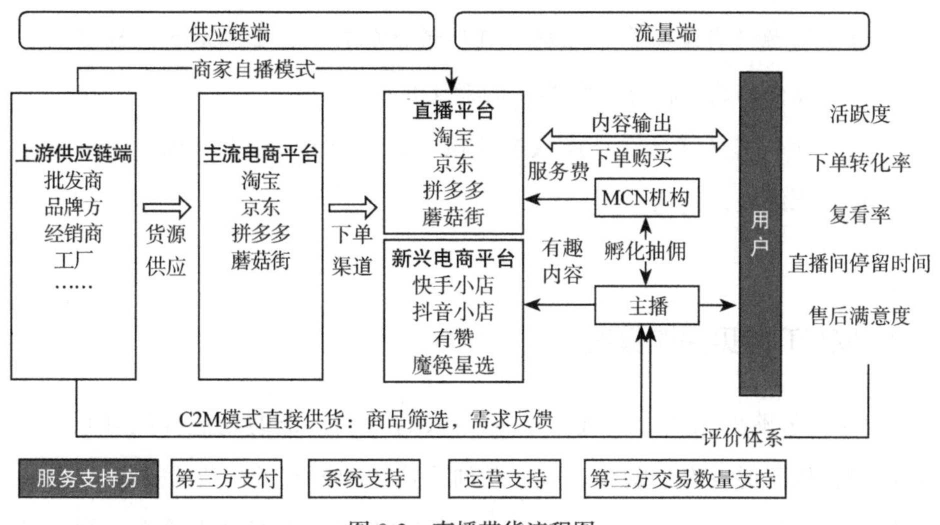

图 8-2 直播带货流程图

资料来源：微播易，《2020 直播电商行业研究报告》。

传统媒体采购关注的点是买了多少曝光量，转化了多少点击量，这些点击有多少转换成有效用户，这些有效用户有多少采取了购买的行为，或者有效用户有多少成为我们的粉丝。

直播类采购的关注点相对更直接，比如主播的坑位费是多少，直播的佣金比例是多少。做直播带货的关键是背后的供应链能力，比如上游货源是否稳定，自身运营团队是否强大。因为直播带货会发生很多意外的情况，比如备了 5000 件货，但只卖出了 500 件，多出来的库存要怎么消化？也有可能备了 5000 件货，实际直播卖了 50 000 件，货源不够，要怎么快速补齐发出？遇到品质异常如何快速处理？流程中的风险因素有哪些？如何进行风险转移……类似这些预备方案一定要做足，否则会面临“没有爆款是等死，有爆款加速死”的尴尬局面。

小知识

有了广告投放计划之后，广告做得好不好？花了多少钱？传统媒体的折扣比例是多少？广告是什么时间段的？能拿到哪些新媒体资源？有没有资源互换？直播最终的效果、收益如何？这些都是在媒体购买执行时需要评估考量的点。

如何有效评估？可以从有效性、交付能力、交付质量、最终报告上来进行确认。

（六）MKT 常见采购策略

MKT 采购的目的，是通过一系列采购活动，帮助企业找到客户，影响客户，从而促成客户购买。这一系列采购活动形成了复杂的需求，渠道、媒体多种多样，传播方式形态各异，特别是随着市场的不断变化，数字化媒体百家争鸣。企业中从事 MKT 采购的从业人员，须根据不同的营销环节、不同的市场阶段制定适合的采购策略。

1. 需求的明确

准确的需求确认，是制定合适的采购策略的基础，各环节、各阶段复杂的采购需求目标明确，都须遵循“合适”的原则：合适的时机、合适的地点、合适的媒体、合适的方案、合适的方式。

2. 渠道、媒体的选择

不同企业、不同行业、不同产品显然需要选择不同的投放渠道找到客户，选择不同的媒体，影响细分领域的客户，以保证达成销售目的。

3. 传播方式的确定

传播方式不同，影响的客户群体也不同。企业需根据自身产品特点定位合适的用户人群，选择合适的传播方式。

4. MKT 的采买时机

产品的上市日期很关键，好的产品还要在合适的时间投放市场，这同样说明了 MKT 类的推广活动采买时机的重要性。

5. 新媒体是风口，合适的选择同样是关键

MKT 采购繁杂，数字化媒体百花齐放，使得采购在选择媒体及传播方式时容易眼花缭乱。我们根据网络资料，总结了数字化媒体的特点（见表 8-1），同时展示了企业在各数字化媒体平台的采购比例（见图 8-3），供采购同人在管理实践中参考。各类型的平台基因调性不同，在推广中也要根据推广目标、推广内容、推广人群等进行针对性选择。

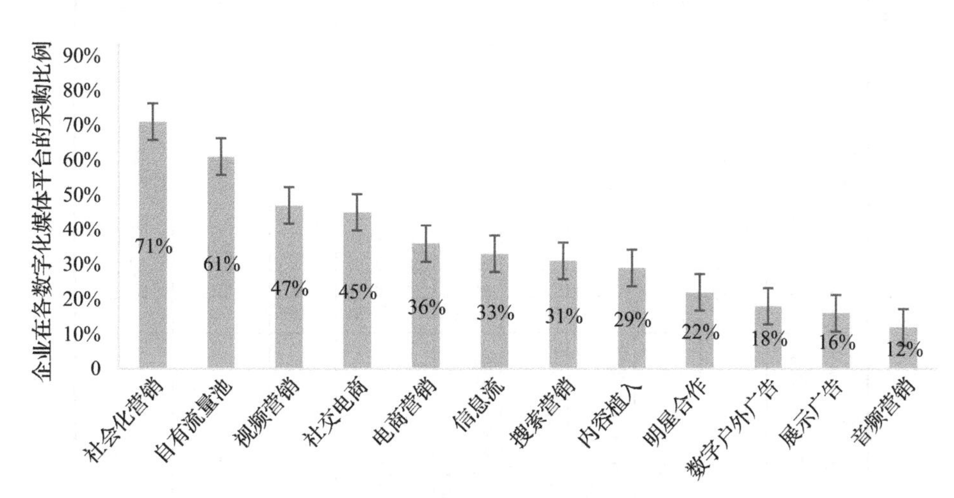

图 8-3 企业在各数字化媒体平台的采购比例

表 8-1 数字化媒体特点总结

类型	平台	分发逻辑	用户基础特征	内容调性	营销重点
搜索引擎类	百度、360 搜索	搜索 + Feed	大众，关键词兴趣用户	关键词相关内容	关键词竞价、SEM（搜索引擎营销）
社交工具类	微博	• 社交 + 算法内容分发 • 关注流、热门流、好友圈	幽默搞笑、时尚	大 V 引领舆论，全网式话题讨论	大量 KOL 资源池，强曝光，KOL 硬广
	微信	• 社交内容分发 • 朋友圈分享、订阅	熟人社交、高黏性、高活跃	图文深度“种草”，叙述性强内容	强内容，软植入，裂变式营销
网站资讯类	今日头条、腾讯新闻	智能推荐、信息找人	受教育程度高、成熟度高、收入高	个性化分发	资讯信息流
电子商务类	天猫、京东、拼多多	搜索 + 优先展示	有购物需求的人	商品信息	商品信息流
视频广告类	爱奇艺、腾讯、优酷	头部内容推荐 + 兴趣相关推荐	年轻、社会中流砥柱	综艺、影视	视频信息流、内容植入
社会化营销类	抖音	机器算法、人工推送、强内容运营、粉丝关系、地域算法	潮流、时尚、年轻	有趣、潮酷、年轻	视频创意、原生植入、话题互动
	快手	机器算法、粉丝关系、地域算法	大众、接地气	猎奇、搞怪、趣味	结合剧情、段子来迎合三四线用户偏好
	B 站	粉丝关系、兴趣推送	年轻、二次元	动画、COS（角色扮演）、“鬼畜”等二次元文化	深度评测、仿妆教学
	小红书	粉丝关系、兴趣推送、人工推送	垂直、“种草”、女性	分享、“种草”、搭配	美妆和时尚博主居多，UGC（用户生成内容）分享，口碑宣传

二、MKT 采购八大痛点的解决方案

（一）需求管理难，要善于宣导流程

1. 情景描述

LT 集团是江苏某科创园的创业型企业，得益于中国电商的飞速发展，LT 集团以工厂为据点，以科创园为设计、营销总部，旗下的电子产品品牌“原点”快速发展，迅速占领了年轻消费者市场。

随着产品线的快速扩张，市场营销部的节奏也跟着加快，各种展会宣传、招商路演、文案策划……随之配合的市场营销类采购人员也日渐消瘦、锁骨渐出，成为传说中的“白骨精”（白领、骨干、精英）……

刘经理就是“白骨精”中的代表。

LT 集团的市场营销部，一路闯五关，斩六将，所到之处，人潮涌动，“原点”牌电子产品被哄抢一空。而每场活动能完美、准时举办成功，与刘经理所带领采购团队的大力支持密不可分。

这也是刘经理采购团队的压力所在！

2. 存在问题

LT 集团市场营销部的采购需求杂，需求预留时间短一直是刘经理心中的痛。

因为是电子行业，推陈出新非常快，往往产品研发成功之后，一边进行量产，一边就开始进行市场预热，同时，新产品招商发布会就紧锣密鼓地进行了。

一场发布会从需求提出到落地发布，可能只给采购不到一个月的时间，在一个月的时间内，活动流程策划、发布会场地租赁、活动宣传材料印制、酒店餐饮住宿洽谈、舞台效果方案商确定、灯光音响大屏租赁、在线云互动平台洽谈等多项细节需要采购寻源、查找、评估、洽谈、签合同、

落地……

这里的每一个分项目，都需要市场部门给予配合，前期进行信息共享。

然而在实际作业中，市场部门往往只笼统地提交一份“某某产品发布会”需求单，剩下的就是采购开始折腾了。

也有市场部门，前期将各项功课已经做好，舞台效果方案商已经谈妥，酒店场地已经联络好，宣传材料已经设计并联络了制作商，然后才提一纸需求到采购，告诉采购需求急，下周末产品就要发布……

刘经理就这样被动处理请购需求……

3. 解决方案

市场营销采购需求在采购看来多种多样，其实很多时候采购的要求和工作流程在内部用户看来也是多种多样，搞也搞不清楚。那么，我们是否可以先把采购自己的要求和工作流程跟用户沟通清楚呢？作为一个采购，要特别善于把自己的要求和工作流程跟用户沟通清楚。

这里有两个层次的流程宣传引导过程。

（1）日常工作中的宣传。

采购部要经常宣传采购部的工作内容和目标。

很多用户部门并不清楚采购流程：具体要做什么事情，有什么目标。它们认为，采购不就是买东西的吗，就按照我们的要求买，按照我们的时间给我们就行了。它们并不清楚采购的审批流程、采购供应链战略……

采购若希望自己在整个公司或集团层面有话语权，就要经常去其他部门宣传采购部有哪些目标，有哪些非常重要的节点。经常与用户部门沟通，让它们了解采购也很忙，工作也很多，并不是只有买东西，除了针对市场营销部门，还负责其他各部门的采购工作，希望市场营销部门配合采购的工作流程。采购人员也有产能瓶颈，当各个部门都挤过来，有一堆事情要处理的时候，采购到底先处理哪个部门的事？所以取得客户部门的理解，并使其支持采购的工作很重要。

（2）定期的内部采购培训。

定期给内部用户做培训，非常重要。

有很多部门是不了解采购流程的，有些人或者部门一年可能也就有三笔、五笔采购需求。老板交代一个采购需求，他们也不知道该提些什么要求，或者不知道用什么样的表单来规范自己的需求，他们更不理解请购单到了采购部，直接花钱买就行了，为什么要过五天或者更久才能下采购单。

基于以上这些情况，需求部门会不定期地来一个人咨询一下，这个要怎么做，那个表要怎么填，还有哪些人需要签字才可以。采购这边经常就会疲于应付，一会做一下讲解，一会指导一下流程，讲过一遍，对方可能还不明白，过一会儿，他还会过来问你第二遍。采购心情好的时候就会耐心讲一下，心情不好的时候就讲得没那么清晰了，结果需求部门听得云里雾里，回去又走了很多弯路。最终类似这样的沟通花费了大量的时间，使整体采购效率下降，而客户对采购的抱怨往往还会增多。

作为采购主管，有必要定期地组织相关需求部门做一些采购流程培训、采购方法交流，特别是可以解决一些要求苛刻的部门提出的需求问题。面对面交流一下对采购有哪些不满意的地方，把事情讲清楚，把对方的问题解决，对方也就高兴了，对采购的误会也消除了。

采购刘经理通过与用户进行有效的协同沟通，定期召集各部门进行采购流程培训，并不定期地与各部门负责人进行日常交流，取得关键人物的信任和支持，使采购需求管理难得到了较大的改善！

宫老师说

有些不执行是因为不知道，采购应该定期对相关部门做流程培训。

（二）预测计划难，要做好需求管理

1. 情景描述

刘经理对需求管理难做了有效的改善，各部门理解了采购的作业流程，并清楚提需求时需要给采购提供哪些关键性的参数。经过一段时间的配合，各自做好分内事，并互相支持，大家一起为公司做了不小贡献。

但是订单波动和紧急需求还是避免不了。

昨天刚处理完一批 KT 板的喷绘订单外发，今天市场营销部又发来几张设计稿，希望供应商按图纸所示尺寸、规格、数量制作 KT 板并于下周准时交付，因为两周后有一场新品发布会等着用这批看板做展示。

市场如战场，需求如军令。

刘经理急忙再次联络相关供应商，对设计稿进行排版并安排报价、比价、议价，经过一通操作，加班加到眼发花，总算在规定的时间内完成了本次订单的交付。

但是因为这样的一些临时紧急性的需求，打乱了刘经理日常的工作计划，原定的供应商拜访亦取消。

2. 存在问题

每个企业都有需求计划，但是往往计划又赶不上变化，这就客观导致了预测计划难的问题。而往往预测计划难、紧急需求量增加，人为的因素占了一半，管理方法占了另一半。

对一个正常的企业来讲，紧急需求的确不能做到完全避免，但是，能不能有效管控呢？

3. 解决方案

那么，如何做好预测计划呢？其实，管理好用户的需求，就能做出一个好的采购计划。我们可以分为三步走：**计划沟通、需求删减、需求分层。**

（1）计划沟通。

需求部门一般是不愿意做采购计划的，因为它们认为做计划很麻烦，对它们来讲是额外的工作，并且产生不了什么价值。

作为采购，可以引导需求部门，在其工作的基础上，加上一些节点输出，就可以作为一个采购可参考的计划。所以从这个角度来讲，采购是可以与需求部门合作，做一些采购计划的。同时告诉需求部门，通过这样的互动，采购可以更快速、高效地帮对方完成一些采购工作。

（2）需求删减。

有些读者可能会好奇，需求删减又不是采购这边能决定的。很多需求是经过需求部门的确认，需求主管签字之后才流转到采购这边的，迫于权威和权限，很多采购便不再对请购需求做分析。

殊不知，部门主管每天需要签的单子很多，有些单子可能是在下班之前才提到他这边的，因为时间关系，部门主管便快速过了。有一些紧急需求，可能还没有等到相应主管签字，采购为了响应客户部门的需求，便紧急给处理了。

有时候采购需要判断一下需求的紧急程度，看是否有必要跑在流程前面给对方处理这个采购需求。当然，如果这个紧急采购流程最终批下来了，而且采购这边执行得也非常迅速，采购可能会得到需求部门的认可或者信任，对方可能会觉得采购做得还不错，能够帮到忙。

但是如果这个紧急需求最终没有被批下来，采购这边前期忙活了半天，最终老板也不会感谢采购，需求部门也不会感谢采购。如果采购速度更快一些，供应商那边已经备料生产制作了，那这个锅可能还得采购来背。

所以，对于客户的需求做一下识别，并根据流程或公司战略做适当删减，不仅可以降低采购的工作量，更能从公司的战略层面进行成本缩减。

（3）需求分层。

需求分层可以按紧急程度来分，也可以按公司战略重要性来分。

作为采购管理人员，要知道哪些东西是重要的，哪些东西是高频的，哪些是一般性的需求，根据分层决定哪些采购是需要投入精力的。如果都放在一个层面去处理，那就没有主次了，没有主次的结果就是可能有些重要工作做得不够好，浪费了太多的时间在一些非重要的采购需求上。

那对于采购分层，需要做些什么呢？

首先，要有一些数据的沉淀，比如去年公司有哪些采购品类，每个采购品类大概花了多少钱。

其次，随着公司的战略发展，要了解哪些品类会变成公司的重要物资，哪些品类未来采购量会变大。

在对这些品类做全盘分析后，我们会有一个清晰的采购需求层次，之后考虑每个需求储备哪些类型的供应商；在哪里选供应商；供应商的等级要求有什么；是进行招标还是进行询价；如果招标，是提前一个月来做，还是两个月来做。

其实对客户需求做分层之后，请购部门也能感受到这种变化的影响，它们会觉得采购做这些事情将非常从容，给到的结果也是非常优质的。

宫老师说

将客户需求管理做好，可以提高客户满意度，还可以让自己的工作变得更轻松。

（三）需求描述难，要编制需求模板

1. 情景描述

在上个小节，我们谈到刘经理加班加点处理完了一份 KT 板的紧急需求，主要用于两周后的一场新品发布会。

而发布会的场地搭建、灯光音响设计又与采购部息息相关，但请购需求却迟迟未到采购部，刘经理急了，决定主动干预。

是市场部的人直接自己沟通洽谈好了，还是请购签核流程没跑完，请购需求没到采购？

经过和市场营销部沟通了解到，原来市场营销部经理早就准备提请购需求至采购，但提起笔时又一脸茫然，只写了项目名称和活动时间，其他不太肯定要提哪些需求及对应的技术要求，干脆就笼统写了一份“6·18大促项目活动及配套物料采购”的需求抛转至采购。

采购头大了。

2. 存在问题

刘经理和市场营销部经理沟通，对方坦言整个项目的需求品类太多，有迎宾的需求，有场地搭建的需求，还有灯光音响设备的需求，甚至还有些专业服务的需求……

每一项需求背后又涉及详细的物料规格、数量，他也想列清楚，但是没有头绪，有些甚至在活动前一天才能确定，比如使用什么样的开场方式，搭建什么样的舞台效果，导致需求迟迟没有细化和提交。

所以，有时并不是需求部门不想描述清楚，而是因为它们自身知识、经验缺乏，对需求物品本身的特性了解并不深，所以导致需求描述难！

3. 解决方案

市场物料类采购往往有时效急和品类杂的特点。

（1）时效急。

市场物料类采购的一个关键因素就是时效性，因为所有的市场营销类的活动一定是有时效性的，一定希望采购又快又好地完成，而且大部分从事前端策划、设计的人时间观念较弱，因为他们更多的是偏向于获得好的创意和设计，等他们的创意和设计好了之后，往往给采购的时间就不多了。

当然也有一些用户比较有计划性，他们在前期设计的时候就邀请采购一起参与，采购可以提前收集供应商信息，做价格方案的比对，以及活动中所用的物料规格的对比，从而能够从采购的角度对成本进行合理管控。

（2）品类杂。

市场营销类物料的采购非常讲究创新，需要跟着时代的节奏走，不能一成不变地按照以前的思路进行复制。作为采购，经常需要找市场上最流行的一些东西，去满足市场部的要求或者客户的要求，所以，市场营销类物料是在不断变化的。

这时比较好的办法就是制定采购需求模板。

市场营销类采购涉及的品类比较多，专业性比较强，往往需求人员只偏重结果，对于具体的需求细节表述并不清晰，因此一份好的需求模板能帮助采购大大节约需求确认的时间。这类需求模板主要包括活动创意、专业服务、搭建制作、AV 设备等模块。表 8-2 所示为“中国好采购”千人大课活动需求提列模板，供大家参考。

表 8-2 “中国好采购”千人大课活动需求提列模板

活动需求提列模板			
活动名称			
活动时间			
活动地点			
主办方			
联络人			
项目	**子项目**	**是否需要**	**需求描述**
设计	活动主形象	是	例如体现活动目的和产品特性等
	活动徽标	是	
	PPT 美化	是	
	……		
创意	预热环节	是	例如活动前期宣传
	活动主题	是	
	开场仪式	是	例如音效、灯光
	开场视频	是	例如 3 分钟开场视频，提供往年的活动素材
	……		

宫老师说

定期更新需求模板，适应市场变化。

（四）供方评审难，要考察行业经验

1. 情景描述

6·18 大促活动刚刚搞完，趁着市场热度未减，LT 集团决定顺势进行媒体广告的投放。

广告形式为网页边栏浮窗式，内容选定为温暖有爱的小视频，通过 8 秒的小视频快速吸引目标客户的眼球，成功引流点击之后，进入 LT 集团自己的在线下单页面，引导客户快速成交。而这则“网页边栏浮窗式”广告在哪个门户网站投放，通过什么样的代理商进行合作投放，这样的广告代理供应商评估时需要注意些什么……又成了摆在刘经理面前的难题！

2. 存在问题

广告投放类供应商考察和传统供应商考察不同，传统供应商交付的是实物，可以看到其产品的生产过程、生产状态、产品品质等，而广告投放类供应商交付的是一套程序的展示，投放覆盖面如何，平台掌控力多大，广告引流的效果如何……完全是未知数，很多时候，只有进行合作后，才能了解供应商的配合度以及实力。

3. 解决方案

如何对这类型的供应商做前期考察呢？

刘经理找到“中采商学”，经过一番咨询沟通，总结为：重点需关注供应商的行业经验，具体表现为以下 4 个维度。

（1）规模：供应商处实实在在能看得到、感受得到的部分，比如公司的占地大小，Office 整洁程度，业务的覆盖范围，代理广告的种类，目前的人力架构，现有的一些投放平台，是否有集团、分公司等。

（2）资质：代理类的供应商是否有相关代理证，技术类的供应商是否有专利类的资质，渠道投放类的供应商是否有经销的资质，涉及版权资质的是否有正规授权；有些安装类的，可能需要一些机电安装资质、弱电行业资质，以及一些人员作业资质，比如涉及登高作业的人员需要有高处作业证，涉及弱电作业的需要有电工资质等。

（3）能力：如供应商广告资源平台覆盖的能力，公司人员的配备能力，场地搭建的能力，供应商技术能力等。

（4）配合度：在选择供应商时，供应商和我们的合作意愿有多强，它愿意为我们提供哪些支持，会在多大程度上配合我们的活动。

有些大公司，可能它的业务人员主观意愿很强，但是其流程不够灵活，你和他讲这个要求，他说不行；讲付款优惠，他说财务不允许；你让他把交货期提前点，他说要走流程，必须两个星期……那这样的供应商主观意愿是好的，但客观流程上很被动。所以供应商的配合度是评估供应商非常重要的一个点。

所有的招法，都讲究活学活用，以上讲的供应商选择技巧，在不同品类上，关注的侧重点也不一样。比如印刷资料类的，更偏重公司规模和公司能力，规模和能力会影响印刷的品类和品质。主题活动类的，更偏重资质和配合度，资质和配合度会决定活动的安全性和客户体验度。礼品关怀类的，更偏重规模和配合度，礼品类供应商的规模、配合度决定了礼品选择的广度、定制化程度。多媒体设备类的，偏重资质和能力，资质好经验相对会更丰富。

同时，选择数字媒体时，还有以下三个关注点。

- 广度：这家媒体的影响力，受众人群的覆盖面等。

- 深度：在某个行业里面的聚焦程度，在特定人群中的受欢迎程度等。
- 专业度：本行业成熟的案例，服务响应速度，过往荣誉等。

供应商的选择技巧以及各品类的侧重点汇总如图 8-4 所示。

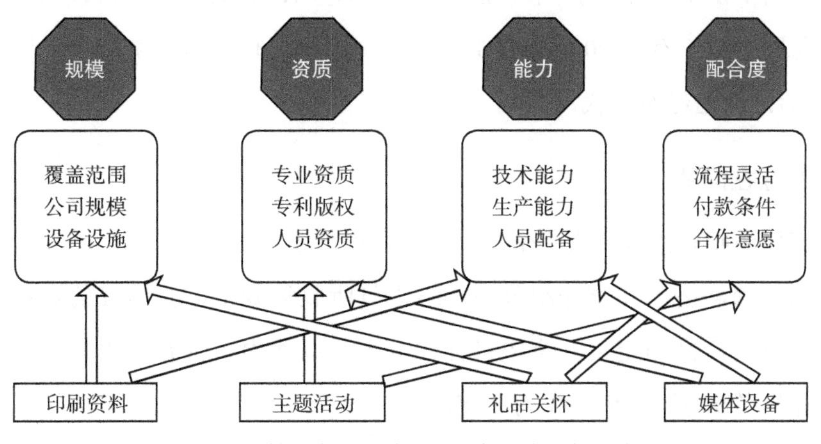

图 8-4 供应商选择技巧以及各品类的侧重点

宫老师说

找供应商最重要的是匹配，没有最好，只有最合适。

（五）价格对比难，需考虑品牌价值

1. 情景描述

基于市场的更新迭代，LT 集团在今年推出了一款“原点运动表”，主打年轻有活力的 90 后市场。为了让产品能在春夏发布会上一炮而红，快速打入目标客户群，占领消费者市场，经过公司高层会议决定，拨款预算 100 万元，准备签约一位网红，作为新产品的形象代言人，同时，借势做一波网红直播带货，以直接带动新品的销量。

新品投放的策略方向确定了，预算也到位了，那么选什么样的 KOL 呢？

市场营销部与刘经理沟通，请采购协助，对 90 后网红及对应的代言费做市场调查。

这可把 80 后的刘经理难住了，先不说那些 90 后所追的网红刘经理连名字都叫不出来，光是看到现在新生代的那些 KOL 的一些装扮，刘经理就不敢苟同，对于有些 90 后盲目追星的作风，刘经理更是理解不了，她感觉和 90 后之间已经有了代沟。

2. 存在问题

有代沟归有代沟，为了生活，工作还得继续。

刘经理联络了几家经纪公司，终于打听收集到了一些网红的资料，依据公司对新产品的定位，希望目标代言人是以活力、青春、靓丽的标签为主，并且在 90 后与 00 后中有一定的影响力。

在这样的框架定位下，经过两周的市场调研，刘经理发现，刚出道的网红最低 10 万元就能签约，90 后热捧的某位流量大咖代言一个自然年度需要 500 万元，中间有着 20 万元、50 万元、80 万元、100 万元、200 万元不等的各种年度合作代言报价。同时，关于直播带货，有些需收取坑位费，有些需收取 30% 的高返点……

选什么样的 KOL 既符合公司对产品品牌的定位，又能最大化促进产品销售？

3. 解决方案

KOL 如何比价？需优先考虑品牌价值。

刘经理经过多方学习，并实地走访了多家经纪公司，终于对代言的一些方式方法有所了解。

首先，我们要清楚一点，所有 KOL 的代言费、坑位费都不是固定的，都是可谈的。他们会根据甲方公司所在行业的地位、甲方品牌自身的影响力以及产品是不是自身所熟悉的来报不同的合作价格。所以，我们在选择

KOL以及谈代言价格的时候，需要对彼此都先做分析：

（1）首先比较KOL的大众形象、用户量及所谓的流量，即此人的品牌价值如何。

（2）留意KOL目前代言的领域里有哪些品牌，其流量类型适不适合我们，看一下对方过去代言过的领域里面竞品或者同品类有多少。

（3）了解KOL的代言销售转化率如何，其卖货额、带货额有多少。某些平台后台是能看到这些数据的。

基于以上比较之后，再来查看KOL带货费用构成的两个维度：

- 坑位费。经过前期的背景调查了解，如果我们的产品本身市场知名度就很高，对KOL来讲，是双方赋能的合作，那坑位费是可以免掉的；如果我们是新兴品牌，且市场知名度较低，主要还是通过谈判、根据对方的合作意愿、我方的力量等来沟通价格。
- 返点。返点主要是线上平台成交后的扣点，如果本身我们的产品销售力就很强，返点可以适当往下压一些；如果我们的产品是高附加值，需要在直播中快速引流成交，返点可以适当提高，以吸引KOL的注意力。

刘经理基于以上这些信息，结合年度代言费用、返点、粉丝类型、个人影响、未来趋势等建立代言人品牌价值影响力矩阵，以公司预算为目标，最终签约了一位新晋网红，不仅当期的市场反应火热，直播带货量也相当可观，三场直播带货后，投资预算即已收回，并且因为代言人处于事业发展的上升期，半年后类似品牌再次找他合作时，代言费已经翻了一番。

表8-3为某公司价格评审对比表，供读者参考。

表8-3　价格评审对比表

类别	考核项目	权重	供应商1	供应商2
公司资质	公司实力： 1. 公司规模和成立时间 2. 公司营业范围契合度 3. 合作的主要客户 4. 公司策略与我司文化的一致性	3%		

（续）

类别	考核项目	权重	供应商 1	供应商 2
公司资质	公关能力： 1. 公关创意和策略 2. 公关速度和效率 3. 公关媒体资源覆盖程度 4. 对不断变化的形势的理解掌握和行动能力 5. 公关活动的成功案例或奖项	3%		
	人员执行： 1. 对我司的熟悉度 2. 人员专业性 3. 执行效率 4. 团队配置 5. 质量管理	4%		
实例展示	实例展示： 1. 实例与我司需求契合度 2. 实例对于我司的可操作性 3. 过往相关经验是否充足	20%		
品牌价值创造	战略与品牌管理： 1. 对品牌、市场和相关目标群体的了解程度 2. 在品牌、传播等方面的服务中提供的战略价值 3. 品牌相关策略和商业目标的转化、落地能力 4. 对不断变化的市场趋势、竞争环境与战略的理解和实际行动 5. 积极主动地为品牌团队提供创新性的见解与超出要求和期待的战略方法 6. 在战略和品牌管理上的突出优势	5%		
	创造力： 1. 提出真正有创造性的想法，并主动提出新想法 2. 可实现、符合实际及合规要求的创造性建议 3. 约定概念 / 想法的成功执行以确保质量和有效性 4. 在创造力上的突出优势	15%		
	管理与协作： 1. 工作人员对需求和变化的反应（速度、准确性、易联络度） 2. 积极和建设性地解决各种问题 3. 对于商定的项目时间表、项目计划和流程的管理 4. 充足和合理的人员分配，约定服务人员变更的正确和及时管理（不影响服务） 5. 持续改进方面的表现，例如避免重复工作，提高流程效率 6. 在管理与协作上的突出优势	15%		

（续）

类别	考核项目	权重	供应商 1	供应商 2
品牌价值创造	采购及成本管理： 1. 谈判意愿和配合程度 2. 报价与我司要求的契合程度（结构、透明度） 3. 对于订单 / 合同约定法律和财务条款、条件以及流程的遵守 4. 服务的按时交付以及发票的准确性和及时性 5. 报价与商定预算的契合度，以及提高成本效率的努力 6. 在采购及成本管理上的突出优势	5%		
报价	价格分数	30%		
汇总		100%		

宫老师说

市场营销类采购更应注重价值，在预算范围内，使价值最大化。

（六）部门协同难，要学会有效沟通

1. 情景描述

经过多年的市场摸爬滚打、产品迭代更新，LT 集团终于在化妆品市场有了自己的一席之地，恰逢今年是公司成立五周年，公司计划在纪念日当天搞一场庆祝活动，同时做一波品牌营销。

庆祝活动的一个重要环节就是伴手礼的发放。

伴手礼不仅员工人手一份，所有当天过来购买 LT 集团产品满 1000 元的客户也会获赠一份。为此，这份伴手礼的包装设计、礼品的功能，以及借此要传达给员工和客户的内容就相当重要。

2. 存在问题

刘经理把去年合作过的礼品公司约过来商谈，同时又找了两家礼品公司出定制方案，然而，在礼品方案的确认过程中，各个部门的想法意见各不相同。

市场部坚持礼品以高端时尚为主，需要传达公司对客户的重视，以及公司产品高端、活力的品牌定位。

公司工会福利委员会坚持礼品需要以实用为主，外包装可以简约一些，在预算范围内尽可能选更实用的一些礼品。

财务部门则对今年新找的两家礼品供应商投了一票否决权，认为其提供的礼品样品质量一般、产品美观度不够，坚持推荐去年的老供应商。

三个部门三个不同的方向，刘经理如何来协调呢？

3. 解决方案

各部门各有各的理，如何协调？学会有效沟通是一个很好的办法。

（1）倾听需求。

一定要带着思考去认真了解客户真正的需求、关注点在哪里，是质量？是交期？还是配合度？让客户欢迎的第一步就是要认真倾听客户的需求，了解客户的关注点。

我们在忙的时候，可能并不会认真地去了解客户真正的需求是什么。如果客户只是给了一个有需求单号的采购申请单，我们认为采购有空可以和需求部门去聊一聊，特别是面对一些大的比较重要的需求时，一定要去和客户详细沟通。

那沟通的侧重点在哪里呢？

了解这个项目具体的实施时间，这样可以反推给到采购的时间。

通常客户都会说他的案子很急，但是他的这个需求到底是不是真的急，你也不清楚。通过沟通，我们可以得到底层的一些信息，从而判断他是真的急，还是只是想给他自己多预留一些时间。

另外要了解一下客户，他到底是想要质量比较好一些的，还是认为准时到货更重要，或者他对供应商的配合服务更看重？

这样沟通后，才能真正理解客户的准确需求，而不是只拿到了一份请购单，看到了要购买的物品名称、要求到货时间和数量等。

（2）理解难点。

当客户找采购时，一定是遇到了某些问题，如果能快速告知客户这项采购的难点在哪里，并帮助客户找到解决方案，则能较大程度获得客户的认可和支持。

在与客户沟通时，要表现出我们理解客户，了解他们的难点在哪里。很多时候客户来找采购聊，可能是因为他们对现有合作供应商不满意，比如对方的配合度不够高，上次合作时给客户带来了某些问题，于是客户和采购抱怨，想换供应商。这时，采购得了解现场诉求的一些关键点，并洞悉这背后是现有供应商真的不好用，还是客户想推荐他熟悉的供应商。如果有必要，可以再做进一步的沟通，否则采购在后期提供解决方案的时候，客户也不一定很配合。

（3）换位思考。

原则上我们不能对采购流程进行妥协，但是从情感上进行换位思考，我们可以理解用户的出发点，并进行灵活应对。

比如有个项目是采用最低价中标，所有流程下来，使用部门发现有一家供应商方案做得不错，技术也很好，但是价格比最低价高了那么一点点，使用部门觉得放弃这家供应商很可惜，那后期呢？采购这边也换位思考，在不违反原则的情况下，同步找最低价和这家供应商进行了标后议价，这家供应商也比较支持，当然在价格上也给了很大的让利。当然，这里有一点要注意，要和供应商们沟通清楚，公平公正。

从这件事情的操作上，我们可以看出，采购站在使用部门的立场上，进行了适当妥协，同时也没有违背公司的意志，在质量、交期、服务都满足客户的情况下，对成本做了节约。

更关键的是，客户会认为采购是站在他的立场上来考虑问题的，在后期其他采购项目的配合中，自然会顺畅。

（4）据理力争。

当遇到某些难以协调的客户时，我们要拿出十足的自信，从专业的角度据理力争。

倾听需求，理解难点，换位思考，都是从客户的角度去考虑解决问题，但是当客户涉及违反采购流程、挑战采购目标时，采购就需要拿出自己的立场，明确表明态度。

有个采购项目财务上有降本的要求，采购找现有的几家供应商谈了之后发现，这几家供应商的价格都很难降，因为它们太熟悉公司现有的价格体系了，重新要求之后，也仅仅是降了1～2个点。采购团队经过搜寻市场新供应商报价发现，现有供应商的利润空间还是很大，但是采购也担心在推新供应商过程中，会遭遇到现场各种阻力，因为新供应商对公司的业务需求、作业流程、配合深度都不了解，使用部门可以挑出各种毛病来投诉新供应商的不好，可能做一个项目之后，新供应商就被淘汰了。

这时就需要采购及时站出来，晓之以理、动之以情、言之以利，如有必要，还要据理力争。

刘经理通过倾听市场部的需求，了解到市场部的关注点是外包装需要高端，略带时尚感；通过和工会换位思考，理解他们是站在基层员工的立场，想为员工谋求更大福利；与财务部门协调确认，是因为目前两家提供的样品，做工的确不够精致……

于是，刘经理将这三点兼容，要求三家供应商同步再提供新的样品及方案，经过三轮的方案对比，最终市场部、工会、财务部门三者意见达成了一致。

宫老师说

以同理心关注兄弟部门的诉求，以利他思维服务内部客户需求。

（七）流程控制难，要重点关注目标

1. 情景描述

“春有百花秋有月，夏有凉风冬有雪，若无闲事挂心头，便是人间好时节。”

难得一个初夏的周末，刘经理捧着微微泛黄的诗集，在阳台上吹着微风，看云卷云舒。

突然，闺密小薛的一个电话打断了她的思路……

原来，小薛刚从设备采购轮岗至市场部采购，以前在处理设备采购时，基本上主动权是由采购部掌控。转岗到市场部采购后，小薛发现采购的话语权很弱，主要是给市场部跑流程，做了两个月，工作成就感很低，感觉自我的价值也没被实现。

在采购作业流程中，采购没有话语权，怎么办？

2. 存在问题

刘经理通过与小薛的深层次沟通发现，原来，市场部提需求到采购后，小薛经常追问市场部人员“CPC”是什么意思，“SEO”要怎么做。久而久之，市场部人员都知道小薛对市场采购啥都不懂，与其教她怎么做，还不如自己直接做好交给小薛走流程……

3. 解决方案

了解到问题的根源之后，刘经理给了小薛两个锦囊，并**重点提醒小薛要关注目标。**

（1）多学习品类知识。

市场媒体类采购是一个专业化程度比较高的采购岗位，不同于传统生产性采购物料品牌明确、规格齐全，市场媒体类采购的形式多种多样。

如何快速学习呢？

找供应商！供应商在它的这个领域内肯定是最专业的。

采购相对销售，占据一个很大的优势：销售不管是去同行还是客户那边，都需要想方法让对方讲，才能获得一些有用信息；而采购到供应商那边，稍做技巧性提问，不需要大费周折，供应商就会主动讲这行业里的门门道道，供应商更希望采购能够主动与其交流。

借此机会，采购可以快速地了解这个市场，了解这个品类：通过第一个供应商了解行业基本面；再找第二个供应商，将在第一个供应商那里没听懂的部分再进行提问；到第三个供应商时，你就能自己发现问题，并反问第三个供应商了。通过与三家供应商交流，就对整个行业、某个品类做了一些基本面的了解。

如果还有不懂的怎么办？继续约供应商过来聊呗。

小知识：市场推广中常用名词

1. CPD：两种意思，①cost per day，即按天计费；②cost per download，即按下载付费。

2. CPM：cost per mille，即按应用广告的千次展示计费，每千次成本 = 广告成本 ÷ 展示量 ×1000。

3. CPC：cost per click，即按应用广告的点击计费。

4. CPA：cost per action，即按用户行为计费，指按照激活/注册计费。

5. CPS：cost per sale，即按销售额付费，是指以实际销售产品数量来换算广告刊登金额。用户每成功达成一笔交易，销售可获得佣金。

6. CPT：cost per time，即按时长计费。广告主选择广告位和投放时间，费用与广告点击量无关。

7. ASO：App store optimization，即应用商店优化，是指提升

App 在应用商店的搜索排名、榜单排名等的技术手段。

8. SEO：search engine optimization，即搜索引擎优化，主要是针对 PC 站。

9. SEM：search engine marketing，即搜索引擎营销。

10. ASM：App store search marketing，即应用商店搜索竞价广告市场。

11. DAU：daily active user，即日活跃用户数量，是指在一日之内登录或使用过某个应用的用户数量（去除重复登录的用户）。

12. WAU：weekly active user，即周活跃用户数量，是指在一周之内登录或使用过某个应用的用户数量。

13. MAU：monthly active user，即月活跃用户数，是指在一个月中至少使用过一次该应用的独立用户数量。

14. UV：unique visitor，即独立访客。

15. PV：page view，即页面浏览的总次数。

16. ROI：return on investment，即投资报酬率。

17. APK：Android application package，即安卓市场安装包。

18. IPA：iOS 系统下安装包。

19. SDK：软件开发工具包。SDK 是渠道提供的，集成了 App 软件所有功能模块，这个功能模块（CP）必须植入自己的 App，接入 SDK 后 CP 和渠道都要对 SDK 包进行测试，测试通过才能上线。

20. IDFA：iOS 系统中广告标识符，可用来检测换量、推广等活动效果。

21. 首发：分为独家首发和联合首发，独家首发是指 App 新版本第一个选择的分发渠道，期间只在指定的市场进行新版本发布，其他渠道的发布时间至少须晚于首发市场24小时。联合首发是指在多个应用市场同步进行新版本发布。

22. 换量：App推广的一种方式，通俗一点就是置换资源、抱团取暖。

23. 刷量：指推广渠道通过技术手段或预装的方式模拟自然用户的应用激活或注册、留存等行为，以产生虚假推广流量。

24. 刷榜：广告公司通过技术手段操作提升应用商店总榜单（分类榜单）排名的行为。

25. 扣量：量没给够，是指广告商在推广中，在实际有效推广量基础上扣除一定比例的常见行为。

26. 专题：指应用市场的定期/不定期的活动，多数应用市场都有专题推荐，对CP来说是一个很好的免费推广资源，可以到对应的开发者后台或者开发者论坛去申请。

27. 抓包：指一个市场的App安装包被其他应用市场抓取，多数发生在版本首发期间。

28. 马甲App：为了让产品获得更多的曝光，很多公司会采用马甲App从而在应用商店获得更多关键词覆盖、榜单排名流量，其特点是相似，目的是向主App导量。

29. 热搜词：指应用商店搜索页面的提示搜索词语，也会带来一定的下载（转化）。

30. 锁榜：指应用商店榜单长时间（超过5小时）不更新。

31. 加速审核：主要是针对应用商店提交时的加速上线操作。

32. 积分墙：指移动广告平台提供给CP的用户激励型下载注册平台，有下载试玩App拿积分形式，也有下载试玩直接发现金红包的形式，目前主流的玩法就是配合ASO技术手段，提升积分墙内各项次排名。

33. PPC：pay per click，即根据点击广告或者电子邮件信息的用户数量来付费的定价模式。

34. PPS：pay per sale，即根据网络广告所产生的直接销售数量来付费的定价模式。

35. PPL：pay per lead，即根据每次通过网络广告产生的引导来付费的定价模式。例如，广告客户为访问者点击广告完成了在线表单而向广告服务商付费。

36. AdWords：谷歌的关键词竞价广告。

37. Banner：横幅广告。

38. Button：图标广告。

39. PR 推广：软文推广。

40. Banner Ad：（横幅广告）网页顶部、底部或者侧边的广告展示位置。

41. DSP 展示广告：DSP 是 demand-side platform 的缩写，即需求方平台，常见的有有道 DSP、多盟 DSP、力美 DSP、Imobi、Admob、聚效等。

42. 超级 App：指那些拥有庞大的用户数，成为用户手机上的“装机必备”的基础应用。

43. KOL：key opinion leader，即关键意见领袖，比如微博、微信上有话语权的人。这些人在一些行业可能是专业的或者非常有经验，所以他们的话通常都能够让其粉丝信服。

（2）了解市场部的营销目标。

营销目标是什么？

谈营销目标，有必要提一下 GMV，即 gross merchandise volume，主要

是指网站的成交金额，而这里的成交金额包括付款金额和未付款金额。

$$\text{GMV} = 流量 \times 转化率 \times 客单价$$

- 流量分为免费流量和付费流量。
- 转化率为引流之后的有效点击率。
- 客单价为每个客户平均购买商品的金额。

如果流量获取比较容易，可以采取低单价策略，以获得更多的付费订单。

如果流量费很高，但转化率还不错，客单价可以做适当提升以提高利润。

这三个变量是需要根据实际情况做调整的，以营销目标的设计为本，以终为始做整体的营销计划。

任何一个组织的动作，最终目标都要服从于企业战略目标，采购也不例外。有时市场部的目标是快速占领市场，采购降本并不排在首位，高效、快速、可执行、能落地才是关键。采购只有了解它的目标，并用自己的专业能力，帮助市场部解决一些问题，才能得到市场部对其采购能力的认可。

经过两个多月的供应商拜访学习和对市场营销采购的深入了解，很多专有名词逐渐信手拈来，小薛终于得到了市场部人员的认可。关键是，小薛还知道每个专案的GMV，并且在和供应商谈判时，结合市场部的GMV，将关键指标写入合同内，充分维护了市场部的利益。有新的市场需求时，小薛也会被市场部邀请在前期进行参与，共同决策。

宫老师说

多学习知识，向同行、向厂商，完善内部请采验流程。

多关注目标，向客户、向内部，建立利益相关者清单。

（八）量化管理难，要执行效果评估

1. 情景描述

年底了，公司各部门都在统计今年的部门成果和业绩数据。

刘经理当然也不例外！

《市场营销采购工作汇总》洋洋洒洒写了近十页，有数据有图表，严谨认真！

当分析到广告费用的支出成本及收益时，有些费用的支出分析却卡壳了，比如电视媒体的广告费对销售额带动的比例是多少，数字广告如何精准地引流并达成付费，不同广告平台的获客成本是多少。

这些关键性的数据，让刘经理一下没有了着落，焦虑地又泡了两杯咖啡……

2. 存在问题

过去，有很多广告主和品牌方都会讲：我有一半的广告费是被浪费的，但我不知道浪费在哪里了。随着数字化时代的到来，有没有办法让广告购买不再模糊，不论是曝光还是点击，都让消费者实时可视，整个链路是清晰的呢？

现在投放广告的渠道非常多，光是数字化媒体就有六大类。

（1）搜索类。搜索引擎广告是基于搜索引擎平台的网络营销，利用人们对搜索引擎的依赖和使用习惯，在人们搜索信息时，尽可能将企业的营销信息传递给目标客户，比如百度、谷歌。

（2）社交工具类。社交工具类数字化媒体是人们在网络上进行社交活动及关系维护的平台，社交广告是在其平台上推广产品和品牌的主要方式，这种方式可以让用户直接与广告进行互动、选择广告形式，通过有意思的互动获取用户芳心，比如 QQ、微信、微博。

（3）网站资讯类。广告主在网站内选择相对应的广告位置，然后以图片、动画等形式进行广告的展现，比如网易、新浪、今日头条。

（4）电子商务类。电子商务类广告是指以电子商务平台内部网络为基础，通过在其平台上开旗舰店、直营店等方式，购买其直通车、关键词曝光等获取流量的获客行为，比如天猫、拼多多。

（5）视频网站类。视频广告是指在视频平台进行的广告传播，包含视频贴片、角标、创意的插画、内容互动等广告形式，视频广告很多会植入综艺节目、影视剧中，通过潜移默化的方式影响目标用户，更适用于品牌推广，比如腾讯视频、爱奇艺。

（6）社会化营销类。社会化营销指的是用户自愿提供UGC，通过图片、视频、直播等形式进行发布和传播。在社会化营销中，内容围绕用户展开，人人都是意见领袖，人人都可能被看见，代表有抖音、快手、小红书等。

量化自己的广告在这些媒体上的效果就成了每个采购面对的难题。

3. 解决方案

对于市场营销我们最终要看的就是效果！效果现在也可以量化评估了，特别是广告。

随着网络时代的来临，数字化媒体爆发，相对传统媒体，很大程度上解决了量化这一难题，让广告购买不再模糊，不论是曝光还是点击，都让消费者实时可视，整个链路是清晰的。广告投放的效果监测变得越来越快捷、方便，也有了对效果追踪的可能性，可以让我们清楚地看到每一分钱都花在了哪里，产生了什么样的效果，有没有必要继续坚持投放。

因为有数据追踪，广告投放变得越来越灵活，投放类型也开始多种多样，常见的有CPM（每千次成本）、CPC（每点击成本）、CPA（每行动成本）。

（1）CPM。

CPM是一种以展示付费的广告，只要向足够量级的用户展示了广告主的内容，广告主就为此付费。按此计费的广告一般是以展示为目的，曝光效果比较好，如开屏广告、富媒体广告等。

CPM 在最前端广告展示时就向广告主收费。举个例子，某商家准备向 100 万一线城市用户投放朋友圈 H5 广告，已约定一线城市 CPM 展示价格和人群定向提交广告计划排期，再由微信官方分发后实现投放。此类广告以曝光展示为目的，不强调获客效果，在大型品牌广告中尤为常见。

（2）CPC。

CPC 是一种点击付费广告，根据广告被点击的次数收费。关键词竞价一般采用这种模式，在 QQ 空间、今日头条、UC 等信息流广告系统中比较常见。

CPC 在第二步也就是用户发生点击行为时向广告主收费。目前主流的 CPC 广告通常以竞价形式出现，以出价、点击率影响曝光，换句话说除了出价的高低，CPC 竞价广告对文案、素材、目标用户把控要求都比较高，否则很容易出现“出价很高依然抢不到量”的情况。

（3）CPA。

CPA 是一种按投放实际效果计价的广告，这里的行动成本可以是下载成本（cost per download，CPD）、安装成本（cost per install，CPI）、销售成本（cost per sales，CPS）等。常见的 CPA 广告如应用商店、积分墙、流量联盟等。

CPA 以后端收费为主，也就是说用户看到广告并点击后，有进一步了解的欲望，于是完成某些特定行为，如下载 App、预约报名或是购买了产品等。因此，CPA 广告面对不同的行为门槛会有不同的价格，如某些积分墙报价是一次下载激活 2.5 元，而下载后完成注册需要 3 元。

总的来说，CPM 较为保护流量主利益，CPC 居中，CPA 则更倾向于保护广告主的利益，但这并不直接影响广告投放效果。

广告效果好坏通常与制订的方案紧密相关，这里的方案主要包括投放目的、投放方式、投放媒介、投放渠道、人群定向以及创意等。强势品牌以曝光为目的的品宣广告，选择 CPM 或是以时间计价的 CPT 是比较合理的；以获客为目的的效果类广告更多地需要考虑后端转化和成本控制，而且 CPM、CPC、CPA 这几种模式都有流量作弊的空间和案例，所以在选择渠道和合作方式的时候，需要更加谨慎。

因为效果的可视化，有数据的追踪触达，作为采购方，在管理广告投放时，通过比较这些投放类型之间的差异，可以找到最适合产品类型的投放方式。

小知识：AIDA 模型

在市场营销采购效果的量化管理中，还可以借鉴一个西方推销学的经典模型——AIDA 模型，来评估其广告效果的质量。AIDA 模型是艾尔莫·李维斯（Elmo Lewis）1898 年首次提出的推销模式，是西方推销学中一个重要的公式。

AIDA 是四个英文单词的首字母。

- A：attention，即引起注意。
- I：interest，即诱发兴趣。
- D：desire，即刺激欲望。
- A：action，即促使行动。

它涵盖了传播效果、心理效果与销售效果三个层面的评估。

比如你在朋友圈看到一条戴森卷发棒的广告。首先，你看到了，只是意味着你注意到了，很可能一刷就过去了。当你觉得它效果很炫酷、使用很方便时，你对它产生了兴趣。于是，你心里盘算了一下，还没有哪一款产品能有同样的功效，而且价格也合理，你产生了拥有它的欲望。最后，你点击了电商链接，完成了购买。也就是说，在评估广告效果时，**我们不仅要关注传播效果，还要关注更深层次的用户心理效果**，最后才是销售的评估。

宫老师说

量化管理难，本质上是数据收集难，数据有了，效果就可以评估了。

第九章

M&E

机器设备

一、M&E 品类概述

（一）M&E 定义及类别

对于机器设备（machinery and equipment，M&E），大家都很熟，它是指由金属或其他材料组成，由若干零部件装配起来，在一种或几种动力驱动下，能够完成生产、加工、运行等功能或效用的装置。

这样说比较学术，其实典型的机器设备主要由三大部分组成：动力部分、传动部分、工作部分。

另外，随着科学技术的发展，机器设备中的软件控制部分也变成了一项重要内容，特别是随着现在工业 4.0 的广泛应用，以及机器深度学习和人工智能技术的发展，软件的作用越发凸显，在许多机器设备的采购中所占的比例也与日俱增。

机器设备有很多种分类方法。

从生产角度看，有机床、测试测量设备、机器人、成套装配线、包装设备等。

从辅助生产角度看，有叉车、行车、自动化立体仓库等。

从厂房设施角度看，有空调、压缩机、通风机、发电机等。

从日常办公角度看，有碎纸机、打印机、投影仪、饮水机、咖啡机等。

从网络设备看，有路由器、交换机、监控设备等。

本章所讨论的机器设备主要指制造工厂里的生产用设备。再次提醒，软件已经成为设备的组成部分，购买设备时要注意软件的版本和后期的迭代。

（二）M&E 采购特点

机器设备是工业生产中必不可少的一环，对于各个制造公司，它是固定资产投资中除厂房设施之外的重中之重，没有人不重视。机器设备投资即购买、扩大、改造、维护公司所需的设备资产，是执行公司战略、提升公司竞争力的关键所在。

因此，了解机器设备的特点对设备采购来说是基本的要求。总的说来，机器设备有如下九大特点。

（1）机器设备单位价值大，使用年限长，流动性比较差。由于机器设备在总资产中所占比重较高，所以评估中应保持谨慎的态度。通常以单个机器设备作为评估对象，当然必要时也可以将整体机器设备（如一条装配生产线）作为评估对象。从选购到安装调试开始，经过使用、维修和改造，一直到机器设备报废更新，这是一个完整的机器设备的生命周期。

（2）机器设备属于动产类资产，具有可移动性。这使得机器设备与其他固定资产（如房屋建筑物）相区别。与房地产相比，机器设备评估值高低与其所处地域不具有直接关系。

（3）机器设备属于有形资产，但同时要考虑包含于机器设备中的无形资产。机器设备往往具有较高的技术成分或科技含量，隐含着一定的无形资产价值。比如一台数控机床的价值远远高于一台普通机床的价值，这是因为数控机床具有较高的科技含量。因此，机器设备评估要充分考虑其技术性，技术含量越高，其价值就越大。

（4）机器设备更新换代比较快。

（5）机器设备往往会存在功能性贬值和经济性贬值。功能性贬值是因为科学技术的提高使得原有的机器设备的功能显得落后，从而产生功能性贬值，而经济性贬值形成的原因则是环境的变化使得机器设备开工严重不足或造成停产，产生了经济性贬值。

（6）机器设备的价值量分别按不同规则改变。在机器设备的磨损过程中，有形磨损意味着随着机器设备的使用时间增长，价值逐渐降低，损耗到一定程度可完全丧失使用价值和价值。无形磨损则是指随着科学技术进步和社会劳动生产率的提高而使机器设备贬值。对机器设备进行技术改造，是从内涵方面扩大再生产，它在提高机器设备效能的同时使资产升值。因此，在机器设备的有效使用期内，其价值和使用价值都不是一成不变的。

（7）机器设备用于生产经营活动而不是用于出售。这是机器设备与流动资产最大的区别。

（8）机器设备的价值补偿与实物更新周期不一致。在现行管理制度下，机器设备的价值补偿是通过分期（逐年逐月）计提折旧来实现的。而机器设备的逐步更新是通过对原有设备的更新改造，或当设备结束使用寿命时予以报废，对于维修及时或经过大修理的机器设备可适当高估；反之则低估。

（9）机器设备涉及的专业面广，工程技术性强。机器设备种类繁多，工程技术性强，这就为设备评估、采购工作带来一定的困难。因此，评估时应结合机器设备的日常管理和技术特点综合分析判断，合理确定其评估价值。

（三）M&E 供应市场分析

虽然机器设备的基本结构都大同小异，甚至很多粗看起来没有什么区别，但是不同行业的生产工艺、精度要求是千差万别的，自然围绕这些工艺开发相关设备的供应商也呈现出不同的市场情况，即使设备名字看起来一样。比如自动化设备生产线，化工产品自动化生产线和电子产品自动化生产线的供应商很少会重合，尤其是那些头部的、在行业内占主导地位的供应商，更是专注于某个细分领域。

每种设备都有自己独特的市场情况，因此，我们在采购设备时，要对自己所负责的设备单独做供应市场分析。本书不可能针对所有行业的设备供应市场给出详尽的分析结果，只提供设备供应市场分析的思路，帮助大家迅速对自己负责区域的设备供应商有一个全面的了解。

下面我们以叉车为例，分四步对其供应市场进行分析，供大家参考。

1. 叉车全球规模以及区域市场分析

大家可以通过各种专业网站、公司网站，甚至专业报告获取所需要的数据。下列图表所显示的内容只是供大家做参考，了解应该去收集哪些数据。收集这些数据有助于我们对要购买的设备有一个全面的了解。

（1）2010 ～ 2020 年叉车全球市场规模，如图 9-1 所示。

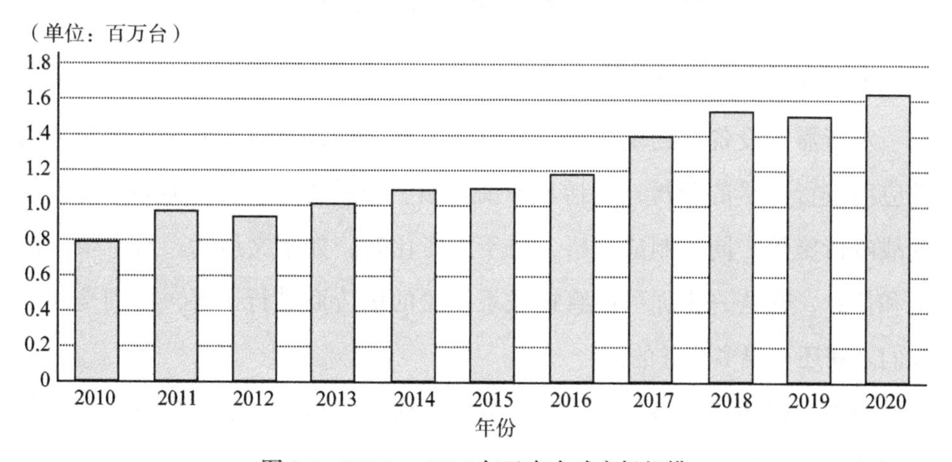

图 9-1　2010 ～ 2020 年叉车全球市场规模

（2）叉车各区域市场销售占比，如图 9-2 所示。

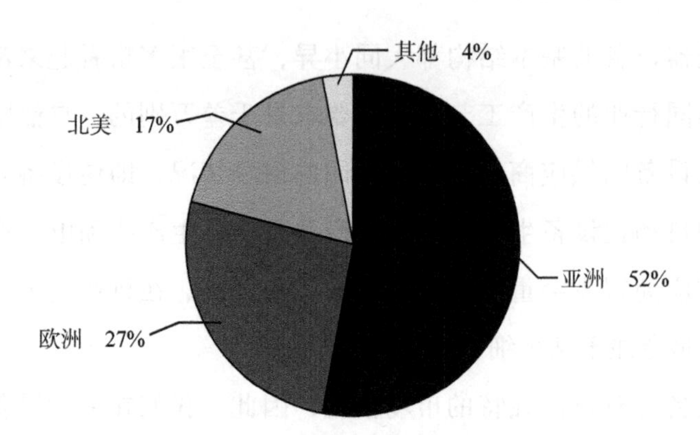

图 9-2 叉车各区域市场销售占比

2. 叉车行业主导供应商市场份额分析

叉车行业主导供应商市场份额，如图 9-3 所示。

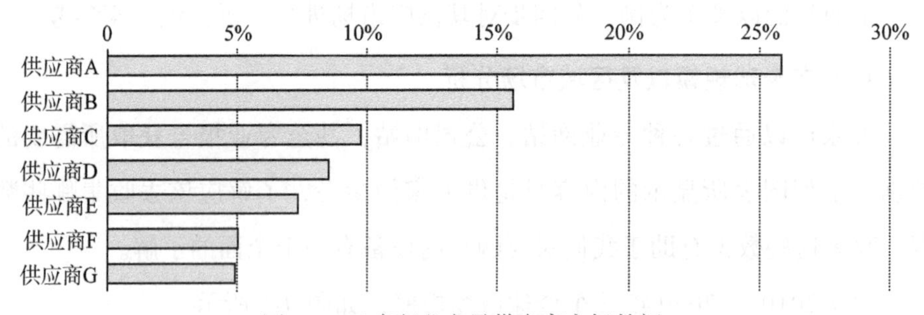

图 9-3 叉车行业主导供应商市场份额

3. 叉车供应商详情分析

对所需的设备市场供应情况有整体了解之后，我们需要对各个相关的供应商进行详尽的分析，包括具体销售额、公司优势、公司劣势、需采取的战略措施等，同时制成表格，便于参考比较，如下文所示。对于很多数据和信息，在这一步你可以直接联系相关的供应商进行了解，特别是如果你们之间还有很多业务的话。

当然，你还可以参考《供应商全生命周期管理》一书中描述的其他分析方法，比如 PESTEL 分析和波特五力模型、SWOT 分析等。表 9-1 为叉车供应商详情分析表，供参考。

表 9-1　叉车供应商详情分析表

供应商	2020 年销售额（百万美元）	与本公司销售额	优势	劣势	需采取的战略措施	……
A	14					
B	8					
C	5					
……						

4. 供应商供应战略分析

对供应商进行各种分析，最终目的是为制定自己公司的供应战略服务，因此有必要按照自己公司的实际情况和供应商的情况制定相应的供应商供应战略。

我们设计了如图 9-4 所示的供应商战略模型，可以将供应商进行分类管理。在后面具体的解决方案中会有详细阐述，这里就不重复了。

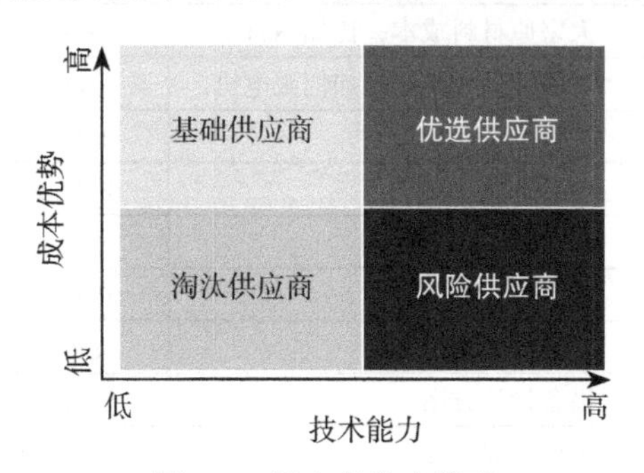

图 9-4　供应商战略模型

（四）M&E 成本驱动因素

由于设备的独立性较高、特殊性很强，又十分具有战略性，因此设备投资的成本改善的难度远远大于其他的间接物料。想要进行设备投资成本的优化和控制，就要找到关键成本的驱动因素，即设备投资的成本来自哪些具体的方面，受到哪些方面的影响，从而才能有的放矢地采取相应的措施达到想要的结果。

一般来说，设备的采购价格是所有采购最为关心的，也是所有人都能看到的。但是，根据我们的经验，这部分其实只占设备成本的一半而已，另外一半则分布在设备的运输和安装中、后续的备件和易耗品的消耗中、设备维修和保养的服务上，以及日常生产运营所需要的人员、能源等成本之中。当然，不同行业、不同工艺的设备，各种成本的占比区别是非常大的。我们只有充分了解这些成本在不同设备类型中的分布，才能找到性价比最好的设备。

如表 9-2 所示，我们罗列出了这些关键成本的驱动因素以及成本优化方法，供大家参考。这些是我们多年的经验总结，虽然没有把所有因素列出来，但是我们相信，设备采购中的关键因素你从中都可以找到。

表 9-2 关键成本的驱动因素以及成本优化方法

	关键成本	驱动因素	优化方法
1	设备采购价格	大宗原材料成本，比如钢材	整合需求
		关键零件成本，比如伺服电机	品牌、型号、规格的优化
		人员工资	低成本地区采购
2	运输和安装	项目紧急程度	留足设备运输时间，避免空运
		运输距离	尽可能选择周边的供应商
		技术因素	选择成熟的技术方案
		安装人工小时费率	提前谈好人工小时费率
3	备件和易耗品	设备设计方案	设计要标准化、通用化
		备件的通用性	与现有库存通用
		备件的可替代性	选择标准备件，减少非标定制
4	维修和保养	维修的便利性	设备设计要考虑维修
		保养复杂度和频率	选择保养简单、频次少的
		设备的可靠性和使用寿命	采购前进行技术验证
		维修和保养的人工费率	采购设备时谈好合同
5	运营成本	设备占地成本	选择占地小的
		能耗	如果可能，实际测量能耗
		人员成本	自动化设计
		员工培训	培训方案、手册完备

（五）M&E 采购流程关键控制点

设备采购流程中，最关键的一点是，采购一定要尽可能早地介入到设备投资项目中去。早期介入对于所有采购来说都重要，但是对于设备采购，尤为重要。

很多公司传统的做法是，在产品开发甚至工艺开发时都不会找设备采购，直到要搭建生产线，必须下单采购设备时，才慌里慌张地联系采购，然后逼着设备采购在一周之内把订单下出去。很多设备采购这时才第一次听说这个项目，甚至第一次听说这些供应商，那么采购所承受的压力可想而知，后续的招标、谈判之艰难也可以预见。

造成这种现象的原因有很多，我们认为，一个很重要的原因是很多公司没有很好的采购流程，更不会有专门的设备采购流程。即使有专门的设备采购流程，是否定义清楚了关键节点也是需要仔细考量的。

表 9-3 是我们推荐的简化的设备采购流程，大家可以根据自己公司的实际状况，比如产品、组织架构等进行调整。从中大家可以看到，凡是采购应该负责的事务基本都是设备采购流程中的关键节点。一个合格的设备采购抓住了这些关键控制点，就能掌控整个设备采购过程，而不是仅仅沦为一个最后下单的机器。

表 9-3 简化的设备采购流程

	1	2	3			4	5			6	7
	产品开发	**市场调研**	**设备方案设计**			**设备询价**	**谈判、合同制定**			**下单**	**交期验收**
			自制外包	**采购战略**	**技术规格**		**谈判**	**确定供应商**	**合同**		
项目经理	支持	支持	**负责**	支持	审核	支持	支持	**负责**	通知	通知	**负责**
产品经理	**负责**										
工程师	支持		支持		**负责**	支持					支持
采购	支持	**负责**	支持	**负责**	支持	**负责**	**负责**	审核	**负责**	**负责**	支持

（六）M&E 常见采购策略

常见的设备采购策略其实都大同小异，比如多家询价，保证竞争；把采购量集中起来，增强谈判优势；制定供应商白名单，管控风险等。

机器设备的特殊性在于采购的频次低、金额大，而且技术要求高，很多时候是一次性采购，甚至都没有什么机会让你和供应商进行多次博弈。不仅如此，垄断、拥有独家技术的供应商非常多，特别是国外的供应商，这让我们的设备采购根本没有选择，能把设备顺利地采购回来、验收完成就谢天谢地了。有时候即使有选择，可供选择比较的供应商数量也非常有限。因此，我们试图从不同的角度对一些常用的设备采购策略进行介绍，以帮助大家按照自己的情况找到正确的采购策略。

从设备采购流程的角度来看，我们可以采取如下策略：

（1）坚持制定技术规格书。这是找到一个好的设备供应商的前提，我们不能把所有的期望都压在供应商身上，也不能被供应商牵着鼻子走。

（2）进行成本比较时，要考虑总拥有成本（TCO）。后面我们会有详细的阐述。

（3）采购设备本身时，千万不要忘了后续的备件、维修服务。

从不同类别的设备来看，我们可以采取如下策略：

（1）对于标准设备：这类设备往往需要的数量多，使用年限很长，也会反复购买，比如标准测试测量设备、加工中心等。我们可以组织专家团队对各方面的技术指标进行验证，完全充分地考虑各个成本驱动因素对于采购成本的影响，特别是后续的备件消耗。与此同时，我们可以集中多年的数量和供应商签订多年的合同，保证供应和稳定的价格以及其他条件。

（2）对于非标定制化的专有设备，特别是成套生产线：这类设备由于设计复杂，报价阶段很多方案不一定非常成熟，模块之间的细节也不会很清楚，纠缠于某个子系统的用料多少甚至某些非关键零件的数量和价格没有太大的意义。供应商估计的开发费用、项目管理费用、软件工时等也会存在很大的变动。针对这类设备，定义好验收标准和考察供应商的项目管理能力是采购策略中的重中之重。不然，设备因为各种原因长时间不能验收便成为供应商和采购之间的重大矛盾。

从设备产地的角度来看，我们可以采取如下策略：

（1）对于国内采购的设备，如果一类设备国内供应商能做，基本上你就能找到一堆供应商。因此，保证竞争的充分是采购国内设备的基本策略。同时，对供应商进行实地考察也必不可少。

（2）对于国外采购的设备，可以分两种情况。

第一种情况是，基本只有国外的供应商才能提供满足要求的设备，当然很多时候也不一定只有一家。保证沟通的顺畅变成重中之重，不管是通过邮件还是电话，甚至有需要时还会飞到国外供应商的工厂。这是保证技术要求、合同条款得到充分理解的前提。另外一个不容忽视的采购策略是，要重点关注国外供应商在国内的售后服务能力和备件供应能力，不然后患无穷。

第二种情况是，有机会在国内找到替代的供应商，即使技术实力稍弱、质量欠缺火候，但在能够争取的情况下也是值得设备采购去尝试的。或者设备本体由国外供应商提供，但是后续的设备集成、安装、售后等由国内供应商提供，这也是一个可以考虑的采购策略，既能节约大量的成本，也能减少后续的运营风险。

二、M&E 采购八大痛点的解决方案

（一）需求管理难，要制定供应战略

1. 情景描述

罗经理在一家公司负责整个设备采购部门。

这家公司主要开发、设计和生产汽车所需要的零配件，每年都会有各种新产品，因此每年新的生产线投资、老的设备改造计划项目数不胜数。与此同时，各种实验用的测试、测量仪器和设备需求也是五花八门，再加上公司的各类实验室、仓库等其他辅助部门的设备需求，一直以来公司都没有几个人能完全搞清楚这些设备采购需求，更别说了解所有的设备供应商了。

2. 存在问题

自罗经理负责整个设备采购部门以来，发现大家一直都是被动地接受公司各个部门的采购需求，每天疲于奔命，到处救火，压力很大。

今天这个产品的项目经理跑来说："我们马上要架一条新线，需要你们马上把订单下给供应商。"可是采购一脸蒙：供应商是谁？在哪儿？过两天，某个研发工程师跑过来说："我们急需采购某种型号的测试设备，不然新产品的开发会受到严重影响。"可是大家对他要买的东西连听都没有听说过。又过了两天，实验室的跑来说："测试需求太旺盛，我们需要添加两台高低温测试箱，提高产能，麻烦你们照着以前的型号赶紧买两台。"可是采购员回头一看，以前的型号是啥？再说直接复制购买这也不符合流程。

大家每天都忙忙碌碌的，一会儿来问赶不上工程师的交期怎么办；一会儿又跑过来问知道要买的是什么东西吗；一会儿又和工程师吵架说不能指定供应商。然后，各种协调、澄清的会议数不胜数，很多还要把罗经理邀请来，不参加都不行。

罗经理对此非常苦恼，心想公司这么多需求，必须管理起来，让大家对公司的设备需求有清晰的概念和计划。当然，对于采购来讲，更重要的是有一个比较好的供应商策略来应对各种情况，来什么需求立马就有供应商能够提供方案报价，这样采购员才不至于在接到需求时手忙脚乱。

3. 解决方案

那到底怎么解决这个问题呢？

想来想去，罗经理觉得，很多时候是因为没有一个清晰的供应战略造成的。因为每次不同的需求到达采购部门时，大家并不能很快对潜在供应商达成一致意见。要么，所有人都对满足此需求的供应商资源一无所知；要么，采购员拉出一系列在用的供应商，但是规模大小不一，能力有强有弱，筛选起来费了很多时间；要么，工程师推荐了好几个新的供应商，该不该用、能不能用大家又纠结了老半天；还有一些重复购买的设备，金额不大，却因为流程原因，对几个供应商比来比去，浪费精力不说，好像也没有很好的实际效果。

如果，这个时候，所有的采购员对公司的各类设备需求非常了解的话，同时每类设备都有相应的供应商资源，需要的时候随时都可以拿过来用，情况应该会改善很多。

那么，该如何去做呢?

罗经理想起了很久之前了解的供应商分析模型，也就是由卡拉杰克矩阵衍生的供应关系模型，如图 9-5 所示。这个模型目前在全球范围内都是一种行之有效的供应商分析模型。

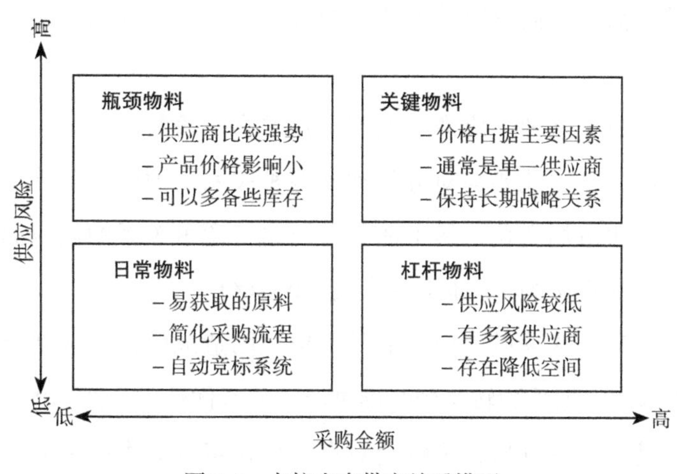

图 9-5 卡拉杰克供应关系模型

不过，在如今大部分变形的分析模型中，放入矩阵的都是采购品类，而不是具体的供应商。这对于了解公司整体的采购战略和摸清工作的重点不无帮助，只是对于具体负责的采购人员究竟如何去选择合适的供应商资源，就有点捉襟见肘了。

因此，罗经理设计了如图 9-4 所示的供应商战略模型，各供应商对应情况如下。

优选供应商：技术能力高，成本也有优势。

基础供应商：技术能力一般，但是成本很有优势。

风险供应商：技术能力很高，但是成本没有优势，很多时候价格高，谈判空间小。

淘汰供应商：技术能力低下，成本也没有什么优势。

在这个模型之下，负责的采购员就可以针对特定的品类把手上有的供应商经过评估之后放入不同的象限，然后针对不同象限的供应商采取不同的供应商战略。

优选供应商：我们要和这类供应商搞好关系，尽量与其签订长期合同，减少供应风险。

基础供应商：我们可以采取招标的形式，最大程度地为公司获得成本优势。

风险供应商：这种供应商一般都是技术寡头垄断的公司，我们首先要做的是保证供应，因此要与对方处理好各种关系，做好风险管理。与此同时，要不时关注市场变化，尽可能寻求与之有竞争关系的供应商资源。这样不仅能够控制供应风险，也会带来成本的节约。

淘汰供应商：这种供应商一般是历史原因造成的，应该制定正确的策略予以慢慢淘汰，把采购转移到基础供应商或者优选供应商那里去。

相信经过详细的分析，采购会对自己公司特定品类的供应商资源有全面的把握，知道哪些供应商是优选供应商，哪些是基础供应商，哪些又是淘汰供应商和风险供应商，自然就能制定正确的供应商战略。

比如，如果淘汰供应商过多，基础供应商不够，那么我们就应该立即淘汰部分淘汰供应商，将采购的资源放到基础供应商上面，如给它们更多的项目机会，或者开发新的基础供应商。又如，某个品类公司只有两家可用的供应商，而且还都是风险供应商，那么公司经常没有足够的供应商提供报价方案，或者提供了公司也无法通过谈判去获取好的价格和条件，这种情况就没有什么好奇怪的了。

只要把公司需要的各个品类一个个分析清楚，相应的供应商战略自然就出来了，下一步要做的事情也就水到渠成了。

宫老师说

有了好的供应商战略，设备采购就有了好的基础。

（二）预测计划难，要研究投资计划

1. 情景描述

小方在上面这家汽车零配件公司工作很多年了，一直负责设备采购。

他主要负责某类汽车用电子控制器生产线的设备采购。但是，即使只是这一类产品的设备采购，每年也让他忙得焦头烂额。这不，还没过年，项目经理就跑过来告诉他，公司要新投一条生产线，同时，由于需求量涨得厉害，有两条老的生产线也需要改造，让小方赶快帮他把供应商找好，以免耽误投产。

2. 存在问题

小方让项目经理把项目计划发过来，看了之后顿时头就大了，貌似现在到下单只有一个月的时间，可是现在潜在供应商在哪儿还不知道呢。因此，小方立马打电话给项目经理，吼着跟他说，为啥不早点把项目告诉他，现在一个月的时间怎么也搞不定，让他自己看着办。回头他还补上一句："你们现在连技术规范都没有，怕你们自己一个月都写不明白吧。"这下可把项目经理气坏了，两人大吵了一架。

3. 解决方案

小方哭丧着脸来找罗经理，问怎么办。那还能怎么办，只能就目前的情况，尽力补救了。其实，这种问题，如果工作做到前头，就不会有现在这种苦恼了。

具体该怎么操作呢？

罗经理说，其实这个很好办。小方要做的不过就是关注投资计划，也就是说他要把工作做到前面。要知道每家公司建造生产线这么复杂的投资计划不是一天两天头脑一发热就开始的，而是有一个很长的准备期。在新产品开发时，项目经理们就已经开始考虑什么时候能够量产。如果要量产，他们必然要考虑什么时候开始买设备来建造生产线。所以很早的时候他们就开始进行生产线的布局、工艺的开发，甚至供应商的选择了。

至于什么时候找采购来帮忙，那要看他们对采购流程的理解和他们对供应商资源的把握，以及公司的采购人员在其中能起到的作用和提供的价值。其中最核心的就是采购要能给他们带来价值，也就是说，能帮他们带来供应商资源，能帮他们缩短生产线建设的周期，能帮他们降低成本获取一个好的条件，能帮他们降低整个项目中的风险和减少各种技术的难题。在大部分情况下，公司的项目技术人员并不觉得采购能做到这些，因此他们都是到逼不得已的时候才会找采购。比如，有些公司的项目技术人员在找好供应商、谈好价格、需要采购下单时才会通知采购，说他们要加一条生产线；或者因为流程原因，才发现需要找采购介入；或者碰到了问题，觉得需要找采购帮忙尝试一下……不一而足。

因此，在这些状况下，采购要做的就是尽早和公司主要部门的项目技术人员进行沟通，提前了解他们的投资计划和采购需求。

比较好的做法是在每年年初甚至上一年的年底，就找公司主要部门的负责人询问明年的投资计划，同时把采购能够提供的价值和资源一五一十地和主要部门的负责人沟通清楚。这样做的目的有两个：第一，对明年的工作计划提前布局，对采购的资源分配也有所侧重；第二，在接到具体的采购需求之后，可以对自己手上的供应商资源进行盘点，如果需要的话可以和工厂部门提前启动供应商寻源、供应商评估等工作，而不是等到项目启动之后再来做这个工作。

采购部门手上有了公司的投资计划，并不是说就万事大吉了。因为投资计划每隔一两个月或半年就会有很大的变化，所以采购部门还需要定期对投资计划进行回顾。需要的话还要和工程部门一一讨论确认。

表 9-4 是一个简化的投资计划表，供大家参考。

表 9-4 投资计划表

项目编号	产品	部门	预算金额	计划下单日期	潜在供应商	计划收货日期	负责人	项目状态	备注
1									
2									

宫老师说

全面掌握投资计划，就不会有那么多“急急急”。

（三）需求描述难，要善于借助供方

1. 情景描述

小方被领导批评外加指导安慰了一番之后，主动找到项目经理，看如何尽最大努力加速整个采购流程。首先，他需要拿到使用部门的技术规范，迅速发给意向供应商，因为只有这样，供应商才可以迅速忙活起来，小方也就可以腾出精力，准备其他的采购工作。

2. 存在问题

不过小方碰到的第一个问题就是他一开始向项目经理抱怨的——一时半会他们的工程师写不出技术规范。老的生产线改造还好说，但是新的生产线可不是玩的。虽然说他们前期已经进行了很多技术讨论和方案设计，但是这毕竟是一条有十几个工艺的生产线，除了要定义各种工艺参数、技术指标外，工程师们还需要定义实现各种工艺的技术手段，甚至细化到关键零配件的品牌型号，以保证设备的质量和工艺的可靠性。这里面有很多非常专业的技术要求，公司的工程师对工艺还比较了解，涉及设备本身就有点一筹莫展了。

3. 解决方案

小方看到他们犯愁的样子，于是提了一个建议：为何不先放开，只提出基本的要求，让各家供应商开动脑筋，各显神通地准备方案呢？

工程师非常困惑：还能这么弄，但是具体该怎么操作呢？

小方这就说开了。

“首先，我们邀请的供应商都是这个行业内非常有经验的供应商，经验不够的我们不要，而且对我们公司的基本要求得十分熟悉。

“其次，我们要开诚布公地和邀请的供应商把目前的项目状况说清楚。当然其中的重点是我们要把这个项目未来的潜力和机会给供应商表述清楚，这样它们才有动力帮我们做后面的事情。

“最后，即便我们的工程师再怎么不懂，但他们对他们需要做的事情总是有一个基础的了解的，因此，他们要写出一些基本的技术要求，哪怕只是简单地描述一下我们要做的产品和工艺过程以及希望达成的结果。如果工程师连这个都没有办法描述的话，那他们就得先把这个工作做好再来。

很多事情的第一步必须从自己开始，不能指望任何人。

“在我们把基本的要求，比如产品和希望达成的结果告诉供应商之后，它们就可以开始工作了。如果这些供应商对类似的产品很有经验，它们自然会给我们提供它们原来做过的方案，或者类似的建议。

“不出意外的话，我们会收到几家潜在供应商各种迥异的方案。在此之下，我们可以一家一家地跟供应商进行技术探讨，询问它们方案的设计初衷、优点和缺点，同时一起探讨产品中的各种工艺问题和技术难点。

“我相信经过几轮探讨之后，我们会对这个产品和各种技术要求有一个全面的把握，甚至比较。

“接下来要做的事情就是在内部进行充分的讨论，然后确定一个技术方向，并且把这些都写进我们的技术规范里。

“有了升级版的技术规范，我们就可以要求供应商都按照这个技术规范去一点点实现我们的要求。

“如果还有任何不清楚的地方，我们可以采用这种流程一轮一轮地和供应商进行探讨。相信会把我们的需求描述得非常清楚。

“当然在讨论的过程中，我们一定要注意知识产权和各种技术保密的问题，不只是保护我们自己的，也要保护供应商的。不然，谁会愿意来帮我们呢？”

宫老师说

什么是好采购？就是把供应商的价值最大化。

（四）供方评审难，要依靠决策矩阵

1. 情景描述

公司的小黄今年接到一个引进机械手来实现生产线自动化的项目。

机械手的采购不同于普通生产原材料以及企业易耗品的采购，具有一定的科学性，对于供应商的选择也需要花费时间，并且项目金额比较高，后期调试试运行、试生产需要花费大量时间。但是，应用机械手可以减轻工作强度，提高产品质量，改善劳动条件，避免人身事故的发生，而且可以部分或者全部地替代人来安全地完成作业，有节奏地进行生产，因此公司对这个项目非常重视，希望通过这个项目解决用工难的问题，实现相对稳定的生产品质，改善工程的生产环境。

2. 存在问题

项目一开始，公司就成立了项目小组：采购副总负责采购战略的制定，生产部技术经理提供生产技术支持，品质保证部经理负责品质验证，设备采购经理细化采购步骤，采购员执行采购流程，厂商执行总裁负责方案研发以及生产的配合。

但是项目一开始他们就碰到了很多困难和挑战。比如，前期对机械手供应商没有任何资料，现场各种异形工序的设备和机械手配合比较困难，在行业里没有先例可以参考，现场各部门的配合也非常难，再加上机械手高昂的价格，导致项目进展困难重重。

他们找了十几家机械手的供应商，如何从中找出一家适合的便成为重中之重。毕竟在这个市场上，有四大家族领先，还有其他大大小小技术突出的日德供应商。国内的厂商可能技术能力一般，但是价格便宜，服务周到，很多应用也不是说不能考虑。

但是我们又不能在一个工厂里使用多种品牌的机械手，最好只使用一种。因此，这个评审的过程就变得很困难。

3. 解决方案

小黄已经在公司开过好几次项目会，经过努力，他把这十几家公司的资料都要来了。但是如何进行下去，选出一个合适的供应商就成为摆在他面前的难题。采购副总希望找一个规模大的公司合作；工艺部希望找一个研发技术能力强的；生产部希望供应商能够提供灵活的服务和及时的技术支持；品质保证部希望能够满足各项质量标准；采购部当然希望价格便宜。

经过采购部的仔细探讨，小黄制定了如下采购策略来对供应商进行评估：

第一步，定义评审的各种标准。

第二步，定义各种标准的权重。

第三步，一起讨论各家供应商的优劣，按照标准来打分。

第四步，分数打完之后及时冻结结果。

第五步，采购部出面去进行价格谈判。

第六步，综合考虑结果之后得出最终的决定。

很明显，在这个过程中，最重要的是定义各项标准和标准的权重，以及最后大家对各家供应商的评估。因此，整合内部各方的期望，制定决策矩阵就变得非常关键。

首先，在评估的过程中，我们需要把各个部门的技术要求都变成标准罗列出来，如图 9-6 所示。

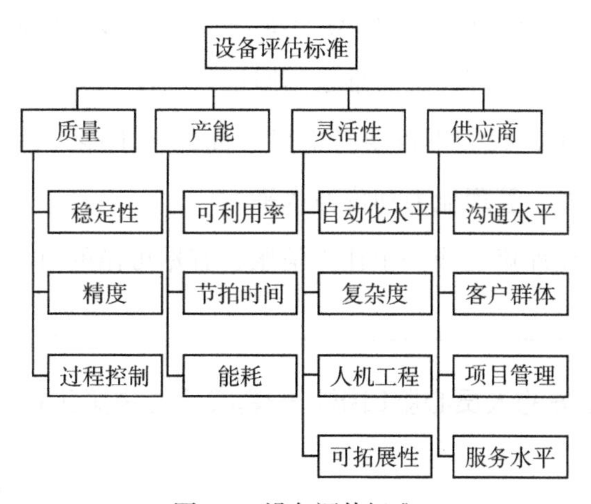

图 9-6　设备评估标准

其次，在各个标准之间进行讨论、排序，最后得出权重，如表 9-5 所示。

表 9-5　设备评估标准权重表

3=A 比 B 重要 1=A 没有 B 重要		B				合计	权重
		质量	产能	灵活性	供应商		
A	质量	—	3	3	3	9	37.5%
	产能	1	—	3	3	7	29.2%
	灵活性	1	1	—	1	3	12.5%
	供应商	1	1	3	—	5	20.8%
合计						24	100%

注：表中数据计算存在四舍五入。

最后，把所有人的要求和期望整合到一张表中，对供应商进行评分，从而得出一个客观的评分表，如表 9-6 所示。

表 9-6　供应商评分表

评估标准		权重	供应商评分（1 ～ 10）			
			A	B	C	D
1	质量	37.5%				
2	产能	29.2%				
3	灵活性	12.5%				
4	供应商	20.8%				
合计总分		100%				

只有这样，大家才能有一个共同的标准对供应商进行评估，才能得出一个相对客观的结论，而不是面对一堆杂七杂八的供应商信息进行讨论，公说公有理，婆说婆有理，最后谁也不服谁。

在评审过程中，我们不仅要考虑供应商的技术能力，也要考虑供应商的规模、服务能力、管理能力和价格水平。

这种方法会让评审变成一个让人信服、有据可循的过程。

宫老师说

要想所有相关的人员心服口服，一套实用的决策工具必不可少。

（五）价格对比难，要比较技术方案

1. 情景描述

工厂要买一台加工中心。

目前的选择有德国供应商、日本供应商以及国内的供应商。

众所周知，一般情况下德国供应商的价格最贵，日本供应商的次之，国内供应商的价格最便宜。

更要命的是，当工程师去找兄弟工厂咨询的时候，发现不同的工厂有不同的要求。找供应商报价、做方案的时候，不同的供应商也有不同的方案。

2. 存在问题

这种情况让负责这次设备采购的小曹抓耳挠腮。他手上拿到了几份报价，价格差别非常大。如果说国内、国外设备的价格差距很大，大家还能够理解，但是都是日本的机子，怎么价格差别也这么大呢？供应商报的到底是不是我们需要的设备，能不能满足我们的技术要求？

小曹还尝试着做了一个价格比较表，但是每家供应商对设备报价的细化条目类别也不一样，虽说能看出一些问题，但是帮助不是很大，毕竟每家的成本归类、报价方式也不尽相同，采购没有办法都去搞清楚。

因此，小曹把所有的报价和方案发给工程师一起评估的时候，工程师也头大了。

3. 解决方案

小曹郁闷地出去缓神的时候，碰到了经验丰富的设备采购小陈，两人很自然地就聊起了这个项目。小陈哈哈一笑，说这有什么难的，他以前经常碰到这种情况，都是这样处理的……

首先，做一个技术规范清单表，把所有的技术要求罗列出来，如表 9-7 所示。

表 9-7 技术规范清单表

编号	技术要求	关键参数	供应商能否满足（能 / 否）	否的话，请描述原因
1	主轴	18 000 rpm		
2	工作台	500mm		
3	刀库容量	80 把		
4	冷却方式			
5	定位精度	X：0.001mm		
6	……			

其次，把表格发给所有的供应商进行填写。

信息收集完后，发给工程师一起进行技术确认和澄清，必要时再联系供应商。

最后，把所有供应商的反馈汇总成一个表，这样，所有供应商的技术方案和公司的技术要求的区别就一目了然了。

有了详细的技术方案的比较之后，自然能够理解每家供应商的价格差别在哪里，比如，可能是不同的供应商使用了价格差别大的关键零件；可能是虽然能满足公司的技术要求，但是能做到的精度不一样导致的；可能是同一个工艺，实现的技术路径不一样导致的；当然也可能是人工费用的差别。

在详尽的技术方案研究之下，完全可以按照公司的要求制定不同的谈判策略。

有些供应商即使价格便宜，但是明显不能满足要求，差距较大，可以直接出局。

有些非常中意的供应商，技术能力很强，但是价格很高，可以尝试设定目标价格，与其进行谈判，可能会有意外收获。

如果剩下的几家，技术都可以，价格差别不大，那就可以采取竞价的方式。

如果剩下的几家，技术都满足要求，但是技术方案不一样，导致价格差别巨大，这种设备也不可能要求供应商进行大的技术调整，那就可以采取封标的方式，既能创造激烈竞争的氛围，激发供应商拿出底价，也不至于让它们轻易了解实际的情况，防止价格已经较低的供应商不会进一步降价。

小曹听完之后，马上回去开始操作。

一周之后，这个项目就有了很大的进展。

宫老师说

成本的高低首先取决于设计的好坏，一个好的技术方案能让采购极大地降低采购成本。此处的比价，比的不是价格，而是技术方案。

（六）部门协同难，要执行集体决策

1. 情景描述

现阶段 AGV 的项目越来越多了。

automated guided vehicle，简称 AGV，AGV 特指装有电磁或光学等自动导航装置，能够沿规定的导航路径行驶，具有安全保护以及各种移载功能的运输车。它不需要驾驶员，以可充电的蓄电池为其动力来源，一般可通过电脑来控制其行进路径以及行为。

AGV 也不是什么新兴设备，很多年前就已经应用了，只是由于各种原因一直没有铺开，特别是在中国，当时人工成本较低，生产用的供应设备都没有进行自动化，怎么会轮得到搬运设备呢。只是近年来，中国的人力成本日渐上升，行业升级换代一波接着一波，加上 2020 年新冠肺炎疫情的影响，导致 AGV 项目的需求急剧增加。

这不，小曹已经连续接到四五个类似的项目了。

有生产线从 A 点到 B 点搬运的；有仓库转从门口移托盘到货架的；还有拖着牛奶车到处跑的……凡是需要人搬运或者人开着小车或者叉车的地方都有潜在的 AGV 需求。

2. 存在问题

只是，小曹烦心得很，因为这些项目从一开始就问题不断，没有一个让人省心的。

首先，负责的工程师大多第一次接触这类项目，对 AGV 一无所知，都是一边学习一边干，不大可能提出非常完善的技术要求，也不会想到去和别的部门多沟通，甚至都不通知采购。等到项目落地的时候，突然发现要加这个功能，自然要求供应商进行变更，当然也不希望供应商提出额外的要求，比如增加成本。供应商敢怒不敢言。

其次，如果是和供应商第一次合作，采购和工程师前期很有可能忘了其他的同事，比如安全部门。但是，由于 AGV 是无人驾驶小车，成天在车间跑来跑去，所有人都对它的安全性有一肚子问号，因此项目验收的时候，安全要求基本都会进行检查。安全部门的同事这时才不管工程师原来是怎么和供应商沟通的。如果前期没有提的话，现在再改进，可能麻烦就大了。

最后，由于项目过程中的多变性，对项目管理的要求变得非常高。可惜，很多 AGV 项目都不大，很难引起足够的重视，因此总是问题不断。不是缺零件，就是工程人员频繁变更，或者答应的时间节点没有做到，或者某个功能一直不能实现甚至 AGV 走错了地方，撞坏了物料。每个人都疲于奔命，解决不知道什么时候会出现的问题。

总的来说，就是很多问题前期考虑不周，后期分散出现，导致内外部协同困难。

3. 解决方案

经过多个项目的历练，和供应商、用户的多次讨论，小曹基本上摸清了这类项目中的坑，也摸索出了一套方法，能很早地预判到问题的出现，很好地管理各个部门包括供应商的期望，及时采取措施，让项目顺利地进行下去，各个环节之间的矛盾也不会那么大了。

总的来说，新项目来的时候应做下面几个标准动作：

- 项目启动时要召开项目启动会，通知到所有人这个项目的目标和计划，同时征询意见，把一些工作做在前面。
- 根据项目进度召开不同的集体例会，比如内部的或者和供应商一起的，总之所有人要对存在的问题和后续的改进措施达成一致意见，减少遗漏。
- 必要时，要求各部门领导参加圆桌会议，汇报项目状态，寻求建议和支持，最后达成自己的想法，把项目顺利往前推进。
- 项目结束时要开总结会议，把所有的问题和好的解决办法记录下来，分享给所有的相关人员，避免重蹈覆辙。

总之，要依靠集体的智慧和决策让各个部门协同起来，这里非常考验采购的领导力，限于篇幅就不展开了。

宫老师说

一个好的采购项目需要集体的智慧。

（七）流程控制难，要制定标准模块

1. 情景描述

公司准备了很长时间，并经过一年多的努力，终于得到了客户关于某个产品订单的承诺，预测的需求量非常高，于是公司管理层下定决心投资一条全自动的生产线。据初步估算，整个非标自动化生产线的投资金额将高达 2 亿元，涉及的潜在供应商国内国外的都有。

2. 存在问题

项目负责人张经理非常担心这条非标自动化生产线的设备采购。

根据他过去的经验，他们的工程师经常抱怨非标设备采购流程不透明，周期太长，采购对于供应商的评估和影响都不够，导致后续项目实施困难重重。他可不想因为采购把这么重要的项目搞砸了。因此，他没有让工程师像往常一样去联系采购，而是亲自出马，找到采购部门领导，看是不是会有所帮助。

3. **解决方案**

张经理把这个项目的背景和采购部门负责人讲了二十分钟，所传递的信息立即就被接收。过了两天，采购部就派了一个看起来经验很丰富的设备采购托马斯来和张经理对接。托马斯也没有太多的废话，寒暄一会儿，就拿出了一个已经准备得差不多的文件找张经理要更多非常详细的关于这个项目的信息，比如产品信息、项目计划、技术要求等。

张经理定睛一看，文件基本把自己知道的都包括在内了，当然还有好多自己以前没有接触过的，当时就放心了一大半。

这份文件一看就非常完备，而且清晰有条理，包括以下标准模块。

- 产品信息：包括产品图、功能介绍、零件爆炸图等。
- 供应商选择评估流程：包括供应商选择的标准、流程、对供应商的要求等。
- 技术规范模板：包括硬件、软件、工艺等技术要求，以及需要满足的国内、国际标准。
- 报价模块：针对项目书设计的报价要求和条目，都列得一清二楚。
- 项目计划：包括竞价的时间节点、后续的下单计划以及验收计划。
- 验收标准：包括用来验收设备的产品状态、数量，需要满足的各类工艺参数。
- 售后服务要求：包括服务的区域、时限和人员的要求。
- 项目成员：包括技术和商务对口人的名字和联系方式。

张经理按照托马斯的要求一一提供所有相关的信息之后，托马斯很快就完成了这份看起来非常标准的招标文件。经过所有项目成员审核后，托马斯召开了潜在供应商大会，把所有的潜在供应商都邀请过来，集中对这份招标文件进行了详细的阐述。

所有的供应商都很震惊，因为经过托马斯的讲解，它们对这个采购项目有了非常明确的认识，也知道了接下来几个月的任务。它们唯一要做的就是明确告知自己的能力范围，在定好的时间内提交自己的技术方案和报价，然后和项目组进行技术和商务澄清。

这个项目因为体量大，投资额大，供应商多，技术要求也非常高，所以差不多花了一年多的时间才最终完成供应商的选择。值得庆幸的是，因为前期所有的流程内容有了非常标准化的模块，所有的人只需要按照计划一步步往前推进，也没有出现纰漏和混沌不清的状况，更不存在不知道如何去处理的采购难点，所以此次设备采购，得到了项目组和管理层的一致认可。

宫老师说

凡事有了标准，哪怕再难也能顺利地进行下去，设备采购流程也不例外。

（八）量化管理难，要评估 TCO 总成本

1. 情景描述

小方近期又接到一个任务。

公司因为产能原因要增加一条波峰焊生产线，其中最主要的就是那台波峰焊。因此他需要和负责波峰焊的工程师迅速敲定供应商。

2. 存在问题

焊接工艺是印刷电路板行业中一项非常核心的工艺。波峰焊是其中一个比较老的设备，焊接不够精准，但是效率高，产量大。近年来，由于环保的要求，基本上要求做到无铅工艺，因此对设备的要求也比以前高了很多，特别是为了防止氧化、减少锡渣所做的氮气保护装置。

国外的设备主要来自德国、美国和日本。设备设计得非常漂亮，一看就很高档，质量也不错，但是价格就不好说了。有200万元的，有100万元的，也有几十万元的，要花多少钱取决于你需要的配置和质量要求。

波峰焊设备经过多年的发展，国内也有不少厂家在做，质量也不错，更重要的是价格便宜很多。当然在质量的稳定性和维修保养等方面就不能提更高的要求了。

对于这个项目的工程师而言，如果公司的预算足够，他更希望买德国的波峰焊设备。德国的设备不仅设计美观，配置齐全，质量稳定，易于维修保养，更重要的是氮气保护装置做得非常到位，对后续的工艺调整非常友好，这对于负责的工艺工程师来说有莫大的吸引力。不仅如此，工程师还能到德国厂商那里去进行设备验收，学习最先进的工艺。如果预算不够，不能买德国的，日本的、美国的也可以考虑。因此，在项目一开始这位工程师就推荐了好几家国外的厂商给采购小方。

小方当然知道工程师的心思。但是作为采购，他需要购买性价比最高的设备给公司。况且，据他了解，国内也有不少厂商可以生产类似的设备。质量虽然没有国外的好，但架不住价格便宜，有些只有国外设备的五分之一，甚至十分之一。

工程师对于小方的推荐十分恼火，也很抵制，指责说："我们不能光考虑设备的采购价格，还要考虑后面的维修成本。"两个人讨论过几次，一直在这个问题上各执己见，争执不休，却没有拿出一个很好的解决方案。

3. 解决方案

有一次，小方在和同事开会时，有空聊起这个话题。

同事说："这很好办。我这里有一个计算 TCO 的方法，你可以试一试。"并且给他提供了如表 9-8 所示的表格。

表 9-8 TCO 计算表

编号	项目	供应商 A	供应商 B	供应商 C	备注
1	设备购买价				
2	培训费用				
3	电费				
4	占地费用				
5	氮气费用				
6	设备校验费				
7	耗材费用				
8	备件费用				
	……				

TCO 的全称是 total cost of ownership，也称为总拥有成本。上面的表格只是罗列了一小部分，在实际的运用中可以按照不同的设备或者项目特点灵活运用。

TCO 是与一个具体供应商交易的各种成本之和，不求精确计算，只是关注重大成本问题或与最终决策相关的成本，主要以金额为基础。

TCO 主要用于固定资产成本的计算，包括：

- 维护成本。
- 培训成本。
- 零件修理成本。
- 能源消耗成本。
- 造成废品和副产品的成本。
- 运营成本（人工和原材料）。
- 安装成本。
- 残值和处置成本。
- 供应商转换成本。

通过计算，每家供应商的总拥有成本就有了。

但工程师还是那句话："这不是一样吗？我们买了一个便宜的国产设备，质量不行怎么办呢？天天出问题要麻烦我怎么办？"

大家还记得前面的决策矩阵吗？

我们还可以对国内、国外各家供应商参照表 9-6 进行打分。

打完分以后，关键的点来了：我们所有人不都说买东西要看性价比吗？那好，我们就用表 9-9 来看一下性价比，性价比 = 性能评分 / TCO。

表 9-9 供应商性价比计算表

	供应商	性能评分	TCO	性价比
1	A			
2	B			
3	C			
4	D			

经过一番讨论，工程师没有话讲了。

宫老师说

计算 TCO 的目的不是算出采购物品的所有成本，而是做出正确的采购决策。

第十章

SVS

其他专业服务

一、SVS 品类概述

（一）SVS 定义及类别

服务类采购，涉及的面实在太广，有些是随设备一起的安装服务，有些是与 IT 一起的实施服务，还有一些如保洁、咨询培训类的独立服务。目前市面上对服务类采购所包含的内容没有一个准确的界定，在《深圳市政府采购品目分类表》（2021 年版）中，对于服务有一个概括，细分为科学研究和试验开发、信息技术服务、电信和其他信息传输服务、租赁服务（不带操作员）、维修和保养服务、会议和展览服务、住宿和餐饮服务、商务服务、专业技术服务、工程咨询管理服务、水利管理服务、房地产服务、公共设施管理服务、能源的生产和分配服务、金融服务、环境服务、交通运输和仓储服务、教育服务、医疗卫生和社会服务、文化体育娱乐服务、农林牧副渔服务、其他服务等 22 个大项。

为了表述清楚，本书把设施类的服务归至 FM 类，把 IT 类的服务归至 IT 类，把物流类服务归至 LOG 类，把维护维修运营类的服务归至 MRO 类，把市场营销类的服务归至 MKT 类，把机器设备类的服务归至 M&E 类，而把日常企业运作中的其他服务，如差旅、员工福利、灵活用工、猎头、知识付费等前述品类中未阐述、未明确的、非实物类的采购归纳为服务采购。

同前面几个品类一样，我们把其他专业服务（service）简写为 SVS。

（二）SVS 采购特点

与 FM、MRO、M&E 类间接采购不同，SVS 采购具有无形、无法存储、不可再销售等特性。所以在做 SVS 采购评审时，将侧重服务方案的评估、服务质量的考核方式及定义、服务交付验收的标准确定等。根据中采商学专家的总结，服务类采购有以下 5 个特点。

（1）内部客户难以把握和控制。同样的服务，经常在不同的地方，被多个业务单位所使用，或者有多个共同的业主在不同程度上使用同一类型的服务。对于采购单位来讲，面对的内部客户不是唯一的，要应对这个挑战，对 SVS 采购进行分类诊断是关键。

（2）由于服务的无形性，使得确定其范围和要求更加困难。在 SVS 采购中，对服务范围及标准的定义非常关键，所以需要建立一个能够促进采购部门、内部客户之间协作和沟通的规范流程，以对供应商服务范围和要求进行明确描述。

（3）服务验收的评价更多偏于主观性。因为交付的产品具有无形性，在交付执行过程中，人的感受最为直接，往往在验收时会偏向于主观性甚至情绪性，所以在采购合同签订的前期，对于验收的方式、标准、考核细项制定一份核对清单就变得相当关键和重要。

（4）服务类供应商难寻源。有些内部客户认为他们所需要的服务非常特别，很难在市场上找到新的供应商，这时采购部门要利用自己所掌握的专业寻源知识，为内部客户提供增值的服务，包括站在内部客户的立场上，向供应商详细地说明服务的要求。

（5）基于信任关系的 SVS 采购，需要建立规范的采购流程。有些服务执行直接面向企业内部的其他部门，有时会越过已经制定的采购流程，这时采购部门就必须介入。不管是基于公司制度还是已经建立起来的信任关系，最好有一个规范的 SVS 采购流程。当然，流程中应建议将采购职能与评价验收职能分开，以实现互相监督。

（三）SVS 供应市场分析

SVS 供应市场的品类非常多，差异非常大，因此更应该做足供应市场分析，比如提供服务的人是其雇员还是灵活用工人员，市场的分析方法具体可参照“十八般武器”之第一个武器——供应市场分析五力模型。

对 SVS 供应市场不清楚，导致采购常见的问题是，根本不知道这项服务是什么，不理解这项服务需求。

如果对于 SVS 供应市场没有时间做充分的分析，一时搞不清楚，怎么办？可以采用一些简便的方法，比如找一位行业内专家聊天，咨询其他公司，参加中采商学线下课程与同学深度互动。

（四）SVS 成本驱动因素

SVS 采购项目与设备、工程等采购项目相比，最重要的特点便是无形，所以，在对 SVS 采购项目做成本驱动调查时，我们可以从以下两个方面进行分析。

1. 细化服务的种类、数量、质量，推导直接人工成本

由于SVS项目在采购前可能尚未发生，采购需求摸不着，为了将无形的交付实现有形、直观的分析，采购需求必须完整、细化、明确。凡是要求供应商完成的服务，都尽可能列清楚，比如需要服务的种类有哪些，每个种类有多少数量、面积，每个种类需要服务到什么样的质量水平，合同执行期间如何检查、考核等。

比如在物业保洁服务的采购中，应该明确保洁服务的大致面积、地点和位置（如办公楼、会议室、卫生间、楼梯口等），保洁服务的范围（如墙面、地板、玻璃、窗台、镜子、屋顶等），保洁服务的频率（如每日一次、每日两次、每周一次等），保洁服务的效果（如无杂物、无污渍、无积水等）。只有将这些要求明确细化，推导成对应的服务人员数量及工时，供应商才能在同一条水平线上进行报价，采购在做成本驱动分析时，才能对比出每家供应商的单位价格是否合理。

2. 拆解报价文件的税费、利润，推导间接管理成本

在上一条中对服务的种类、数量、质量做出明确要求，相当于是将无形的服务进行了有形的量化，这也抓住了服务类采购的直接成本构成——人工。

但在供应商报价中，同样会有间接成本构成；不同等级的服务，技能要求不一样，对应的人工成本也存在差异；甚至有些供应商将直接成本列得很低，而将利润转移至间接成本中，这时采购需要对整个报价进行拆解。

比如除了上面的直接成本构成外，是否有设备的使用租赁（比如洗地机、草坪机等）？是否有耗材产生（比如清洗剂、拖把、洗地机刷盘等）？服务类的税费是否合理（比如6%的增值税）？供应商核算的利润是否真实？

甚至对于直接的人工成本，也可以细分为基本工资、劳动技能补贴、社会保险、公积金等。不同行业，对服务类人工的技能要求不一样。保安保洁类通常仅有基本工资和社保，评审时要注意是否低于国家和本地的最

低工资标准。对于知识、技能密集型服务类采购，如市场调研、非标程序类的开发、保险购买、猎头等，评审团队需要通过对业内市场平均价格进行了解，才能客观地对供应商报价做价格分析。

（五）SVS 采购流程关键控制点

基于 SVS 采购的特殊性，在执行采购流程的过程中，我们认为以下三个方面需要重点管控。

1. 清晰地获取采购所需的服务范围和要求

我们往往不能清晰地获取服务类采购的要求，主要原因是需求部门对自己所要的服务本身定义不清晰，因此完全依赖需求部门来确定服务采购的范围和要求，常常会引起沟通上的麻烦。此时我们可以适当引进一些外部市场资源作为参考，而对要求进行细化之后，往往需要对服务要求进行审查和修改。一个表述不清的服务要求，可能要经过来回多次的磋商才能表述清楚，这又可能导致采购周期的延长，因此需要在流程上加以约束。

2. 避免对服务类供应商的依赖

因为内部需求不清晰，我们往往会直接邀请供应商列出服务明细，让我们做选择，而此时供应商为了实现其商业利益最大化，可能会推荐一些对于企业来讲过剩的服务，所以在邀请供应商前，企业内部需要先列出一些必需和可选项清单，设为底线做参考。

3. 有效协调企业内外关系至关重要

采购优质、正确的服务，关键是非常清晰地描述出服务的范围和要求，但由于服务类采购自身的特点，要做到这一点很不容易，因此，与需求部门保持良好关系并能够有效调动企业的内外部资源非常重要。

最终，所有的沟通、流程制定、合作努力只有一个目的，就是创造一种环境，使用户的需求和供应商的服务结合起来，将服务类采购的管理制度化、体系化，让服务类采购不脱离采购整体管控框架。

（六）SVS 常见采购策略

对服务类采购进行合适的分类，是对此品类进行采购管理、优化资源配置的基本要求。

服务类和产品类一样，可以用不同的方法来进行品类细分，细分的思路有：策略性和非策略性、与生产相关和与生产无关、重复性的和一次性的、卡拉杰克矩阵分类（采购风险高和风险低的、采购金额高和金额低的）等。

采用什么样的分类方法取决于企业的属性和所在的行业类别，也取决于采购组织的领导人管理思路，不论用哪种分类方法，只要能够对服务类采购进行有效管理，就是合适的分类。

我们以经典的卡拉杰克矩阵分类为例进行分析。

1. 高风险 / 低价值 = 瓶颈采购

对于此类采购，供应商的一些技术唯一，企业有一些独特的服务要求，需求少造成选择性小，使用的波动很大，并且难以做常规预测等。

2. 高风险 / 高价值 = 战略采购

此类服务一般为企业运营所用到的持续、长期的定制服务，供应商的技术特别，市场上可替代供应商数量少，要改变供应渠道比较困难且采购金额大。

3. 低风险 / 低价值 = 非关键性采购

此类服务一般为标准型的服务、日用品型的服务、小金额一次性的服务等。

4. 低风险 / 高价值 = 杠杆采购

此类服务因为用量大、价值高，对单位服务类成本的影响权重高，且因为是充分竞争市场，寻求替代是可能的，可以采取充分竞争策略。

二、SVS 采购八大痛点的解决方案

（一）需求管理难，要采用支出分析

1. 情景描述

某著名跨国企业 X，旗下有多个国际著名奢侈品品牌，X 抓住中国的制造业红利，在华设立集团总部及各地分公司。集团主要以采购团队为主，开发有竞争力的产品生产商为其进行 OEM 加工，产品在供应商处质检合格后直接装箱，出口至欧美市场。

靖靖是集团公司采购团队的负责人，因为不涉及直接制造，没有制造现场催料、非标设备的技术方案检讨等困扰，直接下成品订单，完成后直接整箱出货，似乎任何问题都可以通过“买买买”来解决。手持订单再加上人美嘴甜，供应商看到她就像看见了完美的客户！

然而，再完美的客户，也有她的烦恼！

2. 存在问题

因为是寻源型的采购团队，采购、开发、品质人员一年中有半年都在外面飞，每年公司的各种差旅费用是一笔不小的支出。同时，为了应对集团品类的扩张，涉及一些新的跨行业的项目时，往往需要成立一个新的团队来快速推进，迅速挖掘行业内的资源。此时，靖靖还要充当人力资源主管的角色，想办法快速挖到符合项目需求的人才。另外，集团办公场地是租用的上海某大楼，每年的水、电、气、租赁、物业等费用都需要靖靖签字……

特别是差旅会议酒店的需求，考虑到员工的自我时间规划，机票、酒店等都由出差人员自行订购、自行安排。公司制定不同级别的员工对应的住宿标准及用餐补助，但往往员工都是偏上限报销，且每个员工有各自的

喜好。有人喜欢选购东航的班机，觉得服务好，准时率高；有人有某行的信用卡，可以享受国航 VIP 候机服务。年轻的女性喜欢精品酒店，成熟的男士更喜欢庄重稳定的五星级酒店。有时需要开一些小型的交流会，会议场地也是采购人员自行在当地查找做决策……

基于以上这些支出，靖靖一直想要有效管控这些服务性的需求，这些需求偶尔还会干扰她对产品类的采购进行分析和决策。为此，她一直在查找更好的方法，来解决这些需求管理问题，所以有时她也很想静静。

3. 解决方案

带着困惑，靖靖约好友糖糖下班后去“城市之光”的天台吃饭，想要寻求一些解决方法。

糖糖是一家品牌公司的采购主管，有着类似的采购项目，听完靖靖的吐槽，她说这顿饭你买单准值!

因为服务类支出只占公司整体采购支出的 5% 不到，却占用了靖靖近三成的精力，糖糖给她提了做支出分析的建议。通过做支出分析，对出行、酒店、会务进行需求管理、采购决策、供应商整合等。

如何做支出分析呢？可以先对一些历史数据做分析，比如收集上一年或者上两年在同一个城市与同一个品牌酒店合作的次数、频率；分析数据之后，需要对数据做筛选，整理出前三或前五名，通过签订年度框架合约获取相对折扣，接下来出差只需要与固定的酒店、人员对接，出差人员也不用再大费周章到市场上去选。

通过这样的整合，不仅集中了一年的量的优势获取到相应折扣，还减少了出差人员的选择烦恼，更节约了时间、提升了效率。特别是选会务类酒店，有经验的采购都清楚，一场中大型会议并不是有个场地就行，前期需要进行很长的评估准备，比如场地灯光、显示设备是否满足会议要求；是否安排中场茶歇；茶歇的标准是 40 元一人，还是 60 元、80 元一人；中场休息时，洗手间能不能满足应急高峰需求；人员的自由交流活动场地多大……

同样，对航空公司、用车等一样进行过往数据分析，经过综合的评比，选定 2 ～ 3 家稳定的供应商进行年度合作。其他有充分竞争的类别，通过支出分析也可以在前期设定供应商准入门槛，只要是进入合格供应商名录的，都可以参与各个项目的竞价比价，以达成每个采购项目的成本节约。

宫老师说

管理会计就是找到费用的承担者；支出分析就是分析什么人，在什么时间，花了多少钱，把钱花到了哪里。

（二）预测计划难，要实施滚动预算

1. 情景描述

因为发展迅速，X 集团在中国的各地分公司每年都有大量的新服务项目需求发布，单个项目可能金额不高，但汇总来看每年服务项目采购支出金额巨大，这个部分却缺少集团层面的统筹规划，基本上是由各地分公司自行管理。

靖靖每年请各需求部门提年度服务需求计划，到年底发现，各部门的实际发生与需求计划相差甚远，有些提了计划，实际没有发生，有些本无计划，项目却上得火热，这给靖靖的采购管理带来不小的困扰。

2. 存在问题

业务部门的计划性差，导致紧急需求多。为满足交期，只能仓促选商定价，导致价格高，供应商选择不合理，而且临时紧急任务的处理会消耗采购员更多的时间，甚至影响正常工作的进度。

如何对需求计划进行有效管理？

3. 解决方案

经过一段时间的摸索，X 集团上线了一整套数字化采购管理系统。在数字化采购平台上线过程中，该企业成立了集团、分公司两级集采组织，将采购职能交由采购部门履行。采购职能的独立有利于采购的合规及采购专业化能力的提升，但由于采购流程需要多个部门协同完成，产生了采购协作的问题：分工之前的计划性差、缺乏统筹将会给两级集采组织带来很大的挑战，可以预见将会产生大量的紧急采购，并且集采组织很难达成更优的采购结果。

靖靖的服务采购团队通过在企业内部调研、讨论，在数字化采购平台中提供了需求提报、招标计划等功能，分公司需在每年 12 月 15 日提报下年度需求招标计划，提供投资购买项目、投资预算、预计购买时间等，进行汇总审核，提报集团，集团进行最终的汇总。每季度的最后一个月的 28 日前，可进行下季度的计划调整申请，并可进行下季度增补计划申请，计划的调整和新增均需经过更高层级的领导审批。在每个月份，系统可根据招标计划，自动提醒业务部门及时提报采购申请，系统自动分工后，集采部门收到采购申请，去执行具体的采购过程。

前置的需求预测、招标计划作为调度工具，解决了业务部门和两级集采组织之间的协作问题，改善了需求的计划性，并且将招标计划的执行率作为业务部门的考核指标之一，进一步约束了不合理计划的产生。

宫老师说

用数据记录历史，以史为鉴，可知未来兴替。

（三）需求描述难，要提供选择模式

1. 情景描述

因为中国市场的快速增长，X 集团中国区计划加大对中国市场的投资。

为了说服各董事同意追加投资，同时让各董事对中国市场有更直观的感受，今年的董事会中国区总裁主动申请、积极安排，最终确定将在中国上海举行。

靖靖于是接到了管理部的需求：在外滩周边寻找一家高档酒店，用于召开本年度的董事会，同时须方便各董事的入住出行。

2. 存在问题

外滩周边寸土寸金，风景优美、视野开阔的酒店是稀缺资源，找什么样的酒店才能得到老板的认可？有多少位董事参会？随行人员有多少？哪些需要安排大床房？会议场地需要多大？座椅如何摆放？屏幕需要什么样式的？晚宴如何安排……一连串的问号在靖靖的脑袋里，找谁和自己一起确认呢？

3. 解决方案

学习一下如何给需求部门出选择题吧。

（1）首先，采购对自己负责的项目要专业。

服务类采购和其他类采购的确有一些不同的地方，比如直接采购中，我们要买一种螺丝，它有标准的型号、规格、尺寸参数，这些是既定的、可完全书面化的。服务类的采购则不同，不仅包含的品类广，还涉及认知、感悟层面，比如需要对所负责的品类有深入、专业性的了解，真的懂设计、创意、执行，如果是负责酒店会务，还得懂酒店。

如果我们不懂，当需求人向我们提需求时，我们就无法引导式对其提问，对方也就无法清晰地表述他的需求。如果需求不清晰，采购如何将需求传达给供应商？

比如采购问需求部门，本次会务要用多大的屏幕？需求部门有可能回答不了，因为那不是对方的专业，对方怎么会知道？采购问，需举办什么样的会议？有多少人？是需要中英文切屏的，还是一个中屏或者一个三联屏的？屏幕 LED 点间距精度是要 P1.5（1.5mm）还是 P3（3mm）？如果需要投影机，要什么品牌的？亮度两万流明够不够……采购要向需求部门做充分了解，特别是会务的规模和重要性，这些信息采购是必须知道的。

（2）其次，学习建立标准需求清单。

有些部门采购与其沟通了，但再怎么沟通引导对方，也会有遗漏的地方，这时采购可以设计标准的表格模板。表格可以设计为两部分，一部分为常规项，一部分为可选项。

（3）最后，尽情丰富你的选择题库。

以酒店会务举例。

常规的选项通常有：参会总人数、会议场地座位摆放要求、舞台大小、屏幕大小、签到处需要人数、酒店各出入口指引需要人数、中场茶歇规模等。可选项通常有：是否有会议人员提前到场？会议结束后，是否安排晚宴？是否有住宿人员？

如果是一个大型的会议，一个需求表就够了吗？

肯定是不够的。

这时就需要将一场大型的会议分解成几个大的模块，比如活动策划组、接待组、茶歇组、外场指引组、内场控制组等，对每个组都进行物料需求分析。

依据以上思路指引，靖靖对会务内容做了深入了解，之后制作了一份会务选择清单。同时她觉得此项目需要进行跨部门协作，于是她邀请了管理部做需求确认，邀请了财务部一起做预算确认，同时请市场部、人力资源部协助做好外场指引、内场控制工作。在某些需求描述不清的状况下，靖靖牵头做引导，各部门全力全策进行商议，最终举办了一场老板满意、董事开心的董事会。

宫老师说

采购专业，才能识别需求是否准确；

清单标准，才能确认需求是否完整。

（四）供方评审难，要考察客户群体

1. 情景描述

随着X集团在中国的快速扩张，办公室从原来的单间逐渐扩展至了整层，每天从全国各地赶来对接洽谈的供应商络绎不绝，采购职能在集团战略中的重要性越发提升。为使采购团队更具专业化，集团的采购咨询服务便被提上了日程。

2. 存在问题

采购咨询，听起来就是找一家管理咨询公司，但是咨询公司如何审核？这类供应商在考察时有哪些指标可参考？项目人员的从业经验、服务水平如何确认？是否有对应的行业标准？

3. 解决方案

服务类的供应商评审，主要考察其客户群体。

服务类的供应商如何考察呢？一般情况下，我们会分为两类指标，一类是硬性指标，一类是软性指标。

硬性指标指的是什么？通常指企业的资质、规模、成立年限、现金流状况等。不同的企业和行业，对服务商成立年限的要求不一样。可参考表10-1进行供应商尽职调查。

表10-1　供应商尽职调查示意表

供应商尽职调查表	
主项目	子项目
基本信息	营业执照
	经营资质
	股东信息
	管理人员
	分支机构
	变更记录

（续）

供应商尽职调查表	
调查事项	企业违规记录
	股东违规记录
	管理层违规记录
调查发现	工商记录
	司法记录
	其他负面信息

比如有一家公司，它要求所有服务类的供应商必须成立 5 年以上，这是一个硬性条件，无论公司有多大，是谁推荐的，如果这个基本的硬性指标不能满足，根本进入不了下一轮。

为什么要求成立 5 年以上，而有的企业和行业只要求 3 年或者 2 年，甚至是新公司也可以？大家可以分析一下，这家公司更多的是从风险的角度考虑这些事情，那有哪些风险？我们通常认为，经过 5 年的市场洗礼、整个市场份额不错的公司，它的经营风险就会小，不会立马破产，员工的离职率低，资金链稳定等。

除了以上这些硬性指标，我们还会看一些软性指标，比如细分领域的市场份额、行业人员经验、人员的专业性、团队的规模和稳定性、服务的能力和速度，以及创新的能力。其中，**要重点关注供应商的客户群体**，可参考表 10-2 中的软性指标。

注意，选择服务类供应商时也不是客户群体匹配、行业经验越丰富越好，不同背景的公司有不同的考量角度。

处于行业头部地位的公司，在做供应商评审时，需要对供应商的客户群进行了解：供应商服务的其他客户与其是否存在竞争关系？是否介意自己的创意被竞争对手效仿？如果对方服务的客户里有自己的直接竞争对手，而且存在信息安全方面的问题，那么与这家供应商合作的风险可能比较高。即使最终有合作，相关保密协议及合同风险也需细化并做好执行管控。

表 10-2　软性指标举例

服务类供应商选择分析示意						
服务商	细分市场类型	客户规模 / 类型	业务占比	客户名称	细分市场份额	服务范畴 & 服务主项
服务商 1	快消服务	行业前三	20%	XY	50%	• 公开课 • 企业定制课程 • 企业微咨询 • 项目专案辅导 • 采购能力测评
	新媒体	行业前三	20%	LS	50%	
	汽车	行业前三	20%	YQ	70%	
	电子	民企 500 强	20%	HW	60%	
	金融 / 政府	国有企业	20%	SZ	30%	
服务商 2	快消服务	行业前三	60%	XY	60%	• 公开课 • 企业定制课程
				LS	20%	
				其他	20%	
	新媒体	上市企业	10%	KS	10%	
	汽车	上市企业	10%	YQ	10%	
	电子	上市企业	10%	HW	5%	
	金融 / 政府	本地企业	10%	SZ	5%	
服务商 3	快消服务	上市企业	100%	XY	20%	• 第三方课程
				LS	20%	
				NH	30%	
				SA	20%	
				LY	10%	
	IT/ 互联网 / 新媒体		0			
	汽车 / 奢侈品		0			
	电子		0			
	金融 / 政府		0			

如果本身是成长型企业，而评审的这家供应商服务的都是所在领域的一些佼佼者，它的很多实操都是行业经典案例，被大家传颂，那么该企业的产品就不会涉及太多信息安全方面的问题，而且极有可能通过这样的供应商学到更多更好的创意，从而提升企业的竞争力。

宫 老 师 说

了解服务供应商的创始人背景，了解服务供应商的过往客户，了解服务供应商的专家库。

（五）价格对比难，要使用价值分析

1. 情景描述

今年又是一个丰收年！

X集团中国区净利润再创新高，为了感谢团队每位成员的付出，中国区负责人特别申请了一笔经费用于犒劳大家，但是集团有明文规定，激励费用仅用于团队建设，不可以直接进行现金发放。那么，这笔钱怎么支配？大家讨论开了。

经过两小时的激烈讨论，最终以全员表决60%的投票率通过了“跨境游”这一方案，大家一致鼓掌表示赞同！

2. 存在问题

俗话说，几家欢喜几家忧，从大方向上来说这是一件让人开心的事情，但旅游出行类的采购，靖靖还真没有接触过，选哪家旅行社对接？行程中的景点怎么选？吃、住、行如何安全又舒适？靖靖又要涉足旅行社这个行业了。

询了A旅行社，对方报价较低，但是公司人员的签证申请全部办下来需要一个月左右的时间。这恰恰错过了日本的樱花季。

询了B旅行社，老板似乎有一些特殊本领，可以将签证申请时间缩短至十天内，但是价格却比A高了10%。

如何选？

3. 解决方案

从供应商价值上进行分析，找有特殊渠道和独特资源的供应商合作。

什么是特殊的渠道和独特的资源呢？

给大家举一个例子，一些商人喜欢包车旅游，有包汽车的，有包飞机的，你听说过有包火车的吗？可能我们认为包火车这件事情太难了，可是有人就做到了。

曾经有一家公司由于旅游出行人数众多，需要包四五节火车车厢，这对我们普通人来说真的特别难，即使是经常带队的旅行社，也不一定有这种特殊渠道。当时现有的三家供应商中只有一家能够承诺提供 6 节火车厢，那么这类供应商就是有特殊渠道的供应商。

独特资源又是什么呢？

还是以旅行社来举例，跨境旅行社每年要申请很多的签证，某些特殊国家或地区的签证比较难申请，有的旅行社可能送一个签证被退回，再送一个过去还是签不下来，但是对于有些旅行社，它会保证能签下来。也就是说不同的旅行社，有着不同的渠道，有着独特的资源。

这些倒不是说它们有暗箱操作，而是因为它们常年在这个市场里运作，会形成自己的一些特殊渠道和独特资源，这也是在挑选这些供应商时要注意的，这些特殊渠道和独特资源可以为采购所用。

甚至采购可以平时就建立一套这样的服务类供应商资料库，如果正好需要，则刚好可以匹配；如果暂时用不着，可以把这些信息挖掘出来，当企业内部有需求时，采购能够快速将这些优质信息提供给业务部门，进行快速及时的响应。

当然，这样的特殊渠道和独特资源是有一定风险的，因为很多时候我们不了解这些特殊渠道和独特资源的合法性、合规性。当我们真的实施时，才可能了解，因为在前期沟通时，对方不会给我们更多、更深入的信息，尽管供应商确实帮我们解决了一些困难。

所以在某些关键节点上，签合约前需要让供应商交代清楚，以评估潜在的风险。同时确认风险发生之后，供应商有哪些快速应对的备用方案。

表 10-3 为旅行社需求报价明细表，供大家参考。

表 10-3 旅行社需求报价明细表

需求方填写列		供应商填写列				
项目名称：		供应商名称：				
对接联系人：		报价联系人：				
团队人数：		联系电话：				
时间：		报价人邮箱：				
地点：		主管及电话：				
申请部门：		传真号码：				
类别	项目 （请详细写明具体需求）	数量	单位	单价	总价	备注
大巴 房间 ……	空调特快 国际大酒店 ……					

宫老师说

特殊渠道和独特资源是供应商的核心竞争力，获取并用好这些资源就是采购的价值。

（六）部门协同难，要达成统一认知

1. 情景描述

正所谓众口难调，在服务类的众多采购活动中，靖靖经常被需求部门抱怨采购周期长，供应商选择不合理，购买价格偏高等，而靖靖则同步抱怨需求部门需求不清晰，沟通耗时长等。

为此，双方经常为一些小问题争论，时间一长，则产生了内耗。

2. 存在问题

与直接采购服务于生产部门不同，间接采购更多的是服务于公司的各个部门，采购的复杂度相比直接采购存在数量级上的差异，采购过程中的协作更是因为部门多而难以管理。项目推进的过程中，如何最大程度地避免内耗？

3. 解决方案

所有的对立、内耗，更多是因为各自的方向、目标不同，比如，采购更关注成本降低，业务部门更看重创意效果，如何达成一致性？**在项目推进前期，双方统一认知很关键。**

在设计创意方面，采购是非业务部门，很难去评价说A公司创意好，因为这方面更多的话语权在业务部门。业务部门可能就是觉得B供应商的产品调性更符合公司中长期的策略。

这时，采购要先深入了解这个行业的特性，熟悉这个行业的专业术语，那么在方案交流、评标述标时，采购才能问中要害，即便采购对产品不太懂，在设计和创意方面不是专家，通常业务部门也会重视或尊重采购的一些建议。

当双方沟通能找到一个共同点时，以此为抓手，尽可能达成更多认知上的统一，对于推进项目落地有很强的协同作用。

宫老师说

最好的协同方法，就是找到一个共同的目标，对齐行动计划。

（七）流程控制难，要重视预算管理

1. 情景描述

靖靖安排了年度公司董事会以及公司激励旅游，其中，董事会期间，各董事的体验非常好，员工同样对公司激励旅游的满意度非常高，从某种程度上说，靖靖的服务类间接采购执行得很好，客户满意度很高。

但即便如此，这两场活动结束后，靖靖依旧被老板叫去谈话，先是一通表扬和认可，接着话锋一转，表示希望后续类似活动中，不要为了追求高满意度，而忘了成本和预算。

究其原因，是这两场活动超预算了。

2. 存在问题

年度董事会：10 名董事 10 间套房，外加会议室及晚宴交流，中间穿插外滩风光欣赏，原预算是 42.5 万元。会议中为了增强会议气氛及效果，追加安排了会议茶歇及夜游黄浦江等活动，结算时总费用达 55 万元，超了约 30%。

跨境日本游活动，在方案对比、选择、评估后，将原 5000 元 / 人的预算提高到了 7500 元 / 人，超了 50%。财务部不得不三次修改项目预算，最终才获通过。

虽然这两个项目中对预算的提高董事会和财务最终都做了认可（一方面是董事们自己享受了增值服务，一方面是财务人员也共同参与，获得了较好的旅游体验），但是从项目预算、流程管控上来讲，后续还是需要把关（做老板的还是心疼支付出去的真金白银）。

3. 解决方案

服务类采购流程，需要重点关注预算管理。

对于服务类的采购，正常情况下依流程批复之后即进入采购流程，如图 10-1 所示。

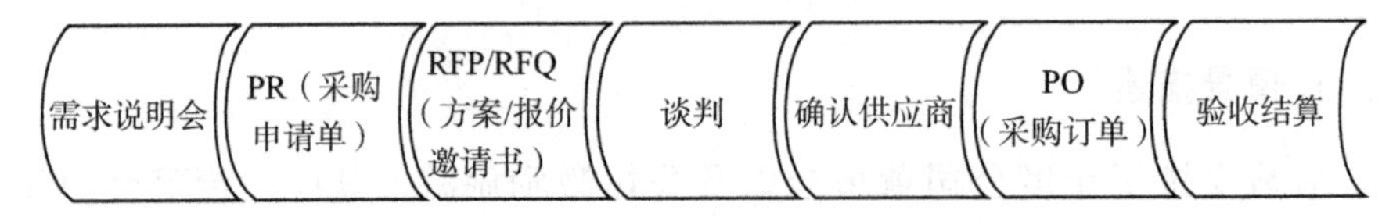

图 10-1 需求收集与采购流程

第一个控制点是批复之后的需求说明会。

如果需求没有控制好，就会导致整体采购成本很难控制。所以采购要了解需求部门开会的目的、需求，这一点非常重要。

同时，要沟通好需求部门对本次采购的预算。有时需求部门会说没有预算，其实不是没有预算，只是对方不想说。对方认为讲了预算之后，大家都不敢想了，需求部门想在前期不设限，让供应商放开思路，提供各种方案。

这种说法有一定道理，但也不完全对。一方面，这会让新供应商心里没底，不太确定对方项目合作的诚意；另一方面，也会让采购走很多弯路，做很多无用功。

所以，了解真实的项目预算很有必要。

第二个控制点是供应商讲标、述标。

讲标阶段一定是采购在主导。如果讲标阶段有个供应商提出一个创意——把贵公司的品牌送上太空，先不说这件事情能不能落地，这肯定是一个很有创意的方案，但同时是一个非常大、非常浪费成本的方案，此时采购一定要及时制止，并且将预算传达给供应商。

第三个控制点是比价和谈判。

比价是为了核实价格是否偏离市场价格，谈判是为了降低采购风险，同时最大化采购成果。

最后一个控制点就是执行。

供应商、方案一切都妥当了，执行中的管控能否有效落地就成了关键，所以，应通过甘特图等项目管理工具对项目的落地执行进行全过程跟进、管控，确保每个节点执行到位。

这四个关键控制点在实操时，每一点都要与实际预算做比对，大方向上以预算为标准，如果费用明显超额，则需要对项目项次进行筛查降品，如确实需要提高预算，注意备注好提高的原因，并保留书面确认资料。

宫老师说

流程的每一步，都是当下的第一步，预算管理就是这个第一步。

（八）量化管理难，要关注客户满意

1. 情景描述

辛辛苦苦又一年，其他部门的年终总结报告要么有降本，要么有增效，市场部更直接，图表秀出了本年度的销售额及净利润。作为采购部，特别是服务类的间接采购，仅仅盘算了一下今年各种服务花费，就有近2000万元，因为中国市场的快速增长，今年服务类的花费支出相较去年还增长了10%，降本？那是不可能的！

服务类采购如何协助公司销售部门一起创造利润？人家销售可没想分一杯羹给采购，关键是也没有这方面的数据统计……

已经晚上9点了，靖靖去休息室又磨了一杯咖啡，这次还没加咖啡伴侣……

2. 存在问题

靖靖的烦恼在于X集团对服务类采购没有进行量化管理。

服务类采购服务了谁？最终客户又是谁？如何考核服务类采购的绩效？谁来对绩效进行评分？

不同的公司，对服务类采购的定义不一样，服务的对象也不一样，考核的方式和人员也不一样。把上面的这4个问题想通了并且定义好，量化的对象及标准也就出来了。

3. 解决方案

服务类供应商因为交付产品的非实物性，在执行过程中会遇到很多意想不到的问题点（每个人的服务感受不同，他的内心评价也不一样），如何对服务类采购进行量化管理？其中一个重要的措施是**收集统计内部客户满意度**。

我们以会务举例，制作会务采购工作核对清单，清单中分为会前、会中、会后三个部分。

- 会前（参照表 10-4）。清单中需核对的内容一般包括：如酒店、机票、地面交通等的报价是否收集，报价是否盖章，服务的对象是谁，为什么要召开本次会议（客户沟通？商业学习？新品发布？）……
- 会中。清单中需核对的内容一般包括：采购项目是否获得审批，是邮件审批还是书面审批，供应商入厂物料清单由谁清点，谁负责物料的接收保管，执行过程中的总指挥是谁，后勤保障小组有哪些人，应急突发联系人是谁，项目总指挥是谁……
- 会后。清单中需核对的内容一般包括：所有供应商订单数量和实际发生数量的对比、会议用餐、住宿满意度、会务体验感、成本费用控制能力、会议收尾调查等。比如原计划是 10 000 份随手礼，实际会务产生了 11 000 份。有的公司会约定，如果中标之后，费用变化小于 5%，则供应商不做费用追加，否则可以按照实际发生费用，做采购单修正（需要有相关送货单、增加明细、接收人签字等佐证资料）。

表 10-4 会议工作簿核对表

	文件类别及名称	是否已上传	备注
1	基础信息		
	1.1 会议名称	Y	
	……		
2	报价信息		
	2.1 酒店报价	Y	
	2.2 机票报价	Y	
	2.3 旅行社报价	Y	
	……		
3	其他		
	3.1 文件准备	Y	
	3.2 参会名单	N	
	……	……	

注：Y 表示已上传，N 表示未上传。

通过以上数据的收集、汇总，并以年度同比、环比做分析，靖靖发现，内部客户满意度相比上年，提升了 8 个百分点，这充分证明了服务采购年度工作的优秀，以及靖靖工作流程的正确与所带团队的成功。会议评估可以参考表 10-5。

表 10-5 会议活动满意度评估

<table>
<tr><th colspan="9">会议活动满意度评估</th></tr>
<tr><td>组织部门</td><td></td><td colspan="2">活动名称</td><td colspan="3"></td><td>举办地点</td><td></td></tr>
<tr><td>活动日期</td><td></td><td colspan="2">总与会人数</td><td colspan="3"></td><td>反馈日期</td><td></td></tr>
<tr><td>评估方式</td><td colspan="8"></td></tr>
<tr><td>评估项目</td><td>订单号</td><td>承办方</td><td>非常满意 /5</td><td>满意 /4</td><td>一般 /3</td><td>不满意 /2</td><td>非常不满意 /1</td><td>处罚及说明</td></tr>
<tr><td>酒店</td><td></td><td></td><td></td><td></td><td></td><td></td><td></td><td></td></tr>
<tr><td>机票</td><td></td><td></td><td></td><td></td><td></td><td></td><td></td><td></td></tr>
<tr><td>旅行社</td><td></td><td></td><td></td><td></td><td></td><td></td><td></td><td></td></tr>
<tr><td>……</td><td></td><td></td><td></td><td></td><td></td><td></td><td></td><td></td></tr>
<tr><td>评估部门意见</td><td colspan="6"></td><td colspan="2">评估人：</td></tr>
</table>

宫老师说

服务本无形，量化则可测，满意度是生命。

会务管理，将会前、会中、会后转变为事前、事中、事后，化无形为有形。

03

第三部分

间接采购的十八般武器

工欲善其事，必先利其器。选择合适的工具，可以绩效倍增，本书总结了十八个实用工具，我们将其称为“十八般武器”。

第十一章

采购计划管理工具

一、供应市场分析五力模型

专业采购必须学会做供应市场分析，一定要了解所购买的产品、服务在市场上的竞争态势，这样才能买得对、买得好，才能实现采购的5R目标：right quality（适质）、right quantity（适量）、right price（适价）、right time（适时）、right place（适地）。无论是直接采购还是间接采购，都应将5R作为原则，贯穿采购全流程，它是专业采购必须遵循的基本原则。

在“供应市场分析与价格预测”这门课中，宫迅伟老师讲过一个变形的波特五力模型。大家知道，波特五力模型广泛用于企业战略、市场营销。变形后的五力模型（见图11-1），在做供应市场分析时非常好用。通过模型，可以知道供应商是代理商、经销商还是制造商，可以知道买方与供应商、供应商与它的供应商之间的力量对比，可以知道供应商之间、买方与竞争者之间的竞争关系、竞买关系。充分的供应市场分析，可以对供应市场的运行脉络、竞争结构形成一个清晰的洞察，从而有针对性地制定采购策略，大幅提升采购能力。

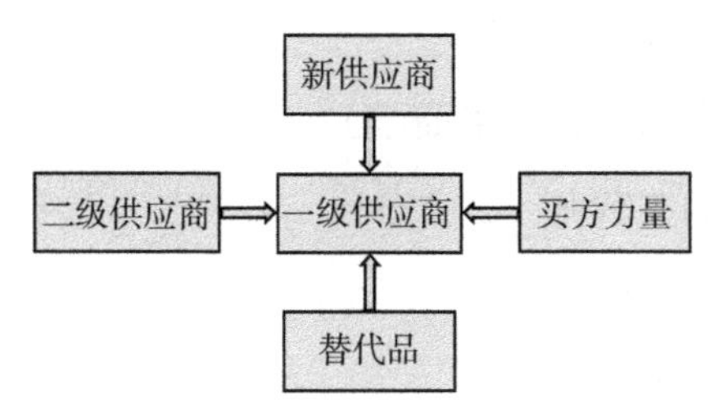

图 11-1　供应市场分析五力模型

二、供应商寻源路径

供应商寻源能力是做采购的基本功，优秀的供应商能让采购工作事半功倍，不匹配的供应商则会使采购工作事倍功半，所以，开发一家好的供应商，犹如找到一个好“伙伴”，那么，这个“伙伴”怎么找呢？

我们总结了寻找供应商的 18 个渠道：

（1）网络搜索。

（2）电子商务平台（如“阿里巴巴”）。

（3）电台广告。

（4）电视广告。

（5）邮递广告。

（6）户外广告牌。

（7）产品名录、“黄页”、电话目录。

（8）企业征信平台（如“企信宝”）。

（9）贸易杂志。

（10）贸易展览。

（11）行业协会（如汽车行业协会）。

（12）专业协会（如采购专业协会）。

（13）外国领事馆。

（14）现有的供应商。

（15）其他采购专家（如中采商学）。

（16）组织内部的工程师。

（17）临时到访的销售人员。

（18）万能的朋友圈。

三、供应商调查工具耙

为什么要进行供应商调查呢？公司供应商上千家，都需要做供应商调查吗？

显然不是。

通常，在新供应商导入时，或者准备与现有供应商发展成紧密关系前，我们需要对供应商做相关资质、能力、背景等调查。比如在进行准时化采购时，供应商的产品直接送上生产线进行装配，这时供应商与企业的利益息息相关，企业准备把它发展成紧密关系的供应商，那就需要进行深入的供应商调查；或者企业正在寻找关键零部件产品，特别是精密度高、加工难度大、质量要求高的零部件的供应商，那企业在选择供应商时，就要反复认真地深入考察审核。

那么，如何进行供应商调查呢？我们需要利用一系列工具，像耙子一样将我们需要的信息发掘出来，从而做出合适的决策。表 11-1 给出了供应商资格调查方法，供大家参考。

表 11-1 供应商资格调查方法

	要求	调查方法
项目经验	1. 有类似项目的经验 2. 有分包商的经验和网络 3. 有采购项目范围内材料和设备的经验	1. 历史价格比较 2. 背景电话调查和实地访问 3. 与大型公司的合作经验

（续）

	要求	调查方法
监控和报告	1. 跟踪和报告项目进度的能力 2. 能够将进度报告自定义为特定的 KPI	1. 在交付成果中包括每周和每月的报告 2. 设计特定的 KPI 以确保项目在正轨上 3. 要求提交风险降低计划
利益冲突	对各方之间最终的关系进行尽职调查	1. 确保公司和所涉及的子公司之间没有任何联系 2. 明确划分各方的职责
时间计划	1. 有能力承担项目延误的责任和成本 2. 压缩进度相关的风险和对成本的影响 3. 有执行在线和峰值安装的经验	1. 在合同中规定对项目延误的惩罚 2. 提交在线和峰值安装的资源、技能详细信息 3. 资源计划提交评审
人工及计费费率	1. 与竞争对手相比，每小时的费率和加价 2. 职位描述和人员素质 3. 完全透明的劳动力价格（正常工作时间和加班时间）和利润结构	1. 提供详细的简历和资格证明 2. 每个岗位的工时 3. 在 RFP 中要求提供详细的人工费率和加成
财务背景	1. 公司财务稳定性和风险状况 2. 评估已知的子公司，包括母公司	1. 良好的 D&B（邓白氏）评分 2. 母公司担保要求 / 银行担保
安全和质量保障	1. 合规、过去的安全记录、评级、安全计划和审计 2. 质量合规性、质量计划、检验计划、指标等 3. 保险合规性	1. 要求健康和安全文件 2. 确保承包商质量保证计划的提交 3. 人员、物料及第三方责任的保险

四、卡拉杰克矩阵

卡拉杰克模型又叫卡拉杰克矩阵，如图 11-2 所示，最早出现于彼得·卡拉杰克的《采购必须纳入供应管理》一文，这篇文章发表在 1983 年 9 ～ 10 月号的《哈佛商业评论》上。作为资产投资管理工具，“投资组合模型”这一概念最初是由哈里·马科维茨于 20 世纪 50 年代提出的。1983 年，卡拉杰克率先将此组合概念引入采购领域。该矩阵被用作公司采购组合的分析工具。

卡拉杰克矩阵将采购项目分为四个类别。

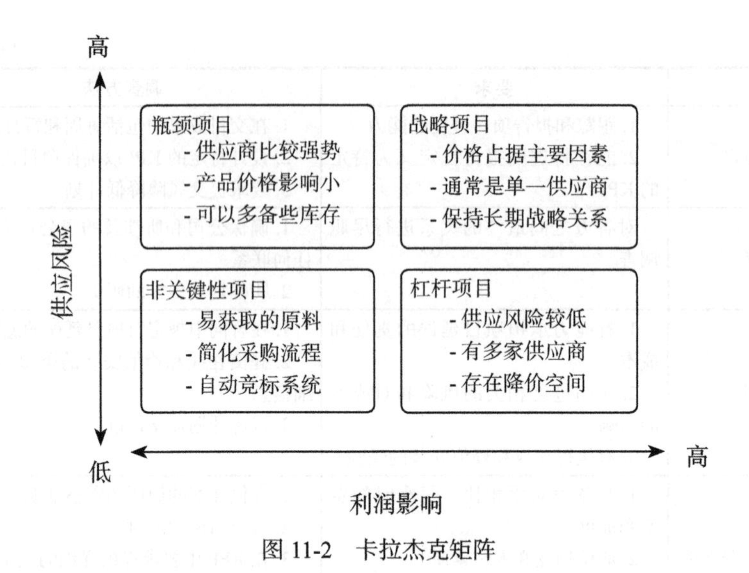

图 11-2 卡拉杰克矩阵

1. 杠杆项目（leverage items）

所谓杠杆项目是指可选供应商较多，能够为买家带来较高利润的采购项目，替换供应商较为容易，具有标准化的产品质量标准。

买卖双方地位：买方主动，相互依赖性一般。

采购战略推荐：集中采购，采购招标，供应商选择，目标定价，与首选供应商达成一揽子协议，最后按正常供应程序执行、处理分订单。

举例：基本的原材料、制成品、紧固件和涂料的采购。

2. 战略项目（strategic items）

所谓战略项目是指对买方的产品或生产流程至关重要的采购项目。这些项目往往由于供给稀缺或运输困难而具有较高的供应风险。战略项目价值比例高，产品要求高，同时只能靠个别供应商供应或者供应难以确保。

买卖双方地位：力量均衡，相互依赖性较高。

采购战略推荐：战略联盟，紧密联系，供应商尽早介入，共同创造，并充分考虑垂直整合，关注长期价值。

举例：汽车的发动机、电视机的显像管、计算机的 CPU 等的采购。

3. 非关键性项目（non-critical items）

所谓非关键性项目是指供给丰富、采购容易、财务影响较低的采购项目，具有标准化的产品质量标准。

买卖双方地位：力量均衡，相互依赖性较低。

采购战略推荐：通过提高产品标准和改进生产流程，减少对此类项目的采购投入。

举例：办公用品、MRO类的采购。

4. 瓶颈项目（bottleneck items）

所谓瓶颈项目是指只能由某一特定供应商提供、运输不便、财务影响较低的采购项目。

买卖双方地位：卖方主动，相互依赖性一般。

采购战略推荐：签订数量保险合同，供应商管理库存，确保额外库存，寻找潜在供应商。

举例：食品厂的某种添加剂、汽车的某种专用零配件的采购。

五、租买分析表

许多公司在进行固定资产投资时，经常会面临到底是购买还是租赁的困扰，特别是现在市场变化非常迅猛，随时可能面临今天投了一条生产线，明天却不需要了的风险，租赁甚至就变成了唯一的解决方案。

企业在做决策时，需要考虑各种因素，比如，不同方式的成本会对公司的财务结果有何影响？购买需要多少资金？租赁的话采用何种方式，租金多少，怎么支付？投资回收期限是几年？当然，更重要的是比较租赁和购买的成本，从而做出合适的决策。

在《全面采购成本控制》一书中，对于租赁与购买的决策分析有着详细的阐述。

一般来说，评估的指标主要包括净现值、内部收益率和投资回收期。其中常用的就是净现值的比较，净现值大的方案比较好。净现值的计算又和净现金流入密切相关。

这里我们列出购买、经营租赁和融资租赁三种方式的净现金流量计算比较表（见表 11-2），供大家在实际工作中参考。

表 11-2 不同方式的净现金流量计算比较表

方式	净现金流量计算
购买	净现金流入 = 销售收入 – 经营成本 – 设备购置费 – 销售税金及附加 –（销售收入 – 销售收入税金及附加 – 经营成本 – 折旧费用）× 所得税税率
经营租赁	净现金流入 = 销售收入 – 经营成本 – 租赁费用 – 销售税金及附加 –（销售收入 – 销售收入税金及附加 – 经营成本 – 租赁成本）× 所得税税率
融资租赁	净现金流入 = 销售收入 – 经营成本 – 租赁费用 – 销售税金及附加 –（销售收入 – 销售收入税金及附加 – 经营成本 – 折旧费用 – 租赁费用中的手续费和利息）× 所得税税率

六、支出分析饼图

支出分析的主要目的是搞清楚钱都花哪儿去了。

每年年底，公司通常要求各部门做年度工作报告，而在采购的年度工作报告中，最重要的一项就是采购数据提报，包括对采购总金额、采购项目、总单据量、各部门花费、各品类花费、各供应商交易额排行、各采购担当下单额等做汇总报告，并根据汇总的数据，抓取重点，找到改善机会，这就是支出分析。通常，这类分析报告都会做成饼状图，我们暂且就叫这个工具为“支出分析饼图”。

总结支出分析，其实就是干了以下两件事。

1. 翻旧账，通过支出分析，清晰地了解过往支出的情况

旧账有很多，不同公司、不同的供应链业态，有不同的账目分类，这里列举 4 个方面供大家参考。

（1）各品类支出分析。

通过对直接采购中的原材料、机加工、包材类、化学品类等（公司供应链结构不同，品类划分各有区别），间接采购中的FM、IT、MRO、LOG、M&E、MKT、SVS等年度采购数据进行分析，找出每个品类的前20%（依据20/80原则，前20%采购项目可能占到此品类采购额的80%，抓住这20%，就控制好了这个品类的总成本）。

（2）各供应商支出分析。

供应商总数量是多少？每个品类的供应商数量是多少？哪些供应商交易额占比比较大？对于这些交易额大的供应商，我们有没有使用我方力量进行优势谈判？这些供应商所交付的物料品类与供应商优势项目是否相匹配？供应商交付的物料品质与我们公司所要求的品质要求是否相匹配？每个品类是否存在独家供应商或瓶颈供应商是否存在供应风险？

（3）各部门支出分析。

间接采购需求通常比较分散，各部门之间存在信息不互通，有些部门经理对间接采购需求管控比较严格，有些部门经理可能有很多的改善想法和建议。所以，可以通过数据分析，找出公司人均、设备平均花费较少的部门，了解其管控经验，思考是否可以在全公司推广。同时找出公司人均、设备平均花费排名靠前的间接采购消耗部门，分析其金额较高的原因，产生了哪些效率提升，如果通过花费部分金额实现了效率极大的提升，可以推广到其他部门，实现整个公司的价值提升。

（4）各采购担当支出分析。

通过分析每个采购担当的支出占比、品类划分占比，了解采购员所对应的岗位的重要度。结合采购员的谈判风格、做事风格分析，对工作职责做优化调整，实现采购员能力与个人价值的最大化。

当然翻旧账还可以是与去年同期相比、与去年总额相比（同比/环比），现代企业很多都已经运用IT实施企业管理，很多数据通过ERP系统实现了详细记录，这为支出分析提供了很好的数据平台，有些 SaaS 管理软件能够实现数据仪表盘的实时输出，为便捷进行数据支出分析、挖掘降本机会提供了有力支持。

2. 定方向，通过支出分析，优化制定更明智的采购决策

有了支出分析作为基础，则可以制定采购战略，比如哪些品类可以实行集中采购，哪些品类需要注意供应链风险，哪些供应商可以升级为战略伙伴关系，哪些要剔除出供应商名单，哪些部门可以优化需求，哪些采购可以优化调整。

小知识

不同于直接采购的支出分析，间接采购有很多计划外开支，注意对计划外开支做统计分析，分析其合理性，将部分计划外的重复性需求变为计划内需求，使其变得可控。详情可参阅《全面采购成本控制》第 3 章第 2 小节“支出分析”，搞清钱都花哪儿了。

第十二章

采购询价比价工具

一、需求模板

在实施一些项目型采购时，为方便采购与供应商对接，正确理解使用部门需求，通常会拟定需求模板、标准化清单等，从而与采购和需求部门确认需求，控制采购风险。

不同行业的需求，设立的标准清单项会有所区别，但主要核心内容都会包含如下几点。

（1）需求物品名称、单位、数量：这是最基本的需求信息，名称须为市场通用称呼。

（2）需求目的：便于采购了解最终用途，也便于供应商提供最优解决方案。

（3）使用场所：场所决定了需求的最终使用地，需评估场所环境影响。

（4）技术要求：需求方对项目的具体要求，这部分越详细，报价越精准。

（5）交易条件：交货方式、地点、安装方式、付款方式等。

（6）验收标准：项目交付后，如何验收、分几阶段验收等。

以询价需求为例，设备需求书示例如表 12-1 所示。

表 12-1 设备需求书

<table>
<tr><th colspan="10">设备需求书</th></tr>
<tr><td></td><td></td><td></td><td rowspan="5"></td><td></td><td></td><td></td><td></td><td></td><td></td></tr>
<tr><td></td><td></td><td></td><td colspan="3">供应商</td><td colspan="3">需求方</td></tr>
<tr><td></td><td></td><td></td><td>确认</td><td>审核</td><td>制作</td><td>确认</td><td>审核</td><td>制作</td></tr>
<tr><td></td><td></td><td></td><td></td><td></td><td></td><td></td><td></td><td></td></tr>
<tr><td></td><td></td><td></td><td></td><td></td><td></td><td></td><td></td><td></td></tr>
<tr><td colspan="3">机器名称</td><td colspan="7">激光焊</td></tr>
<tr><td colspan="3">使用目的</td><td colspan="7">汽车车身架焊</td></tr>
<tr><td colspan="3">放置场所</td><td colspan="7">制造部</td></tr>
<tr><td colspan="3">希望交期</td><td colspan="7">3 个月后</td></tr>
<tr><td colspan="3">数量</td><td colspan="7">1 台</td></tr>
<tr><td colspan="10"></td></tr>
<tr><th colspan="10">设备要求（需求部门提供）</th></tr>
<tr><td rowspan="5">机械动作及结构要求</td><td>1</td><td>□</td><td colspan="7">如配 10kg 机械手仿形焊接</td></tr>
<tr><td>2</td><td>□</td><td colspan="7">如配 1.5kW 伺服电机驱动</td></tr>
<tr><td>3</td><td>□</td><td colspan="7"></td></tr>
<tr><td>4</td><td>□</td><td colspan="7"></td></tr>
<tr><td>5</td><td>□</td><td colspan="7"></td></tr>
<tr><td rowspan="5">控制要求和功能</td><td>1</td><td>□</td><td colspan="7">如有异常报警装置</td></tr>
<tr><td>2</td><td>□</td><td colspan="7">如有急停按钮</td></tr>
<tr><td>3</td><td>□</td><td colspan="7"></td></tr>
<tr><td>4</td><td>□</td><td colspan="7"></td></tr>
<tr><td>5</td><td>□</td><td colspan="7"></td></tr>
<tr><td rowspan="2">T/T（生产节拍）</td><td>1</td><td>□</td><td colspan="7">如 25s/pcs 以内</td></tr>
<tr><td>2</td><td>□</td><td colspan="7"></td></tr>
<tr><td rowspan="2">被加工产品描述</td><td>1</td><td>□</td><td colspan="7">如 45# 钢</td></tr>
<tr><td>2</td><td>□</td><td colspan="7"></td></tr>
<tr><td rowspan="2">配套资源</td><td>1</td><td>□</td><td colspan="7">如电源：220V</td></tr>
<tr><td>2</td><td>□</td><td colspan="7"></td></tr>
<tr><td rowspan="2">使用环境</td><td>1</td><td>□</td><td colspan="7">如 20℃（±5℃）</td></tr>
<tr><td>2</td><td>□</td><td colspan="7"></td></tr>
</table>

（续）

安全要求	1	□	
	2	□	

注：此表为实际使用设备需求书，为避免法务问题，已省去关键信息，并略做调整。

二、报价模板

报价模板是对各供应商报价格式标准化的方法之一，目的是规范各供应商的报价，方便采购人员进行价格对比，同时也为价格成本分析做前期准备，是采购人员最常用的工具之一。

依行业不同和采购内容不同，报价模板在格式上各有千秋，但核心项有甲乙双方名称、报价项目名称、对应数量、价格、质量条款、交付方式、付款方式等。

下面将一些常用的报价模板列出来供大家参考，表 12-2 为通用报价模板，表 12-3 为工程类报价模板。

表 12-2　通用报价模板

报价单							
报价单位：			联系人：		联系电话：		邮箱：
客户名称：					报价日期：		
以下报价请查阅，如有任何问题请与我们联络							
序号	产品名称	产品类型	规格	数量	单价（元/千克）	金额（元）	备注
1							
2							
3							
4							
合计小写			合计人民币金额（大写）				
备注		1	本报价单有效期限：				
		2	交货地址：				
		3	货运方式：				
		4	付款方式：				
		5	报价单内容请确认签名				
报价人					审批		

表 12-3 工程类报价模板

报价单							
工程名称							
项目							
项次	品名	规格	单位	数量	单价	金额	备注
一	钢结构部分						
1	主结构						
2	料损						
3	标条						
4	料损						
5	次结构						
6	料损						
7	……						
二	彩板						
1	屋面彩板	岩棉板					
2	墙面彩板	岩棉板					
3	门	钢					
4	窗						
5	包边反水						
6	屋面防水						
三	螺栓						
1	高强螺栓						
2	普通螺栓						
3	锚栓						
4	普通螺母						
四	运输费						
1	钢结构						
2	彩板						
五	吊装费						
六	安装费						
1	钢结构						
2	彩板						
七	小计						
八	利润率						
九	管理费						
十	高空作业						
十一	总计						

三、PPDAR 五步法

成本分析是利用成本核算及有关资料，分析成本水平与构成的变动情况。

比如采购人员拿到供应商的报价单，会查看报价单上的成本项目，并分析其大小与合理性。成本分析的重要性毋庸置疑，分析的结果以及所揭示的问题推动了商务谈判、优化设计、持续改善和管理的提升，成本分析的几个好处：

（1）了解产品的成本构成。

（2）识别关键性的成本驱动因素。

（3）支持基于数据和事实的价格谈判和投资决策。

（4）识别制造过程、组织流程的成本改善点。

（5）为企业提供统一的成本交流和认知的基准。

在了解了成本分析的动因及好处之后，给大家提供一个成本分析的工具——PPDAR 五步法，如图 12-1 所示。

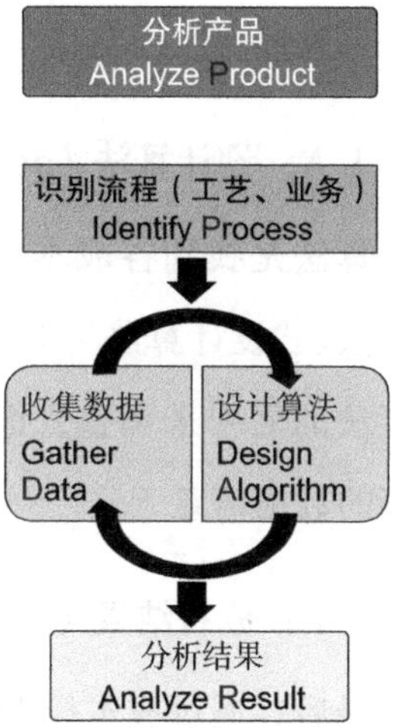

分析产品 Analyze Product
识别流程（工艺、业务）Identify Process
收集数据 Gather Data
设计算法 Design Algorithm
分析结果 Analyze Result

图 12-1　成本分析 PPDAR 五步法

1. P：分析产品（analyze product）

需要先拿到产品的实物或者相关的图片、设计资料，例如图纸、BOM 表等，然后将产品拆解至零部件级别。分析产品的物理结构（所用的材质、尺寸、重量，购买的零部件品牌、型号等），通过这样的分析，获得产品的基础资料。

2. P：识别流程（工艺、业务）(identify process）

识别产品的工艺流程，比如塑胶成型类的工艺有注塑、吹塑、修毛边等，以及每个生产步骤中所使用到的资源，比如人工、设备、生产节拍、产量、不良率等。

在这个阶段可以使用价值流程分析（value stream mapping，VSM）工具画出工艺流程图。

3. D：收集数据（gather data）

真实的数据是成本分析的核心，这些数据里有些是经常使用且在一定时间内相对稳定的，我们归纳、分类、汇总格式后，可以形成数据库。有些数据需要和某些行情走势相挂钩，我们要定时监控，以保证数据的准确性、可靠性。

4. A：设计算法（design algorithm）

算法是找到各成本参数之间的动因逻辑关系，通过模型计算得出成本的方法。“设计算法”和“收集数据”是一个循环的过程，数据收集需要根据算法的需要来调整，而算法也会基于已有数据的详细程度来改善，补充更多的数据信息。

5. R：分析结果（analyze result）

最后，通过成本模型的计算导出结果，针对计算的结果再进行分析。

结果分析通常做两件事：明确结果的真实性、合理性，以及怎样使用这些结果。

小知识

成本分析需要耗费大量的人工和精力收集、汇总数据，某些间接采购品类因为单批次数量少，需要考虑是否有做成本分析的必要，需要对“做成本分析所需要的成本”的投入、产出的预计效益做平衡考量，详情可参阅《全面采购成本控制》第2章第1小节“成本模型：成本控制的核心手段”。

四、TCO 模板

TCO 的全称是 total cost of ownership，也称为总拥有成本。

TCO 是与一个具体供应商交易的各种成本之和，它不求精确计算，只是关注重大成本问题或与最终决策相关的成本，主要以金额为基础进行计算。

TCO 主要用于固定资产投资，比如设备、厂房等，主要包括以下成本：

- 维护成本。
- 培训成本。
- 零件修理成本。
- 能源消耗成本。
- 造成废品和副产品的成本。
- 运营成本（人工和原材料）。
- 安装成本。
- 残值和处置成本。
- 供应商转换成本。

在采购实践中可以按照不同的采购项目特点考虑不同的条目成本，进行比较。

表 12-4 是一个简单的供应商成本比较表，仅供参考。

表 12-4 供应商成本比较表

编号	项目	供应商 A	供应商 B	供应商 C	备注
1	购买价				
2	培训费用				
3	电费				
4	占地费用				
5	氮气费用				
6	折旧费用				
7	耗材费用				
8	备件费用				
	……				

特别要注意的是，计算 TCO 并不是为了把某项投资的全部成本计算出来，实际不大可能也没有必要，而是来帮助我们做一个好的采购决策，时时提醒我们在采购活动中，不能仅考虑采购价格，将采购变成供应商眼中的最低价中标，从而给公司带来潜在的损失风险。

五、PLAYER 谈判模型

谈判存在于我们生活中的每一个细节。小到日常去菜场买菜，和阿姨沟通送一把葱；大到企业重组兼并，和投资方沟通股权占比以及管理权限。回到我们采购的日常谈判，对象主要为供应商，谈判项目包括价格、质量、交期、售后服务、付款条件、付款方式、送货方式、违约责任等。

采购谈判能力是采购核心能力之一。如何进行一场双赢的谈判是一个专业采购必备的技能。

市面上关于谈判的书有很多，但是针对采购谈判的目前寥寥无几。中采商学版权图书《全情景采购谈判技巧》中有一个 PLAYER 谈判模型，如图 12-2 所示，我们也称为“六脉神剑二十四式”。

小知识

在进行间接采购谈判时，如果因为小批量、多品种，致势力不足，可以将侧重点放在整合多种品类、年度订单上，进行联合采购等，创造、汇聚各种力量进行有效谈判。

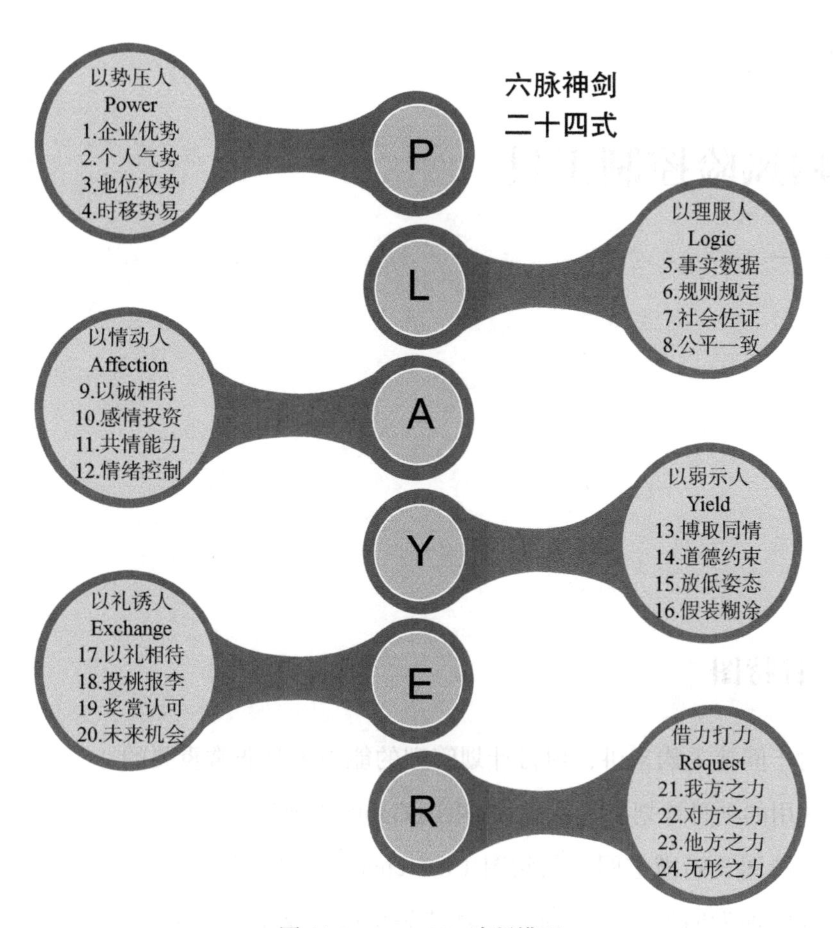

图 12-2　PLAYER 谈判模型

第十三章

采购风险控制工具

一、甘特图

对于间接采购来讲，项目计划管理的能力也是非常重要的，一般常用的项目计划工具就是甘特图（Gantt chart）。

甘特图又叫横道图、条状图（bar chart）。它是在第一次世界大战时期发明的，以亨利·L. 甘特先生的名字命名，他制定了一个完整地用条形图表示进度的标志系统。

怎么用甘特图绘制项目计划呢？

（1）明确项目牵涉的各项活动、项目。内容包括项目名称（包括顺序）、开始时间、工期，任务类型（依赖 / 决定性）以及依赖于哪一项任务。

（2）创建甘特图草图。将所有的项目按照开始时间、工期标注到甘特图上。

（3）确定项目活动依赖关系及时序进度。使用草图，按照项目的类型将项目联系起来，并安排项目进度。

此步骤将保证在未来计划有所调整的情况下，各项活动仍然能够按照正确的时序进行。也就是确保所有依赖性活动能并且只能在决定性活动完成之后按计划展开。

（4）计算单项活动任务的工时量。

（5）确定活动任务的执行人员及适时按需调整工时。

（6）计算整个项目时间。

图 13-1 为简单的项目甘特图例。

二、风险评估工具

采购在进行采购作业活动时面临着各种各样的风险。比如需求描述不清晰，可能导致所采购物料与需求不一致的风险；没有规范供应商的准入标准，可能导致供应商队伍鱼目混珠，存在交付品质不良的风险；合同履行不当，可能导致项目不能按时按期完工的风险……有些风险在暴露时，通过群力群策可以快速化解；有些风险如果不提前识别，遭遇时可能会对组织产生颠覆性的影响，这就需要我们对风险进行评估及分析。

那我们应该怎么做呢？主要有三种方式。

1. 利用“风险影响度等级表”分析风险发生的可能性及后果

风险发生的可能性是指风险发生的概率，通常用分值（如 1 ～ 3）或等级（如高、中、低）来表示，风险事件发生的可能性越高，优先级也就越高；根据风险发生的频率等级，思考可能产生的影响，比如造成生产停线 5 天或者给公司造成 200 万元以上的损失等，据此建立“风险影响度等级表”。

2. 利用 FMEA 工具评估采购风险

失效模式及后果分析（failure mode and effects analysis，FMEA），是一种可靠性设计的重要方法，最早是由美国国家航空航天局形成的一套分析模式，后来被广泛应用于质量管理领域。借用 FMEA 来评估风险，是想强调采购风险管理重在“事前预防”，对各种可能的采购风险进行评价分析，以便在现有技术的基础上消除这些风险，或者将这些风险的影响减小到可接受的水平。

XXXXXXX		负责人	时间节点			7月																								
			预计	实际	延迟原因	4	5	6	7	8	9	10	11	12	13	14	15	16	17	18	19	20	21	22	23	24	25	26	27	28
执行方案	落实活动方案	×	7.4	7.11	需求变动																									
	细化方案，备选场地整理完成	×	7.12	7.12	√																									
	落实确认场地	×	7.13	7.21	餐饮手续																									
	落实确认搭建方	×	7.13	7.13	√																									
	确认搭建风格及相应所需物料	×	7.14	7.15	讨论																									
	落实设计类物料清单	×	7.13	7.14	产品排期																									
	落实需采购 / 定制的物料清单	×	7.15	7.15	√																									
	确认供应商	×	7.15	7.18	量少																									
	确认统计邀请客户名单	×	7.17	7.18	沟通不到位																									
	确认邀请客户落实情况	×	7.18	7.19	确认排期																									
	落实所有设计物料完成	×	7.18	7.18	√																									
	落实所有采购定制的物料完成	×	7.24	7.26	存在返工																									
	确认邀请客户并发送邀请函	×	7.18	7.21	陆续新增																									
	确认执行手册及人员分工	×	7.14	7.21	协调沟通																									
	核对所有物料	×	7.26	7.26	√																									
	各项细节的再次核对	×	7.27	7.27	√																									
	动员会	×	7.27	7.27	√																									
	现场搭建执行	×	7.28	7.28	√																									

图 13-1 项目甘特图例

FMEA 评估的三个核心要素：发生的概率、后果的严重度、得到补救的可能性。将这三者的相关指标数据相乘，然后将其值从大到小排序，值越大则越需要得到管理者的重视。

3. 利用 4T 方法应对采购风险管理

- 风险回避（terminate）。
- 风险处理（treat）。
- 风险接受（tolerate）。
- 风险转移（transfer）。

小知识

间接采购因为涉及面广，需求的突发性及不可预见性高，往往存在“黑天鹅”类的风险（不可预见性），比如登高作业时的安全风险、危化品处理时的合规风险等，在进行这类的间采作业时，尤其要重视风险评估及流程合规，详情可参见《采购全流程风险控制与合规》第四章中的“没有风险分析与评估，就没有敏感度”。

三、验收标准清单

验收标准化就是对验收流程进行规范，对验收人、事、物、方式进行约定。

非标准化、不完善的验收流程，不仅会降低采购工作的效率，还会对采购过程产生不良的引导，一个完善的验收流程则能对采购验收工作起到保驾护航的作用，提高采购效率。

比如一个采购项目能否正常验收，通常影响着此项目的推进及供应商的后续配合度，所以验收标准化是采购流程末端非常关键的一环。

那我们应该怎么做才能使验收标准化呢？

（1）验收标准化的前提是采购标准化。

（2）由专业人员组成的验收小组来进行采购合同的质量验收。

（3）验收结束后，验收小组或者行业质量检测机构要做验收记录。

（4）验收结果不符合合同约定且不能正常使用的，双方商议处理方式，商议不成，按合同违约处理，并快速启动备用方案。

（5）验收结果不符合合同约定但可以正常使用的，双方商议处理方式，签订补充协议，可做结案处理。

表 13-1 为常用的验收标准化表单，供大家参考。

表 13-1 项目验收情况汇总表

<table>
<tr><th rowspan="2">序号</th><th rowspan="2">验收项</th><th colspan="2">验收意见</th><th rowspan="2">备注</th></tr>
<tr><th>通过</th><th>不通过</th></tr>
<tr><td></td><td></td><td></td><td></td><td></td></tr>
<tr><td></td><td></td><td></td><td></td><td></td></tr>
<tr><td colspan="5">总体意见：

项目验收组组长（签字）：</td></tr>
<tr><td colspan="5">未通过理由：

项目验收组组长（签字）：</td></tr>
<tr><td colspan="5">项目验收附件明细：</td></tr>
<tr><td colspan="5">专家组验收意见：

专家组组长（签字）：</td></tr>
</table>

四、PRC147 模型

合同需要管理吗？当然需要。

采购人员下的订单，签订的意向书、采购合同、技术协议，整理的会议纪要……哪些是合同管理的范畴？哪些需要盖章？关键条款是否严谨，合同有无漏洞？如果合同签了，可对方并没有履行，问题出在哪里？如果违约了，对方需要承担什么后果？有什么补救措施……这些都是合同管理的范畴，通过合同控制采购风险，是采购人员必备的核心能力。

那采购要怎么做呢？

中采商学组织十多名专家，汇集全球30多家一流企业的最佳实践，总结出PRC147模型（见图13-2）。其中，PRC是采购风险与合规（procurement risk and compliance)的英文首字母简写；1指一种文化，它是采购风险控制与合规的核心和灵魂；4指四个保障，即组织、人员、技术/工具、流程，它们是采购风险控制与合规得以落地的有力保障；7指七条主线，分别以采购战略、采购运营、采购招标、采购合同、采购合规、采购可持续发展、供应链安全这七大重点风险管控工作为主线，详细分析其中存在的风险点并进行可控管理。采购合同管理作为七条主线中非常重要的一环，承前启后、统筹全局、落实成果，可以说，想要做好PRC147采购风险与合规管理，必然要做好采购合同管理。

图13-2 PRC147模型

那么，在运用 PRC147 模型对合同进行有效管理的同时，要特别注意哪些方面呢？

1. 合同要成立

可能有读者好奇，双方签订的采购合同，还有不成立的吗？还真有！

比如，与限制民事行为能力的人订立的合同，即属于无效合同；与没有代理权的人签订的合同，也属于无效合同；合同要约、承诺两个必要条件少了一个的合同，也是无效合同；以欺诈胁迫等手段签订的合同，更属于无效合同。

以上只是列举常见的 4 种，无效合同的情形还有很多，在这里就不逐一展开，感兴趣的读者，可以参考中采商学的版权图书《采购全流程风险控制与合规》第十章。

2. 条款要严谨

条款不严谨就容易产生扯皮，首先，常见的有“买什么”没有说明白，这也是间接采购领域里“需求描述难”导致的后遗症，如何解决请参考本书第二部分；其次，包装条款要明确，部分合同对于产品讲得很细致，却忽略了包装要求，结果交付时才发现包装材料、包装费用、包装标识等没有做约定；再次，验收条款不严谨导致分不清责任，比如检验方式、检测设备、检测环境等没有明确；最后，付款条件不严谨，是收到发票后还是验收合格后付款等没有明确。

当然这里列举的只是一部分，条款的每一个细节都需要根据标的物的实际状况进行细化，考虑充分。

3. 执行要到位

合同签订的作用就是约束双方在规定的时间内，交付符合合同约定的产品或服务。签订好合同只是完成了合同管理的一半，另外一半则需要建立一些机制，保证合同的履行，管控执行过程中的风险。

比如在执行过程中可以制定合同履行日程表，把任务分解，并进行定期追踪和确认，如果在执行的过程中遇到突发事项或前期未考虑之因素，及时做合同变更或补充。

4. 违约很严重

签订合同时大家都很开心，因为各取所需，但后期执行过程中，如果供方没有及时交付或者交付不合格，或者交付完之后买方不付款，矛盾便逐渐产生。如何尽可能避免这些矛盾的产生？在合同签订的初期，即在条款中对违约做量化规定，比如约定定金、违约金、赔偿金、保证金、质保金等，并在执行的过程中注意保全证据；通过前期合同约定，中期合同执行，后期违约处罚，让双方不敢违，不会违，不能违。

小知识

间接采购尤其是工程项目类的采购，在签订合同时一定要仔细严谨，并且在执行过程中专人专项追踪，确保合同的完整、有效执行。

第十四章

采购绩效管理工具

一、客户热力图

本书开篇就讲了，做好间接采购管理，能使客户满意度翻倍。

因此，做好客户管理就非常重要。作为一个专业的采购，需要清楚地知道自己的关键客户在什么地方，对自己的工作是否满意，以及在公司内部的影响力。只有这样，才能够知道自己的工作方向，采取必要的行动推动事情的发展，也能将某些问题消灭在萌芽状态。

这里，我们介绍一种非常有效的客户管理工具：客户热力图。

客户热力图能够通过清晰的图标显示你的关键客户对你的重要性、满意度以及影响力。我们通过一表一图就可以简单明了地制作出你自己独有的客户热力图。

首先，通过表 14-1 收集关键客户的信息。

表 14-1　客户关键信息收集表

客户	部门	采购额	重要性（1～10）	满意度（1～10）	影响力（1～10）	关心的重要话题 / 项目	需要采取的措施
A							
B							
C							
D							

其中：

重要性代表这个客户对你的重要程度，基本上是采购额高和项目重要的。

满意度代表这个客户对你的满意程度，也就是说你们合作协同的结果、关系的好坏。

影响力表示，如果出现问题，这个客户能对你产生多大的影响，毕竟有很多内部客户，可能采购额并不是很大，项目也不一定重要，但是不好好处理，会带来很大的麻烦和不良的影响，谨慎处理是必要的。

有了这个表中的基础数据之后，一方面可以指导日常的工作，另一方面可以制成如图 14-1 所示的客户热力图，让自己的客户可视化地呈现在自己和管理层的面前，最终的目的是提高客户的满意度，让整个组织协作得更加顺利。

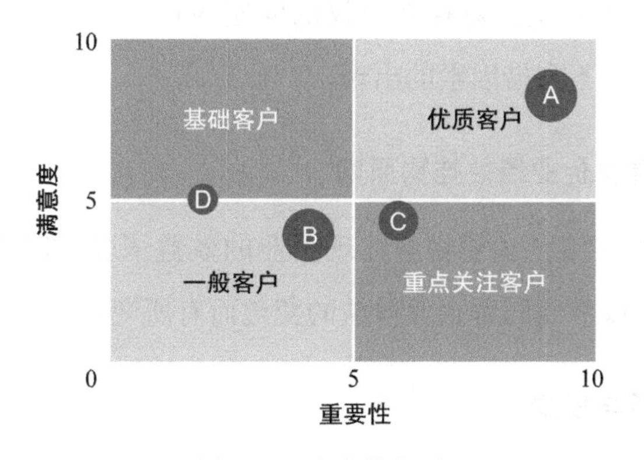

图 14-1　客户热力图

注：圆圈大小代表影响力大小。

二、采购绩效考核表

采购绩效与供应商绩效管理息息相关，它不仅包含价格、质量、交期、服务等供应商绩效，还包括供应商的技术研发能力、行业资源调动能力、供应商的供应商管理能力等，以及采购流程优化、VAVE 改善、供应链金融等。

综合来讲，采购绩效管理的目的是规范采购流程，提升采购质量及效率，挖掘更多更优降本空间，最终提升公司的综合竞争力。

那采购的绩效评估应该怎么做呢？我们要遵照下列五点要求。

1. 定期化与制度化

绩效考核制度作为人力资源管理的一项重要制度，企业所有员工都要遵照执行。本考核以月度为主，也有季度、年度考核。

2. 以量度标准为主导

关键业绩考核和目标考核相结合。

3. 有效沟通原则

在考核过程中要坚持对存在争议的问题通过沟通的方式来解决，减少在绩效考核过程中不和谐因素的出现。

4. 个人效益和企业绩效挂钩原则

绩效考核的实施，必须相应体现企业的效益情况。以绩效考核为依据所进行的奖金发放额度随着企业效益的变化而有所变化。

5. 绩效沟通与反馈

考核评价结束后，部门经理及时与被考核者进行沟通，将考核结果告知被考核者。在反馈考核结果的同时，应当向被考核者就结果进行解释说明，肯定成绩和进步，说明不足之处，提供今后努力方向的参考意见等，并认真听取被考核者的意见和建议，共同制订下一阶段的工作计划。被考核者有异议，可向行政人事部反映，由其协调沟通。

表 14-2 为采购部月度绩效考核模板，供大家参考。

表 14-2　采购部月度绩效考核表

指标分类	考核指标	考核标准	数据来源	月度考核结果
财务类	采购成本控制	采购成本降低目标达成率 = 成本实际降低率 / 成本目标降低率，抽查单品价值 1 万元以上，采购价高于市场均价每增加 1% 扣 1 分；单品价值 1 万元以下，采购价高于市场均价每增加 5% 扣 1 分	财务	
内部运营类	采购订单按时完成率	采购订单按时完成率 = 实际按时完成订单数 / 采购订单总数，完成 70% ～ 80% 扣 10 分；81% ～ 90% 扣 5 分；91% ～ 95% 扣 2 分；96% 以上不扣分；98% 以上，加 2 分。因采购延误生产，造成损失，每 200 元扣 1 分	仓库	
	准确率	准确率 = 数量及质量有问题的物资总额 / 采购总金额，控制在 5% 以内，超出扣 1 分	生产质检	
	不良品处理	收到不良品检验单后 72 小时内对不良品出具书面处理意见，未及时回复，使用部门可向纪检投诉，一次扣 2 分；不良品超过一周未处理扣 5 分；对滞留仓库超过一年的货物（退、换货）进行处理，奖励货物实际价值的 1%	使用部门质检	
	采购合格率	采购物资每出现一次不合格，考核采购者及审核者	生产部	
	供应商管理	新品开发或询价单超过三个月的均需询价、核价、定价，询价方式必须以书面形式进行，并盖有公章及合同章，保存书面记录；有弄虚作假行为，扣 10 分；询价必须有三家及以上供应商，供应商现场审查、资质审查（有效期内的营业执照、税务登记证、组织机构代码证）、合同管理（产品型号、交货期、技术指标、价格、售后服务、付款方式、质保期）、供应商评定等，经抽查上述条款，不符合要求扣 1 分 / 项	采购管理部门	
	采购合同管理	除零星采购外，都需签订合同或订单，妥善保管，定期存档，如有合同缺失，扣 1 分 / 个	行政人事部	

（续）

指标分类	考核指标	考核标准	数据来源	月度考核结果
学习与发展类	技能培训内部管理	按月对员工进行岗位技能培训，做好培训记录；参加公司组织的各类培训，到会率 100%，未完成每发现一次扣 1 分。按月召集员工例会，做好会议记录，缺失扣 1 分	行政人事部	

信息来源说明：

1. 每月 5 日前，由采购员汇总月度采购金额报表交由财务审核，并递交总经理签字后交由会计员计算部门奖金总额。
2. 会计员每月不定期抽查询价单三次，根据考核标准计分。
3. 在账、压款考核。
4. 质检每批次到货均需计算到货合格率，并由仓库保管员进行确认，按月计算平均值上报。
5. 到货及时率由仓库跟踪并进行统计，如因采购延误生产，造成损失，可做相应处罚。

考核分值：100 元 / 分。

1. 采购员对市场动态要有一定的敏锐性，根据市场动态提出预见性采购并被领导采纳的，可相应奖励 5 ～ 10 分。
2. 采购发现生产部使用原因导致产品质量问题，奖励采购 3 ～ 5 分。
3. 按每季度对成熟供应商采购总量的 5% 进行在账应付款的沉淀，全年考核不得低于年度采购量的 8% 进行在账应付款的沉淀。达标，年度对部门奖励 10 分，不达标将扣除 5 分。次年需对达不到考核标准的供应商进行淘汰。

三、供应商绩效考核表

上节提到，采购绩效中的多个 KPI 是通过有效的供应商管理达成的，供应商绩效管理不仅涉及价格、质量、交期、服务，还涵盖供应商的技术研发能力、行业资源调动能力、供应商的供应商管理能力等。

对供应商进行绩效管理的目的是获取供应链业务流程的动态评价，并根据此评价，对供应链进行全生命周期管理。

制定供应商绩效考核表要考虑下列因素。

- 管理范围：集团内成品和原材料的合格供应商以及其他认为需要进行管控的供应商。
- 考核原则：尽最大可能以量化方式评估，遵循“公开、公平、公正”

三项原则开展相关工作。

- 参与部门：采购部、物流部、质控部、技术部等，通常由采购部主导实施。
- 考核周期：月度。每月末根据“月度成品供应商考核表”统计当月绩效分。
- 评级周期：年度。每年末完成本年度连续12个月的供应绩效考核分值的平均值统计，以其平均值作为参考，以其工厂管理能力、问题解决能力、自动化实现程度、创新能力、响应度等作为依据，在本年度末召开会议做出表彰。

供应商绩效考核的具体方法如下。

1. 分级描述

（1）分级划分参考表14-3。

表14-3　分级划分表

等级	年度考核平均分值	管理措施
Ⅰ	98分 $\leqslant x \leqslant$ 100分	1. 拟定为一级采购对象 2. 订单数量份额可占50%以上，缩短付款账期，增加新品投放
Ⅱ	95分 $\leqslant x <$ 98分	1. 拟定为优先采购对象 2. 订单数量份额可占30%，要求供应商持续改善
Ⅲ	90分 $\leqslant x <$ 95分	1. 拟定为次级采购对象 2. 适量采购，要求供应商主动改善并1个月内完成改善目标
Ⅳ	$x <$ 90分	1. 减少采购订单，辅导改善，要求其在1周内提出改善计划，要求1个月内解决主要问题，3个月内升至Ⅲ级，辅导改善两次以上仍无改善，取消其合作资格 2. 到期货款延迟3个月支付

（2）年终评级：综合年度表现，对供应商进行年度评级，评出“卓越供应商”“优秀供应商”“合格供应商”，同时发出年度评级通知、合作评价，并组织表彰会议。

（3）卓越供应商列入优选供应商清单，后续作为新产品加工的优先级别最高的供应商。

2. 绩效考核办法

供应商绩效考核点及权重参考表 14-4。

表 14-4 供应商绩效考核点及权重表

负责部门			
评估模块			
考评类型			
统计人			
数据来源			
权重			
权重分值			
分值明细			
扣分项			

04

第四部分

间接采购中数字化的应用

第十五章

数字化采购的现状和趋势

一、数字化采购的现状

（一）数字化采购是什么

在写本书时，我们一直在讨论“数字化采购”是什么。经过多轮研讨，中采商学尝试下个定义，与大家一起探讨：**数字化采购，是以互联网为依托，以精准满足客户多样化需求为目的，运用大数据、物联网、人工智能等数字化技术手段，对采购全过程精准对接，进而形成高效协同的采购管理新模式。**

可见，数字化采购是指通过大数据、云计算、物联网、移动互联网、人工智能、区块链等数字化技术，打造数字化、网络化、智能化、生态化的采购管理，将采购部门打造成企业价值创造中心，而不仅仅是“买东西”保证供应。

注意，这里边有两个关键词“精准对接”和“高效协同”，我们认为数字化采购乃至供应链要解决的就是这两个问题：供需之间怎样精准对接？组织之间如何高效协同？只有做到了“精准对接”和“高效协同”，数字化采购才有意义。

那么，在当下，数字化采购发展现状如何？有哪些工具？

1. IaaS（infrastructure as a service，**基础设施即服务**）

IaaS 包含云 IT 的基本构建块，通常提供对联网功能、计算机（虚拟或专用硬件）以及数据存储空间的访问。IaaS 提供最高等级的灵活性和对 IT 资源的管理控制，其机制与现今众多 IT 部门和开发人员所熟悉的现有 IT 资源最为接近。

2. SaaS（software as a service，**软件即服务**）

SaaS 平台供应商将应用软件统一部署在自己的服务器上，用户可以根据工作实际需求，通过互联网向厂商订购所需的应用软件服务，按订购的服务多少和时间长短向厂商支付费用，并通过互联网获得 SaaS 平台供应商提供的服务。

SaaS 应用软件有**免费**、**付费**和**增值**三种模式。

对于许多小型企业来说，SaaS 是采用先进技术的最好途径。SaaS 消除了企业购买、构建与维护基础设施和应用程序的需要。

3. PaaS（platform as a service，**平台即服务**）

PaaS 是在 SaaS 之后兴起的一种新的软件应用模式。它将软件研发的平台作为一种服务，以软件即服务（SaaS）的模式交付给用户。在云架构中，PaaS 位于中间层，其上层是 SaaS，其下层是 IaaS。

PaaS 的特点是，让开发人员可以在驻留的基础设施上构建并部署 web 应用程序。

4. aPaaS（application platform as a service，**应用程序平台即服务**）

aPaaS 是基于 PaaS 的一种解决方案，支持应用程序在云端的开发、部署和运行，提供软件开发中的基础工具给用户，包括数据对象、权限管理、用户界面等。

其主要特征有两个：

（1）提供快速开发的环境（用户能随时调整或更新）。

（2）低代码或零代码（对非技术人员友好）。

aPaaS 更适合简单、短小项目的开发，不适合长期循环迭代产品的开发。

（二）为什么要进行数字化

企业为什么要进行数字化？

实际上任何一个改进，在早期工作都相当复杂，许多人不愿意去做，需要一定的推动管理手段。数字化不是一个单独的技术问题，而是一个管理理念的问题，它是一种新的管理理念。

新的管理理念是什么？比如，你愿不愿意透明化？数据一旦透明，一线的有些“小权力”就消失了，原本采购依赖于他们的权力也消失了。比如维修，其费用比较复杂，它透明了，大家愿不愿意？管理层有没有这个意思表示？有的时候，下面一折腾，上面的管理层也就算了，让他们有点灰度。

很多数字化推动得好的企业，都是上下层齐心协力。否则上层有这个想法，到下面一施行，对方会找各种麻烦。实际上，数据标准化，任何一个公司花点时间就能完成，我们参与的公司一般两三个月内就可以搞定。开展采购数字化转型，不搞定企业老板、高层，只有采购推动没用，另外还要考虑，基层采购愿不愿意推动？

例如某世界 500 强汽车零部件公司，内部有很多 IT 小软件，在实践中，大家可能不习惯、不愿意用，这需要依靠管理层来提出要求，再好的跑步软件，也需要自己跑步。震坤行这类的电商平台就是一套好的软件、工具，不仅能解决工业用品一站式流通效率的问题，也在赋能产业链上下游，一同数字化、标准化、透明化。只有管理者强力推动，小跑前进，推动上线，才可以用线上的模式来约束、强制，“你不按照我的要求来，你就做不了采购，你也下不了单”。管理变革必须要靠领导层的强力推动。数字化推动得好的企业，真正靠的是文化来推动。

数字化转型是一种理念，是一种新的商业运转和管理模式，原来的一套东西都得改变。所有的数字化转型，都是客户与供应商共建的过程，是双方互相配合才能做好的。产品数据的标准化和简化，往往是“前重后轻”，把标准化这件事做好，后面就越来越轻了，可以说是一劳永逸。

二、数字化采购的发展趋势

（一）实施路径图

领先的企业已经开始启动数字化采购转型的工作，为数字化转型制定实施路线图；领先的解决方案提供商正投入大量资源开发数字化采购产品和解决方案。

如何整体思考，从战略高度进行顶层设计呢？我们把企业数字化采购转型路径图分成四步，称为“数字化采购转型 4.0 路径图”（见图 15-1）。期待这个图能给大家带来些思考，帮助大家找到方向，踏实迈好每一步。

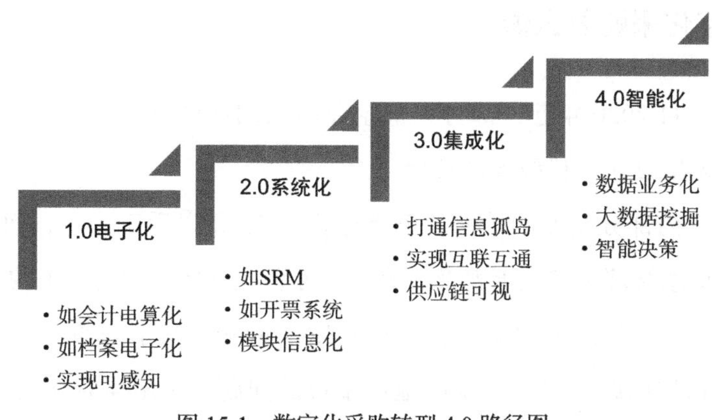

图 15-1　数字化采购转型 4.0 路径图

1.0 电子化：记录下来，呈现出来，让管理“看得见”。

2.0 系统化：流动起来，串联起来，让管理更有效率。

3.0 集成化：并联起来，互联互通，让管理协同。

4.0 智能化：数据洞察，挖掘规律，让决策智能。

数字化采购体系的核心是数据，而且是海量数据。

未来的世界将是一个万物互联、人工智能无所不在的世界，商业智能化是未来最重要的一个趋势。

那么，如何用智能化改造自己的采购流程和业务呢？

首先，采购的业务流程必须在线化、软件化，也就是将所有核心流程构建在互联网上，然后由软件自行驱动，这样才有智能化演进的可能。

其次，要让企业的决策数字化，它包含三个方面：

（1）所有采购过程被实时记录，比如谁在什么时候买了什么，买了多少，以便做支出分析。

（2）根据用户反馈和绩效让算法帮你自动调整采购策略，比如自动选择最合适的供应商。

（3）依靠人的洞察将数据、算法和客户体验结合起来，让绩效每时每刻都得到改进。

（二）数字化采购怎么做

其实，自 2020 年起，部分头部企业的采购即已进入采购数字化时代，采购必须做出改变，转型势在必行。

目前国内部分企业的采购业务还停留在 1.0，以手工为主，效率低下。随着企业信息管理系统逐渐普及，另一部分企业开始使用电子采购系统（进入 2.0），但是系统间的数据兼容（进入 3.0）问题、共享问题，大家对数字化采购的认识问题，以及对采购地位重视的问题，正阻碍企业快速、科学制定决策。而采购 4.0 更多的是一种尝试，这也给部分领先的数字化采购产品提供商提供了广阔的机会。

当然，有一点需要说明的是，企业引入数字化采购产品是否一定是从 1.0 到 4.0 呢？我们觉得总体上是这样的，但开发数字化产品不一定是割裂地开发，可能开发的产品直接就具备了 4.0 的特征，但它在具备 4.0 的特征时，一定已经具备了 1.0、2.0、3.0 的特征，前者是后者的基础，前一步走得踏实，下一步才能落地走得稳。也就是说，产品本身不一定独立，可以兼具 1 步或 4 步的特征，但业务转型或者说业务变革，是需要一级一级的。这就是为什么把它叫作“数字化采购转型 4.0 路径图”。用这张图帮助大家厘清每一步的目标和该做的事，让大家在数字化转型的路上目标明确、少走弯路，最终实现采购数字化、流程自动化、决策智能化，实现数字化采购转型。

但是，**采购管理者在推进数字化的过程中，有一点需要有清醒的认识——数字化转型，一定要一把手亲自抓。**

采购数字化转型，不是简单的线下搬到线上，不仅仅是为了实现阳光采购。我们一再宣传的观点是，“信息流问题解决了，供应链的问题就解决了一半”。

实践中，由于信息传递失真、延迟，信息孤岛，使用不同版本的信息，造成了大量的重复沟通、相互扯皮、购买错误。这影响的不仅仅是采购支出，还有公司效率、项目进度、产品上市。如果采用数字化工具，完全可以做到整个供应链全程在线、人人在线、实时在线，所有的信息大家同步，大家按照同一版的信息行动，这样就会实现供应链的高效协同、供需之间的精准对接，不但效率提高了，失误也减少了，甚至失误变成了不可能。效率提升、成本降低、避免错误、提升客户体验，这当然对公司影响很大。别人都在打网约车，你还在马路上招手，当然打车困难，因为你落伍了。

我们讲的这些道理，大家很容易懂。数字化转型，不是时髦，已经变成企业发展的必需；不是选择题，而是必答题，它是一种趋势。“数字化转型，早转早得利”“要么数字化，要么死亡”，这是很多学者的呼吁，也是很多人的共识。

要想推动数字化转型，包括采购数字化转型，必须一把手亲自推动。大量的实践告诫我们，通过IT总监推动数字化，不能成功；通过业务部门主管推动，不能成功；把这些都推给外包公司，更不可能成功。**数字化转型，不是技术问题，是一个管理问题，必须一把手亲自抓，否则必定失败，无论花多少钱，都会白白浪费。**

为什么必须一把手亲自推动呢？

（1）数字化转型，利益相关方众多，需要一把手的强大推动力。

数字化工具，会改变人们的工作习惯，会对权责进行重新调整，会触动很多人的利益，一定会面临非常多的阻力，如果大家打心底不愿意使用这个工具，会找出100个理由来反对。

数字化采购工具，说是采购工具，使用者是各个部门，包括供应商。某外企的采购总监就对我们讲，他们公司的IT能力非常强大，开发了很多管理程序，但是大家都不愿意使用，搁置在那里没有发挥作用。另一位合资公司的采购经理告诉我们，他们公司的副总经理主导一个数字化项目，结果也没有成功，因为副总管不到的地方，就没有人使用它。不能连成一条线，数字化工具就发挥不了它的作用。

数字化转型，是对供应链赋能，是对供应链进行重塑，不仅包含企业自身，还包括上游供应商，下游经销商、零售商、用户。只有打通供应链全链路，才能充分发挥数据的作用，提升供应链效能。实现这些，需要供应链所有成员参与。

（2）数字化转型，必须双方共建，需要一把手强大的洞察力。

数字化转型，不是简单的IT工具选型、购买，需要根据自己的状况和行业特点来判断使用哪种数字化的工具。这里说的“工具”，不仅仅指软件，它可能是个平台，可能是一种服务方式。数字化转型，不仅涉及流程再造、组织重塑，它伴随的还有商业模式的变革。

这需要企业方、数字化工具供应商双方密切合作。作为企业采购方，要把各种真实的使用场景告诉数字化公司；作为供应商，要做好顾问，解释清楚各种功能，双方需要共同研讨、共创共建实施方案。比如企业和数字化间接采购平台服务商之间，就需要双方共建，标准化采购路径、标准化物料编码，甚至通过大数据标准化工作场景和解决方案，实现智能决策，以找到最优的供应资源、最小化采购支出、最大化降低管理成本。只有共建，才能找到一个最适合企业当下的数字化解决方案。

数字化转型，是使用大数据、云计算、物联网、移动互联网、人工智能等手段，对现有的管理进行优化赋能，让一切业务数据化，让一切数据业务化。它不是传统的信息化，起作用的是数据，用数据优化信息流，让信息实时、准确、同步、高效，同时解决物流、资金流的问题。通过优化“三流”，打造供应链的竞争优势。而这些，需要双方共建，找到最适合的解决方案、最适合的商业模式。

（3）数字化转型，不能一蹴而就，需要一把手强大的决策力。

数字化转型，不能一次性解决所有的问题；工具没那么强大，管理也不可能推倒重来；工具不是越先进越好，需要公司根据发展的需要、技术的进步逐步迭代。

数字化转型的初期，效率也可能并不高，甚至是降低。使用工具，人们有一个熟练的过程；数据发挥作用，也需要一定的积累，心急吃不了热豆腐。这个过程，需要包容。当大家熟练使用工具、沉淀大量数据之后，工具才会发挥作用，效率就会大幅提升。

要推动数字化转型，需要变革的愿景和前瞻性的思维，需要管理层具备数字化的头脑，这些，都需要一把手的洞察力、推动力、领导力，别人无法做到，也无法代替。很多媒体报道，当年华为请 IBM 做管理咨询，其他人根本推不动，最后是一把手任正非亲自推动才获得成功，使华为管理上了一个大台阶。

职业的天花板，来自认知的局限；企业的未来，取决于企业家的视野和决断。这是我们在《采购2025：数字化时代的采购管理》[⊖]这本书中写的，至今，我们仍然非常坚持这种判断。

采购负责链接内外部供应网络，是数据交互的枢纽，数字化时代离不开数字化供应链，数字化供应链离不开数字化采购。面对数字化时代，无论是传统企业，还是高科技企业，包括数字化平台企业自身，我们每个人都要不断突破自己、与时俱进，敢于自我革命、大力推进数字化转型。否则，就像柯达，就像诺基亚总裁所说，“我也没做错什么，结果就被淘汰了”。时代淘汰你，真的连句“再见”都不会说。

最后，再啰嗦一句，间接采购可以使公司利润率提高1个百分点，想要达成这个目标，除了管理优化，就是数字化，一把手必须亲自抓。

接下来，就是**考虑如何选择数字化供应商，评估侧重点有以下4个方面。**

（1）关注厂商的研发投入：数字化采购平台相比于ERP系统，是一个较为不成熟的领域。整个国内的市场上至今没有一家厂商可以占据绝对的市场份额，主要原因是没有出现一个成熟、绝对领先的产品。因此，如果一个数字化采购平台的厂商在研发方面投入不高，那大概率它的产品的完善度不够，而且会很快落后于其他厂商。

（2）关注产品本身的成熟度：要关注厂商的产品能不能满足企业全品类、全流程、全场景的适用要求。由于间接采购业务相比直接采购，业务流程更加多变复杂，对于厂商而言，要满足这些复杂的场景，需要有非常强大的可配置性，比如甄云的业务规则引擎、品类策略配置等。可配置性比较差的产品在某种程度上也可以满足企业的需要，但是满足的方式是产

⊖ 机械工业出版社出版。

品只有一条流程，企业需要把所有的场景塞到一条流程中，从而产生了非常差的操作体验，最终会导致应用范围狭窄，甚至无法应用。

（3）关注交付方法和交付能力：好的产品没有好的交付同样没有办法带来一个成功的项目，而所谓成功的项目的标志就是让企业能把软件应用起来。现在很多厂商鼓吹自己的产品操作简单，一个月甚至几天上线，这种实施方式肯定是只给客户做了软件操作培训，就天真地认为企业可以把软件用起来了。但实际上会操作和会应用是两个层面的问题，只有扎实地梳理业务流程，帮助企业分析每个品类在系统中如何运作，才能保障软件的成功交付。

（4）关注产品的可持续发展能力：每个企业在进行数字化采购平台选型的时候，都必须面对部署方式的选择，到底是选“OP”（本地化部署）还是选“SaaS”（软件即服务）。

国内的采购数字化软件是从 OP 开始的，最初的市场规模比较小，没有厂商愿意或者有能力投入很多资源，去总结打造一款完善的产品。大家更愿意选择做一个开发框架，开发效率非常高，然后按照客户的要求做定制开发。开发的效果强烈依赖于甲乙双方项目经理、关键用户的能力，在几个月的蓝图调研和开发设计过程中，很难打造出一款相对完善的产品。然后在为期 2 ～ 3 年的时间内，持续投入资金，对产品修修补补，直至逐渐完善。但比较可悲的是，一个软件的生命周期大致只有 3 ～ 5 年，而且随着 IT 发展得越来越快，生命周期越来越短，因此经常出现的情况是，产品完善得差不多了，但突然发现，市面上主流的浏览器产品已经无法支持了。

而 SaaS 是未来采购数字化产品的优选答案，因为 SaaS 和本地相比有一个巨大的天然优势：产品是不断在迭代更新的，而且这种迭代更新汇总了无数企业、产品经理的智慧，可以不断地集成新兴的 IT。从 2021 年的市场来看，SaaS 厂商的产品已经至少领先 OP 厂商产品一代，未来的差距只会越来越大，所以企业未来面临的选择题不仅仅是“选择 SaaS 还是 OP”，而且是“选择先进还是落后”。

最后，推进数字化需要注意的是：

（1）先判断自身适合进行哪种数字化（制造业营业额可能在3～5亿元才适合上比较复杂的数字化工具，非制造业需要大几千万元，营业额小的话选择简单的数字化工具即可）。

（2）数字化不可能解决我们目前面临的全部问题，目前能解决一些普遍性问题，相当于标准化问题，因为它市场最大，也最容易，只要采用数字化的手段，给企业带来的效果非常明显。

（3）推进数字化，一定要获得高层支持。

（4）即使获得高层支持，也要注意，不能挑最难的，而要挑最容易的、见效快的，对利益也没有那么大的触动，大家就会获得鼓励，然后慢慢进行扩展。

（5）关注内部交付。数字化是一个变革的过程，如果部门想进行数字化，但高层不够重视，往往会因为变革的阻力太大而导致失败。

第十六章

数字化应用案例

在间接采购管理方式、方法不断迭代的今天，涌现出了一批优秀的采购数字化平台企业，它们在项目落地的过程中，累积了丰富的实战经验。我们通过走访调查，针对本书提及的八大痛点，找到些许解决案例，供读者参考。

一、预测计划难

1. 痛点

业务部门的计划性差，导致紧急需求多，为满足交期，只能仓促选商定价，导致价格高、供应商选择不合理，而且临时紧急的任务处理会消耗采购员更多的时间，甚至影响正常工作的进度。

2. 数字化解决案例

1

设备在线监控助力 MRO 采购计划

国内某水泥龙头企业，拥有多条水泥生产线，设计能力年产超 300 万吨，是所属省份的水泥骨干企业，有较强的品牌知名度。该企业在设备层面，面临着计划预测难题。设备老化、磨损不仅会导致产线故障停机，甚至可能引发更大的系统事故，带来数千万元级的损失。预测设备异常，提前进行采购维修计划，成为优化关键。

该企业希望能够引入更智能的数字化方案，实现设备故障监测诊断运维全面升级，提前预测采购计划。针对客户的需求和目前存在的难点挑战，国内知名MRO电商平台震坤行工业超市推出了“行家设备云”，团队专家与水泥企业经过多轮沟通，数次打磨方案，打造出一站式数字化设备运维管理系统，不仅能够一站式实现振动、温度、油液状态综合监测管理，还能够实现诊断智能化、功能远程更新等。

例如，部署行家设备云之后，通过对回转窑的振动数据的时/频域数据的监测分析，发现存在轴承内圈剥落、轴承润滑不良等问题，及时采购轴承配件及润滑剂等，保障设备正常运转。通过这种方式，企业采购能够及时预测设备备品备件的需求，实现计划预测，及时补货。同时还大大减少了设备异常停机时间，提高了设备产出效率。

数字化系统的统计指标帮助企业改善需求的计划性

某大型合资化工行业企业，为解决紧急采购需求多、需求变更多的问题，在某数字化采购平台中，对采购申请的业务过程做了全面的数据分析，修正改善申请的计划性问题。

从业务部门的视角，该企业在数字化采购平台中内置了每个品类的标准交货周期，业务部门在提报申请时，就可以看到每个品类商品的预计到货时间，如果填写的交期早于预计到货时间，系统会将采购申请识别为紧急申请，并进行标记。对于审批通过的申请，如果需要变更，需要走系统中的申请变更流程，系统也会记录下申请的变更记录。此数字化采购平台，每月会自动跑出采购申请的报表，用于计算每个业务部门采购申请的紧急申请率（紧急申请行数/总申请行数）和申请变更率（变更申请行数/总申请行数），此指标作为业务部门申请计划性的考核指标，约束业务部门做好计划，减少紧急申请及申请变更。

从采购部门的视角，利用数字化采购平台对采购过程数据的详细记录，对采购员的申请处理的及时率进行了分析，对于三天内未进行处理的采购申请，系统自动标记为延迟处理，以“某采购员延迟处理申请数/某采购员受理申请总数”作为指标计算基准，避免正常采购申请由于采购员处理不及时变为紧急申请。

从流程合理性的视角，对采购申请审批的耗时进行了统计，发现平均的申请审批耗时约为2.5天，分析原因是该企业未启用预算管理，每次申请的审批过程中，为防止不合理的采购支出，审批节点较多。企业也计划启用预算管理，减少审批节点，避免由于审批时间长造成正常申请变为紧急申请。

通过数据的纠偏，该企业在一年后，紧急申请率降低了20%以上，申请变更率降低了10%左右，申请处理及时率提升了15%以上，而审批耗时缩短到1天以内。

综上所述，业务部门的计划性差的问题，本质上还是协作问题，通过数字化采购的手段帮助采购部门提前介入以及业务部门进行管理改善、流程优化，是改善需求计划性的有效手段。

二、需求管理难

1. 痛点

间接采购业务中，需求管理难主要体现在几个方面：物资标准化程度低，物料编码数量多，一物多码现象严重，不合理需求多等。比如，每个部门各自为政，都有一些提需求的权限，采购将面对各种各样的需求。以备品备件为例，同样一个扳手，需求部门可能会有6种不同的名称来描述它，导致采购需求繁多、重复、杂乱。一方面，采购感到迷茫，不知道买什么；另一方面，有时候也不知道去哪儿找供应商。

需求管理失控也会导致内部管理比较混乱。从预算管理来说，不知道给谁分配多少预算；从采购周期来说，需求在不同时间提出，中间可能存在品类重复、一物多码等情况。

2. 数字化解决案例

智能小仓库优化库存管理

某国有电气制造行业领头羊企业，随着业务的不断增长，面对280余种复杂的OEM紧固件及办公用品、打包材料、PPE、电子元器件等MRO辅料，选择了与供应商进行深入合作，采用智能小仓库全面管理紧固件及办公物资。

在合作之前，该企业面临诸多物料管理痛点。物料开放式领取，无法准确预判使用量，导致物料领取比较随意，造成车间物料使用浪费，成本高。备货金额高，仓库端没有实时库存数据，无法预估仓库库存所满足的生产使用周期，导致超量备货3个月至半年库存。库存呆滞大，现场一个集中仓管理约1600万元采购金额生产物料，由于客户端仓库采用传统生产型管理方式管理物料出入库统计，导致仓内呆滞库存120万元，呆滞率为7.5%。此外，供应商分散，没有准确交期，无法按照采购订单交期进行物料交付，导致生产交期延迟。管理成本也较高，每年仓库针对紧固件物料管理投入人员合计9名，进行紧固件的进销存管理。

面对这些痛点，供应商震坤行工业超市为客户制订智能仓储解决方案。首先梳理了企业的物料，对部分低频、可替代性物料进行了整合；同时区分物料使用的频次，高频物料纳入智能小仓库进行管理，并由智能仓储方案顾问团队整体评估设备台数，出具专属解决方案，为客户配置称重机等智能仓储管理设备，安排设备调试，现场布放设备，统一培训员工领用。

通过这一套定制化智能仓储解决方案，系统实时监控智能小仓库库存，物料无须过多备货库存，减少现场仓库库存呆滞，降低备货资金占用。为客户实现直接成本年降25万元，间接成本年降145万元，供应商成本年降15万元，年综合降本26%，仓管员、采购员等仓储管理人员减少12人。

预算管理筛选不合理需求，采购助手改善需求数据质量

某国内大型互联网公司，业务需求部门涉及所有部门，需求提报人涉及了公司70%以上的员工，需求提报人通过OA提交采购申请，审批完成后，按照制度规定由采购部门采购或业务部门自行采购。但公司的财务人员一直以来都有两个困扰：

- 业务部门的同事总会选错申请中的费用科目，虽然培训组织了很多次，但是由于提需求的人太多、人员更迭比较频繁，培训效果不明显。财务人员需要与业务部门沟通，确认实际支出的内容，并帮助业务部门修改费用科目。
- 每次在审批付款申请单/报销单时，财务人员经常发现不合理的支出项，但由于购买过程已经结束，纠正的难度非常大。

在实施了某数字化采购平台之后，该企业将采购申请流程转移到了数字化采购平台当中，数字化采购平台中的“填单精灵”根据预制的规则，可智能地识别业务部门需求对应的正确的费用科目，减少甚至杜绝了费用科目填错的情况，避免了不规范的申请的产生；而利用数字化采购平台中的预算管理模块，业务部门在提交需求时，系统就可以准确地告诉业务部门，是否还有预算，避免了不合理的需求的产生，同时，系统会在申请、订单、收货、发票等环节进行预算的占用、核销、释放，帮助企业实现了精确的预算管理。

三、需求描述难

1. 痛点

什么是需求描述难？就是作为买方，不知道需要什么，好比我们浑身难受，到医院去看病，不知道怎么向医生描述；工厂里也一样，有一些产品需求人员都不知道叫什么名，可能只拿一张照片给采购进行识别。再如公司的IT采购、装修采购需要东西时，说不清需要的是什么，这时需要供应商能够提供一些帮助，或者用数字化手段来解决这类问题。

2. 数字化解决案例

通过NLP技术对采购需求进行精准匹配

某电子元器件商城，在搜索的过程中存在供应商扎堆的现象，采购难以匹配精准需求，找货困难。例如搜索安全鞋，搜索列表前几页，展示的都是某个供应商的产品，不利于其他供应商产品的曝光，供应商展示单一。

在这种情况下，需求企业采购面临庞大的需求清单，匹配产品需求成为巨大难题。

面对这一痛点，震坤行工业超市提供搜索解决方案，多次与企业进行会议沟通，帮助制定了“品牌打散”策略，搜索推荐功能基于NLP技术进行匹配和排序，结合沉淀的专家行业解决方案和特定作业场景下的解决方案的数据，来解决人找货和货找人的问题，缓解了供应商扎堆现象，提升了客户体验。同时由于产品曝光提高，该商城的月营业额翻了几倍，实现双方互利共赢。

通过工序梳理，细化需求品类

某国内大型钢铁集团，交易客户数量超百家，钢铁冶金相关生产交易对象超50家，涉及极为繁杂、庞大的物料采购需求。

为方便客户选型，为客户提供更优质的产品供应，并对物料标准化和简化、优化提供有力帮助，震坤行工业超市冶金行业专家团队针对企业需求划定八大生产工序，分别整理出八大生产工序对应使用的不同物料组产品，具体过程包括生产工序基本框架梳理，焦化、烧结、冷轧、修磨、碱洗、涂镀等生产过程中的常用设备梳理，对应常用设备，梳理常用功能需求，为各个功能点匹配相应物料产品。

经过这一流程，震坤行工业超市完成冶金行业使用场景、功能需求、产品匹配的建设，并通过不断迭代物料，帮助客户整理共计超2000个SKU，且该SKU具备价格优势及货期保障，通过这些SKU可以帮助客户实现更好的选型和采购。未来，随着工作的不断深入，震坤行工业超市将帮助分工更为细致的客户进行需求整理，制订行业场景化解决方案，并不断丰富SKU。

四、供方评审难

1. 痛点

间接物料不像直接物料长期供货，对于许多供应商来说，都是一次性采购，或多次采购，金额少，导致供应商评审难，规模大小、行业资质非常复杂，是否有一些数字化手段可以帮助解决呢？特别是采购金额小的时候，有些供应商不支持现场审核。

同时，因为间接采购品类众多，品类之间特性差异大，供应商数量多，一次性供应商多，导致供应商评审难，主要体现在以下两个方面。

- 准入评审流程松散：缺少准入评审的标准和规范，或者一刀切的标准和规范不能适用于所有的间接品类，从而导致大部分准入过程是一事一议，由负责的采购员或项目组决定。
- 准入评审结果难以应用：经供应商准入评审成为合格供应商之前和之后可以享受的权利和承担的义务的差别无法体现，这种情况也间接导致了准入流程的失效。

2. **数字化解决案例**

通过第三方平台对供应商做评审

解决供应商评审难的方式，是实现交易在线与数字化，当供应商入驻某第三方在线交易平台，从供应能力数据化，即可对供应商进行综合评价。

某供应商是主营办公家具的原厂商家，通过数字化平台交易，从商品管理到大数据分析、自主学习中心等各个板块全面赋能该供应商。供应商通过 VC 系统发布新商品数据，包含了价格、交期、现货库存等大量商品信息数据，数字化平台根据 QCDS 评价体系对供应商进行综合在线评价。采购能够看到供应商的综合评价，并根据价格、交期及服务等要素的重要程度对供应商进行选择。

该供应商通过在商家成长中心进行学习，根据行业及平台竞争情况设置价格，在交期、产品质量等方面持续优化，商家平台系统既实现了帮助采购审核、评价供应商，也实现了供应商自身的成长。

数字化采购平台规范准入评审过程，落实准入评审评级结果

某大型装备制造行业企业，使用甄云科技的数字化采购平台，对间接物资的供应商准入评审进行了三个维度的管理。

(1) 差异化且规范的准入评审过程管理：通过数字化采购平台的业务规则引擎配置不同品类的准入策略，当启动某个品类的准入流程时，系统将自动匹配合理的准入策略、确定准入所需经过的节点。

- 供应商注册：供应商按照平台要求填写注册信息、上传资质文件，完成企业认证的过程。平台会自动基于获取自第三方资信平台的工商注册信息与供应商录入信息进行智能比对审核，审核通过，可成为注册供应商。
- 合作邀约：采购员在需要寻源时，可通过发现供应商功能在注册供应商中筛选寻找合适的供应商，查看供应商的企业认证信息及资质文件，并且可以对供应商进行风险扫描，通过后，可发起合作邀约，并与供应商建立合作关系，供应商升级为潜在供应商。
- 现场考察：对于重点品类，可对供应商进行现场考察，根据现场考察的情况，基于系统内置的模板进行评分，并根据评分结果判定供应商是否可通过现场考察。
- 升级评审：根据供应商的现场考察结果，可将供应商升级为预备供应商或合格供应商。

(2) 清晰的准入评审评级管理：该企业在数字化采购平台中定义了每个评审评级的供应商的权利。

- 注册供应商：未进入企业供应商库。
- 潜在供应商：进入企业供应商库，可参与寻源定价项目报价。
- 预备供应商：可在寻源定价项目中中标、签合同、下订单，但金额受限。
- 合格供应商：拥有全部权利。

(3) 持续动态的准入评审管理：供应商准入评审的核心目的

是风险规避，对于完成准入评审的供应商，该企业在数字化采购平台中，采取了持续动态管理的方法来规避风险。

- 资质文件管理：供应商上传的资质文件即将过期时，系统会自动提醒供应商更新。而采购员在寻源项目中，如果选择了存在即将过期资质文件的供应商，系统会智能提醒采购员要关注风险。当供应商资质文件过期后，系统可按照设定的规则，限制供应商参与寻源项目、签署合同、下订单、创建发票或者付款，约束供应商及时更新资质文件，避免风险发生。
- 授标时的风险扫描：采购员在授标选择合作供应商时，可再次进行风险扫描，防止供应商“带病”供货。
- 风险监控：对于风险扫描发现的持续风险项，如供应商有诉讼案件正在进行之中，或供应商财报有明显的潜在危机，采购员可将供应商加入风险监控中，当系统嗅探到监控项有新的事件发生，系统将自动推送给采购员。
- 淘汰 / 黑名单管理：对于发生重大违规的供应商，可采用淘汰或黑名单的方式，取消供应商的合作资格，避免风险再次发生。

五、价格对比难

1. 痛点

在采购直接材料时，由于比较的基准比较统一，很多企业可以把价格作为最主要的决标要素。但间接采购的商品不同，商品的标准大部分是由供应商决定的，而且与直接材料在收货质检环节就完成了货物交割不同，间接采购商品的交割是个更长期的过程，更依赖于供应商的服务能力，因此单一的价格就无法作为选择供应商时考虑的主要标准。对于采购员来说，价格对比或者说供应商选择就成了难题。

2. **数字化解决案例**

通过在线选择，进行可视化价格对比

一款洁柔马桶坐垫纸，在震坤行工业超市平台点击进入产品详情页后，会展示出同一货品不同供应商的信息，采购可以将同一商品加入价格对比工具，选择进行智能对比后，平台将为采购展示竞争供应商的详细信息，包括产品价格、发货日、产品规格等，采购能够高效对比价格，选择下单。

综合对比帮助企业选择更优的合作厂商

某冶金行业企业，业务部门提出采购申请，需要购买一台喂料机，原因是原喂料机损坏无法使用。原喂料机购买价格为 49.5 万元，购买时直接对比价格，选择最低价中标，在使用过程中的运维成本较高，备件价格比较贵，使用寿命也没有达到预期。

针对新设备的购买，该企业在甄云科技的数字化采购平台中发布了向全平台公开的招标项目，最终有 11 家供应商报名，通过设定的规则对供应商进行资格预审，筛选后，符合企业资质、规模、产品能力等各方面要求的厂商保留了 5 家参与投标报价，每家供应商缴纳 2 万元保证金。

供应商在投标报价时，除需要填报喂料机的价格外，还需要按照系统要求填报喂料机的成本构成，并且需要填报各种备件的价格。

开标后，采购员利用数字化平台的比价助手生成三个维度的对比表。

- 价格对比表：来自供应商的投标报价，系统自动显示最高价和最低价。

- 成本结构对比表：基于供应商填写的各个成本结构项的费用，对比供应商的明细报价。
- 供应商能力对比表：基于供应商档案中的关键字段对比供应商能力，并且可自动计算对比供应商的累积中标次数及金额。

比价助手帮助采购员对比供应商间的报价差异，发现价格谈判重点，使谈判过程变得更加高效。

按照设定的评标模板对供应商的报价、企业能力、安装交付能力、售后服务、产品寿命等项目进行综合评分，其中价格分占比40%，其他项评分占比60%。价格分采用了平均价下浮为基准价的两段直线斜率法，企业能力中的注册资金、资质文件、备件成本等采用了自动评分法，其他为手工评分。评分完成后，选择综合得分最高的供应商中标。

最终采购价格为42万元，降本15%，从单一的价格对比转换为采购价格+运维成本的综合成本比较，优化了寻源结果，解决了价格对比的难题。

六、部门协同难

1. 痛点

与直接采购主要服务生产部门不同，间接采购服务的部门更多，几乎涉及公司的每个部门，在采购过程中协作的复杂度与直接采购相比，存在数量级上的差异。需求部门抱怨采购部门的点大都在于采购周期太长、供应商选择不合理、购买价格太高等，而采购部门对需求部门的抱怨大多集中在需求提不清晰、沟通耗时长等。

2. **数字化解决案例**

对接第三方采购商城，实现多部门横向协同

某知名物业服务企业，服务项目遍布全国各地，采购需求多而杂，且临时性采购较多，对配送及时性要求高。因此，对需求部门、采购部门与供应商的多方协同提出了很高的要求，耗费较高资金及人力成本。

面对该物业服务企业的痛点，该企业将内部采购商城与震坤行工业超市打通，将商品数据通过接口形式上传到商城平台，采购通过登录采购平台，即可直接选购所需物料。通过内外系统打通，各区域和各项目部的用户通过采购商城统一下单，流程合规，高效透明，合作区域覆盖全国23个省市，合作品类包括安防、仪表仪器、清洁、搬运存储等在内的十三大品类。下单、结算等采购流程直接协同至企业ERP，实现多区域、多部门纵横多向协同。

需求管理、选择权下放、流程可视改善部门协作

某大型互联网行业企业，在实施数字化采购平台之前，OA是其主要的采购业务支撑系统，业务部门提出采购申请后，采购部门会在审批中受理需求，寻源定价完成后，在审批流程中录入合作供应商名称，业务部门在收到货物后，在审批流程中审批收货。

甄云科技经过对其做数字化采购平台蓝图的调研，发现该公司业务部门对采购周期抱怨极大，公司也认为解决采购周期长是数字化采购平台项目的核心目标之一。而采购部门也觉得很委屈，自己明明都已经“996”，恨不得“997”了，为什么大家还是觉得采购做得不好?

采购数字化项目团队对OA中的采购业务数据进行了分析，

得出了一些值得思考的结果：

- 对于某些品类提出过采购申请的业务部门数量高达160个，人员达300人以上，而采购员只有两个。
- 系统中大部分的采购申请流程的节点都是缺失的，采购部门并没有录入合作厂商，业务部门也未进行收货。
- 除了极少数的库存化管理的商品，绝大多数商品都没有编码。

项目组在与采购员的调研沟通中发现，采购员每天至少花费30%的时间和业务部门确认需求，搞清楚业务部门到底想买什么商品，30%的时间要用于回答业务部门各种采购进度的问询，每天至少要发5份询价单给供应商。

项目组发现这些部门协作问题主要是由以下几个原因造成的：

- 需求部门过于分散。特别是有的需求是促销品，属于非常专业的领域。需求提报人过于分散，导致提出的促销品经常是根本无法直接生产出来的，采购部门需要协调业务部门与厂商，反复沟通，耗费了大量的时间；需求提报人过于分散还会造成每次提报的商品都是全新的，需要重新询价；需求提报人过于分散还特别容易造成浪费，在前次购买没有消耗完的情况下，同一部门的另一需求提报人又提了新的需求出来。
- OA的采购申请无法支撑采购业务，信息流与业务流、财务流完全脱节，参与采购过程的人员也没有动力录入数据，整个协作过程的信息完全靠线下沟通传递，浪费了大量的沟通时间。
- 标准化程度低，没有编码。与第一个问题类似，需要耗费采购部门和业务部门的精力沟通需求、询价。

针对上述问题，项目组制订了合理的解决方案：

- 需求归口，广促品类需求由市场部统一提报。
- 针对每个品类的业务流程进行梳理，通过数字化采购平台实现对全品类、全流程、全场景的采购业务支撑，实现业务流、信息流、财务流的统一。
- 对于通用物资，通过商城的方式进行采购。

系统上线后，各部门之间的协作得到了明显的改善：

- 基于对企业采购业务的完整支撑，业务部门在数字化采购平台中提出采购申请后，可清晰、实时地跟踪采购业务的执行进度，采购过程变得透明，业务部门减少由于未知造成的焦虑感，减少 80% 以上采购进度的问询。
- 通过采购部门推动的标准化工作，将大部分通用商品和部分专用商品改为协议采购，减少了询价和合同对采购耗时的占用，缩短了采购周期，为业务部门提供了更好的采购服务。

推动商城采购，采购部门仅进行前期的价格谈判，将谈判完成的商品上架到商城中，由业务部门自行采购商品，业务部门可直接与供应商沟通送货进度，采购部门再也不需要在业务部门和供应商之间充当传声筒了，减少了无效沟通。

七、流程控制难

1. 痛点

不同的间接采购品类，采购权力分配会有不同。由于间接采购的商品品类更多，在某些品类上，采购部门的专业度可能没有办法与需求部门相比。但整体来看，间接采购业务会经历由需求部门自采，逐渐过渡到采购部门采购的阶段。基于以上两点，在很多企业中，都存在采购权力边界不清晰的问题，这就是流程控制难的核心原因。

2. 数字化解决案例

系统对接互联，实现流程在线化、可视化

某世界知名化工集团，利用数字技术和数据，为客户创造附加价值，并提升各项流程的效率和效益，已发展包括数字商业模式、智慧创新、智能供应链、智能智造的数字化价值链体系。集成化的数字供应链能力实现卓越的客户响应，已然成为该企业的服务标识。

不过，在高速发展过程中，该集团也面临化工行业普遍的痛点：供应商数量日渐增多，以往的管理模式很难适应当前的快速扩张形势。作为最复杂、最专业、最典型的供应链管理，其流程控制变得复杂，如何降低成本以提高供应链效率和企业效益，成为一大难题。

在工业品采购全面数字化目标引领下，震坤行工业超市数字采购团队在综合考量该集团的切实需求后，为其定制了两套方案。

方案一：开通专属商城对接集团 SRM 系统，满足零星在线及时需求。

在系统优化前存在的诸如沟通效率低、价格高、供应商繁杂、流程复杂、数据无记录等问题，在优化后可实现语音图片搜索、智能询报价、线上下单、全网透明低价正品、一站式服务、流程在线化、可视化、大数据分析、信息可追溯。

方案二：采用 MRP 计划实现采购供需互联。

使用 MRP 计划生成需求，采购人员确认订单后直接自动传达至工业超市服务平台，节省下单时间。从第一时间订单获取，到及时交付，物流全流程可视化，避免人工错漏。这一方面可为企业积累标准化商品数据，另一方面可优化采购流程，加快企业库存周转，提升供应链的反应速度。

通过这种方式，企业需求管理变得简单明确，在解决工业品产业链上下游认同的数据标准上，用具体化方案实现工业品物料数据结构化、标准化，为该集团提供采购战略分析所需的详细数据。在场景化采购中，就目录实现行业化、场景化呈现，让采购方式更便捷。在库存管理上，工业超市在服务该集团过程中全流程数字化，辅以专业化物流库存服务，为集团减少大量呆滞库存。

数字化采购平台的权限体系帮助企业改善流程的合理性

某大型装备制造合资企业，在全国有七大工厂，每个工厂的采购部设有专职的间接采购岗位，大部分采购由业务部门主导，集团设有采购总部间接采购科，负责集团层面间接采购业务的统筹管理。采购总部间接采购科在企业调研中发现，经常出现一人走完采购全流程的情况，即同一个人负责了采购申请的提出、选商定价、商品验收，在这种模式下，即使出现货不对版的情况，也无人发现，很可能是花了笔记本电脑的钱，买了笔记本回来。

采购总部间接采购科开始推动采购三权分立，即申购人、定价人和验收人不允许是同一个人。在数字化采购系统中，基于工厂+品类配置了采购各阶段的负责人，大的原则是业务部门提需求，采购部门负责定价，专业化管理部门负责验收，将定价职能和验收职能从业务部门中剥离。

在数字化采购平台中创建需求之后，系统会自动分工找到下个节点的负责人，从根本上清晰了采购权责边界，帮助企业建立了三权分立的采购模式，并且改善了采购流程的合理性。

八、量化管理难

1. 痛点

供应商的绩效评价对于很多企业来说都是难题，有的企业虽然在执行绩效评价，却发现考核和不考核似乎差异也不大，造成这种难题的主要原因是以下四点。

评价范围过大：很多企业的供应商绩效评价是一刀切，所有合作供应商都要评价。但绩效评价的作用就是改善供应商的履约表现，对于合作频次低、采购金额低的供应商的评价意义不大。

评分不客观：由于很多企业的间接采购业务甚至没有ERP进行管理，间接采购供应商的履约表现数据更难收集，很多企业都是由相关部门进行主观评分。

部门协调困难：参与间接采购的部门更多，协调各部门评分难度更大。

只评价不奖惩：由于评价主要是主观分，采购方对评价结果没有自信，并不对供应商做奖励或惩罚，最终让考核失去意义。

2. 数字化解决案例

“一切在线”让量化管理不再复杂

某跨国集团是历史悠久的精密仪器及衡器制造商与服务提供商，产品应用于实验室、制造商和零售服务业，每年在中国有接近1亿元的工业用品采购需求，由于采购需求庞大繁杂，采购过程中的成本、产品质量，都无法进行量化管理。

此跨国集团找到震坤行工业超市，经过多轮沟通调研，解决方案是建议此企业的工业用品交易“一切在线”，该集团最终上了“企数采”企业数字化采购SaaS。该系统帮助集团打通内部组织架构，实现采购、对账、开票一体化线上流程，并提供在线沟通工具、在线对账工具、在线开票等数字化管理功能。“一切在线”后，其内部每位采购人员的工作效率至少提高了3倍，在线化的方式也让采购全流程有了数据支撑，与诸多供应商的交易过程成为数据，让量化管理成为可能。

数字化采购平台帮助企业建立有效的供方评价体系

某大型零售企业的非商品采购业务采用了甄云科技的数字化采购平台，并在数字化采购平台中，针对采购频次和采购金额双高的供应商的不同品类建立了不同的评价方法。

MRO 物资：MRO 物资主要采用商城进行购买，总部或终端门店直接在商城下单，在商城中收货时，需要针对每张订单像京东或淘宝一样进行评价。对于已收货未评价的订单，系统会自动提醒验收人进行评价。系统可按照设定的考核模板、自动评分规则，按照月度自动生成绩效考核档案，并自动计算供应商的绩效考核得分。

非物资类商品（工程服务固定资产）：非物资类商品的合同履约周期更长，在数字化采购平台中，业务部门可使用绩效事件功能，随时记录供应商的违规行为，系统在按照考核模板自动生成考核档案时，可自动进行倒扣分，形成供应商的绩效考核成绩。

上述评价方法改变了月底集中人员主观评分的方法，将评价分散到了日常，月底自动汇总，改善了评价结果的客观性，简化了评分方式，规避了多部门协调的难题。

基于供应商的绩效考核成绩的问题项，在数字化采购平台中可要求供应商做整改，对于持续表现不好的供应商，可能会采取进账冻结：暂停参与寻源项目、暂缓签署合同等，甚至进行淘汰。

以上案例，是实地探访行业相关前沿公司后，对其采购数字化项目及实地应用场景，笔者所做访谈记录的整理，为表示对相关公司的尊重，对其公司名称做了适当展示，以表感谢！

参考文献

[1] 奥布赖恩 . 采购品类管理：使企业盈利最大化的战略方法及实施流程 [M]. 蒋先锋，庄莉，译 . 北京：电子工业出版社，2017.

[2] 斯普林格，卡森 . 数字化先锋：广告、营销、搜索和社交媒体领导者的成功案例 [M]. 徐梦蔚，译 . 北京：机械工业出版社，2014.

[3] 国际购物中心协会（ICSC）. 购物中心管理 [M]. 袁开红，译 . 北京：中国人民大学出版社，2010.

[4] 胡军，吴承健 . 服务采购管理 [M]. 北京：中国物资出版社，2011.

[5] 舒，儒道，库莫斯，等 . 棋盘博弈采购法 [M]. 姚倩，李学芸，叶斐杰，等译 . 北京：清华大学出版社，2017.

[6] 张宏伟 . 华北电网有限公司仓储中心建设项目节点进度控制研究 [D]. 北京：华北电力大学，2014.

[7] 陈岚 . 水利建设项目施工招投标及量化管理 [J]. 散装水泥，2021（5）：19-20.

[8] 代兆明，隋大红 . 电力建设施工企业物资招标合规性探讨 [J]. 物流工程与管理，2013（1）：165-166.

[9] 宫迅伟 . 如何专业做采购 [M]. 北京：机械工业出版社，2015.

[10] 宫迅伟 . 中国好采购 [M]. 北京：机械工业出版社，2017.

[11] 宫迅伟 . 中国好采购 2[M]. 北京：机械工业出版社，2019.

[12] 宫迅伟 . 中国好采购 3[M]. 北京：机械工业出版社，2021.

[13] 宫迅伟 . 供应商全生命周期管理 [M]. 北京：机械工业出版社，2020.

[14] 宫迅伟 . 全面采购成本控制 [M]. 北京：机械工业出版社，2020.

[15] 宫迅伟 . 采购全流程风险控制与合规 [M]. 北京：机械工业出版社，2020.

[16] 宫迅伟 . 全情景采购谈判技巧 [M]. 北京：机械工业出版社，2020.